辽宁省职业教育“十四五”首批规划教材

高职高专法律系列教材

书记员工作实务

（第二版）

主　编◎李晓棠　尚铮铮
副主编◎陈　迪　曾苗苗

中国人民大学出版社
·北京·

第二版前言

距离本书第一次出版已有十年之久。十年栉风沐雨，十年淬火成钢。十年间，国家的法治建设发生了巨大变化，特别是党的十八大以来，以习近平总书记为核心的党中央提出一系列全面依法治国的新理念、新思想、新战略。立案登记制度、人民陪审员制度改革、司法责任制、以审判为中心刑事诉讼制度改革、智慧法院建设等一系列重大改革、创新，正在推动司法工作向更加公正、公开、高效、便捷的方向前行，努力让人民群众在每一起案件中都感受到公平、正义。人民法院书记员作为审判工作的事务性辅助人员，同样是这场轰轰烈烈司法改革的见证者和实践者，其职业素质和职业技能同样关乎司法公正、办案效率，同样关乎司法机关的声誉和党的执政形象。这正是本书出版的初衷，也是我们坚持把它做好、更好地服务书记员工作的不变方向。

对于本次教材的修订，李晓棠主编有着更为深远、全面的思考。十年中，主编李晓棠曾任辽宁公安司法管理干部学院中文速录学院院长、教务处处长、省级示范专业书记官专业带头人，2012 年调入沈阳市中级人民法院，先后担任教育处调研员、辽宁省法官学院沈阳分院院长、沈阳中级人民法院法警支队一级高级警长，职业教育的积累、行业一线的实践，让她更深刻地看到了书记员及相关司法辅助人员职业的变化与进步，体察到书记员及相关司法辅助人员的工作困惑与职业迷茫，了解人民法院对于书记员及相关司法辅助人员的需求与期待。因此，我们将教材修订的宗旨紧密对接“立德树人”这一教育的根本任务，遵循“立德树人”的人才成长根本规律，秉持“德能兼备、以德为先”“能力素质基础为重，理论实践实务为用”的编撰原则，沿着司法改革的路径出发，采撷机制创新、制度完善、技术革新的累累果实，升级更新教材内容，扩大教材编写视角，提升教材价值，以助力书记员全面可持续发展，服务法治国家建设，进一步增强教材的直观性、实用性、系统性。希望这本教材能够成为广大书记员、专业学生、相关司法辅助人员的职业指南和最得力的工具书。

本版教材在第一版的基础上主要做了以下四个方面的修订：

第一，更新案例信息。充分发挥案例的形象化教学优势，与时俱进更新相关案例信息，使案例与最新法律法规有效衔接，更好地帮助学生融会贯通理解课程内容。

第二，十年间我国的立法工作取得了巨大成就，例如，《刑事诉讼法》《民事诉讼法》《行政诉讼法》的修订，《刑法修正案（八）》《刑法修正案（九）》《刑法修正案（十）》《民法典》的颁布等，因此依据最新的法律文件对相关内容进行修订。

第三，参考书记员工作最新研究成果，对相关内容进行修订。

第四，对教材中的部分文字表述进行了调整，使其更加准确和严谨。

此次修订由沈阳市中级人民法院李晓棠提出总体修订原则，并对内容的修订予以指导，辽宁公安司法管理干部学院尚铮铮负责第三章、第四章、第六章、第八章的修订工作，辽宁公安司法管理干部学院陈迪负责第一章、第二章的修订工作，辽宁公安司法管理干部学院曾苗苗负责第五章、第七章的修订工作。

由衷感谢兄弟院校教师和同学对本教材的厚爱和支持，真诚期待您对本教材的批评和建议。

编者

2020年6月

目　录

第一章　书记员概述

☆学而不思则罔，思而不学则殆。

——《论语·为政》

☆蓝图不可能一蹴而就，梦想不可能一夜成真。人间万事出艰辛。越是美好的未来，越需要我们付出艰辛努力。

——习近平

【本章提要】

本章是书记员工作的概述部分，主要讲解了书记员制度的历史沿革，书记员工作的职责、地位、作用和书记员的任职资格和条件。同时对书记员用人制度做了一定的展望，以期对书记员岗位的职业改善、发展起到促进作用。

【能力目标】

1. 了解书记员的任职资格、条件和人事管理制度，以便确定自己是否愿意以及是否能够担任一名书记员。

2. 切实掌握书记员工作的职责与任务，做到心中有数，以便以后逐项学习。

3. 做好职业规划，保持信心，为实现梦想而不断努力。

【学习建议】

1. 查找相关资料，进一步了解有关书记员制度的历史沿革。

2. 认真学习《人民法院书记员管理办法（试行）》，对书记员的任职条件、工作职责等形成一个初步的认识。

3. 亲自到法院考察、了解书记员的真实工作状态，取得切身的体会。

4. 系统学习法律知识，了解和掌握更多方面的知识，为做好书记员工作以及未来的职业晋升做准备。

【引例】

王钟毕业后当上了一名法院的书记员，上班的第一天李法官给了他很多材料。其中有的是李法官已经写好的案件审结报告，需要打字录入；有的是过两天将要开庭做记录，需要王钟先熟悉一下案情；有的是案件已经终结，需要整理、装订卷宗等。王钟心里想，这么多的工作都是我要做的吗？王钟的一名小学同学还没有找到工作，听说他到法院工作，非常羡慕，周末给王钟打电话，问了他好多问题，比如什么是书记员职业，书记员工作重不重要，具备什么条件才能当书记员，怎么才能做好书记员，书记员需要做哪些工作等。让我们一起学习本章的内容再来回答这些问题吧。

第一节　我国书记员制度的历史沿革

一、我国古代的书记员制度

什么是书记员？其实书记员本身并没有明确的法定概念或者定义，而按照字面的通常理解，书记员应当是负有记录、整理相关文字材料专门职责的工作人员，即文职人员。

书记员作为一种特殊的专门职业由来已久。由于书记员这一职业主要是同诉讼活动联系在一起，与司法文书有着不可分割的密切联系，因此，司法文书的出现，就已经表明了以文字形式记载办案过程及案件处理结果的工作的存在，也就表明与此相伴的专司记录等文案事务职业的产生。我国目前现存的最早的较为完整的判决文是1975年山西出土的青铜器“匜”（音 yí，古代舆洗时用来注水的器具，中国先秦时代礼器之一，举行礼仪活动时浇水的用具）上面记载的西周晚期的一份称为“朕匜铭文”的判决。该判决是由当时的一位名叫伯杨父的法官，对一个叫牧牛的人所做出的。其最后一段文字的译文是：“最初责罚，我本应鞭打你一千下，给你黑茂黑屋（当时的刑罚名称）。现在我赦了你，还应打你一千下，但免了你的黑茂黑屋之刑。现在更大程度地赦你，鞭打五百，罚铜三百锾（音 huán，古代重量单位等）。”记录这段文字的，就是我国历史上最早的“书记员”了。

我国古代，官府里办理文案事务的“文职工作人员”被称为“胥（xū）吏”，也就是官府里的小吏，用现在的话说就是政府里的工作人员。比如帮助刘邦起义的萧何就是沛县的主吏掾（yuàn），《水浒传》里的宋江是押司，京剧《四进士》中的宋士杰是县衙书吏，都属于胥吏。

汉、唐、宋等朝代的司法掾吏、参军、佐史等胥吏，都是地方官下属的佐吏，地位虽然不高，但仍属国家官员。到明、清，特别是清朝，胥吏的地位和作用有了较大的变化。清朝的胥吏又称书吏，不再是国家官员，领取的不是朝廷的俸禄，而是衙门主官给予的“工食粮”，相当于现代的“雇员”。胥吏自州县至六部都有，且为当地人，不随官员去留，故胥吏长期把持衙门。尽管官员变动频繁，但胥吏始终不动，所以有“铁打的衙门流水的官”的说法。清朝的胥吏与中央六部对口，各有分工。以州县衙门为例，分“六房”办事，即吏、户、礼、兵、刑、工六房。刑房书吏，简称刑书，是六部胥吏中人最多、最重要的一种，刑书负责与司法审判有关的事务。他们收受呈词、登记挂号、安排堂审、录写常供、缮写文稿、整理和保管档案等，其职责已经近似于现今的书记员。

二、国民政府时期的书记员制度

1911 年孙中山先生领导的辛亥革命推翻了清王朝，结束了统治中国几千年之久的封建君主专制制度，建立了中华民国，确立了较为完整的司法制度，并正式明确了有关书记员的规定。这一体系下的书记员被分为书记官、书记官长、主任书记官、书记生、录事等。其职责范围是：第一，书记官负责本厅、局人员的考勤，每月月终把考勤表送达厅长、检察长、主任书记官；第二，负责对每日的案件收发登记，及时送交主管单位，收案时，如有赃证物品，由书记官详细登记附卷后，送物品收藏室保管；第三，临场检验尸体由检察官、书记官一同去现场，书记官负责记录现场的一切情况；第四，检察官、书记官负责对有罪或者无罪人挂号登记簿的检查，将应该释放的人犯即行办理手续释放，将应该传讯的人员立即办理手续传讯，每月进行检查；第五，审判时，应由推事、检察官、书记官一起出庭，书记官负责记录；第六，讯问被告人时，书记官负责记录；第七，开庭时，书记官负责庭审、审判等记录工作；第八，裁判书或记载裁判之笔录，应由书记官依原本制作，加盖法院的印，并附记“证明与原本无异”字样；第九，书记官负责统计报表，并将统计表分送长官及各科主任书记官；第十，执行死刑时，应由书记官在现场制作笔录，然后将其交检察官、监狱长签字，以便备查；等等。

1932 年由国民党政府公布的《法院组织法》，就书记官的设置、职等、义务及任用资格等问题作了明确规定。其第 44 条规定：“各级法院及分院各置书记官长一人，书记官若干人，掌握记录、编案、文牍、统计及其他事务，但分院不置院长者，不置书记官长。”第 45 条规定了书记官的职等：“最高法院书记官长，简任；高等法院书记官长荐任或简任；高等法院分院书记官长，荐任；地方法院及其分院书记官长，荐任或委任。各级法院及分院书记官，委任或荐任。但荐任员额不得逾二分之一。”第 47 条规定了书记官服从命令的义务：“各级法院及分院书记官长、书记官，服从长官之命令，其随从推事执行职务者，服从该推事之命令。前项命令，如系关于笔录或其他文件之记载或变更，而书记官认为其记载或变更为不当时，得随记自己之意见。”第 48 条规定了书记官的任用资格：“委任书记官长、书记官，应具有下列资格之一者任用之：（1）经法院书记官考试及格者；（2）曾任委任书记官长、书记官者；（3）曾任委任司法行政官者；（4）曾任县司法处书记官二年以上者；（5）在教育部认可的专科以上学校，修习法律、政治、经济、社会、监狱各学科毕业者；（6）现任法院或司法行政机关雇员连续服务三年以上，成绩优良者，但初任人员，不得任为各级法院委任书记官长。”“荐任书记官长、书记官应就具有下列资格之一者任用之：（1）曾任荐任书记官长、书记官者；（2）曾任荐任司法官或荐任司法行政官者；（3）曾任最高级之委托书记官长、书记官，或委托司法行政官，三年以上者；（4）在教育部认可之专科以上学校，修习法律、政治、经济、社会、监狱各学科毕业，经高等考试及格者；（5）在教育部认可之大学，修习法律、政治、经济、社会、监狱各学科毕业，而有专门著作，经审查合格者。”“简任书记官长，非曾任荐任书记官长、书记官二年以上或具有简任公务员之资格者，不得任用。”

三、新民主主义革命时期的书记员制度

新中国人民法院的书记员制度，是在新民主主义革命时期的书记员制度的基础上建立

和发展起来的。所以，我们有必要首先回顾一下这一时期的概况。

在第二次国内革命战争时期，中国共产党领导初步建立了人民司法制度。根据 1931 年《中华苏维埃共和国中央执行委员会训令——处理反革命案件和建立司法机关的暂行程序》的规定，在地方设省、县、区各级裁判部，作为法院设立前的临时司法机关。其中，省裁判部设部长一人，副部长一人，裁判员二人，书记（书记员）一人；县裁判部设部长一人，裁判员一人，书记一人；区裁判部设部长一人，书记一人。“审判时必须有书记一人或二人担任记录。”

在抗日战争时期，各边区专区和县均设置审判机关。边区设高等法院，下设刑事法庭、民事法庭、书记室及看守所等机构。根据 1939 年 4 月 4 日公布的《陕甘宁边区高等法院组织条例》第 18 条至 21 条的规定，高等法院书记室设书记长及书记员，服从法院院长之领导执行其职务；书记员于法院开庭审判时执行职务者，服从审判员之指挥；书记员随从检察处或法庭执行职务者，应服从检察长或庭长之指挥。书记室在书记长指挥监督下，执行下列职务：（1）司法工作人员任免登记；（2）案件手法、等级、分配与保管；（3）撰拟缮写文稿；（4）编制报告及统计；（5）掌理记录；（6）典守印信；（7）保管证物；（8）管理图书。根据 1943 年 2 月 21 日公布的《晋察冀边区法院组织条例》的规定，“县或市设地方法院，但视环境之需要，得合数县设一地下资源，不设地方法院及无地方法院管辖之县，暂设县司法处。”“地方法院设推事若干人，书记官长一人及书记官若干人。”“县司法处设审判官一人或二人及书记员若干人。”1942 年 3 月 1 日公布的《晋西北巡回审判办法》第 8 条亦要求：“裁判员到村巡回审判，得带书记员一人，通讯员或勤务员一人。”

由上可见，鉴于书记员的重要地位和作用，即使在战火纷飞的新民主主义革命时期，我们党也非常重视书记员工作，并为建立和逐步完善人民司法制度中的书记员制度做出了积极的探索。

四、新中国人民法院的书记员制度

自新中国成立起，我们党和国家即着手建立人民的司法制度，人民法院的书记员制度也随之建立和发展起来。1949 年 12 月 20 日中央人民政府委员会批准的《中央人民政府最高人民法院试行组织条例》第 7 条即规定：“各庭设主任书记员一人，书记员若干人。”1951 年 9 月 3 日中央人民政府委员会通过的《中华人民共和国人民法院暂行组织条例》规定了各级人民法院中书记员的设置及职责。1954 年 9 月 21 日一届全国人大通过的《中华人民共和国人民法院组织法》第 39 条明确指出：“各级人民法院设书记员，担任审判庭的记录工作并管理其他有关事务。”从而正式确立了我国当时书记员制度的核心内容。其后，刑事诉讼法、民事诉讼法等程序法又对书记员的工作作了具体规定。这样，就从法律上把书记员的地位和工作任务确认下来了。

我国现行的书记员制度，是实行书记员的独立序列，确立与法官序列平等的、互不交叉的管理制度，在书记员的资格、选任、考核、晋升、培训、待遇、奖励等方面形成一套较为完整的组织体系和管理体制。目前的主要依据是中共中央组织部、人事部、最高人民法院于 2003 年 10 月 20 日共同颁布实施的《人民法院书记员管理办法（试行）》（以下简称《办法》）。此外涉及书记员地位、职责、任务、作用的相关法律还有：《中华人民共和国人民法院组织法》《中华人民共和国刑事诉讼法》《中华人民共和国民事诉讼法》《中华人民共和国行政诉讼法》《中华人民共和国法官法》。

根据中央全面深化改革领导小组审议通过的《关于司法体制改革试点若干问题的框架意见》等文件，随着《中华人民共和国法官法》的修改完善，市场经济条件下的具有中国特色的现代法官制度建立起来，法院改变了以往“书记员—助理审判员—审判员”的职务序列模式，开始实行书记员单独序列制度。新的制度设计初衷是将书记员岗位作为一个独立的职业，从而最大限度地调动书记员工作的积极性，增强并提高审判工作质量、效益、活力和动力，从而满足审判工作的需求。但由于工资待遇、职级晋升、劳动保护、行业自治等配套制度的缺失，现实中也出现了以下三个方面的突出问题：

（1）队伍不稳定，人员缺额。各级法院尤其是基层法院书记员目前普遍采取聘用制形式，由于待遇低、任务繁重并且没有正式编制，经常出现书记员离职现象，导致队伍很不稳定。同时一旦出现离职现象，不能立即补充人手，造成人员短缺，不同程度地影响了审判工作的开展。

（2）业务不熟，工作能力不高。聘用制书记员一般是面向社会公开招聘录用的，以刚毕业的学生为主，也包括一些转业军人、待业青年等，所学专业不一定对口，对岗位工作也不熟悉，工作能力未经实践锻炼。他们往往是在工作中边学习边熟悉，还有很多书记员刚刚熟悉业务后就由于这样那样的原因马上又转向从事其他工作，致使书记员队伍的业务素质整体不高。

（3）职责不明。《人民法院组织法》对书记员职责作了原则规定，但具体的职责范围和工作任务不够明确，实际工作中许多法院存在着书记员职、责、权、利无明确界定的问题。

2016 年 6 月，最高人民法院会同中央有关部门印发了《法官助理、检察官助理和书记员职务序列改革试点方案》。该方案提出，下一步，符合条件的编制内书记员要逐步转任法官助理，书记员原则上不再占用中央政法专项编制，主要实行聘用制管理。2017 年 4 月《人民法院、人民检察院聘用制书记员管理制度改革方案（试行）》由最高人民法院、最高人民检察院、财政部、人力资源社会保障部四家单位联合印发，同年 5 月 25 日，最高人民法院专门召开视频会议，传达学习聘用制书记员管理制度改革的主要精神和重点内容。聘用制书记员管理制度改革方案的出台，标志着司法人员分类管理改革的最后一块制度拼图已经完成，充分体现了中央有关部门对司法体制改革和对法院工作的大力支持。

我国目前的书记员用人制度改革，大体上是学习美国的成例。美国的做法是将庭审记录、行政事务及审判辅助工作相互分开，分别交由法庭记录员（即打字员）、秘书、法官助理（也有人译为书记员）三类不同的人员完成。我国在实行法官员额制改革之后，也建立了法官助理制度，由法官助理担任审判辅助工作。我国绝大多数法院在大多数情况下仍将庭审记录、行政事务工作统一交由一名书记员完成。但也有个别法院，特别是重大复杂案件开庭审理时，由书记员和记录员、法官助理和书记员，或者两名书记员，分工完成开庭记录和庭审辅助两项任务。可以说书记员制度在我国仍处于改革摸索之中，提高待遇、打通晋升通道、明确职责、建立协会加强自治，是今后应该着力的方向。

第二节 书记员在人民法院组织体系中的工作职责、地位和作用

一、人民法院书记员的工作职责

《办法》第 2 条规定，书记员履行以下职责：(1) 办理庭前准备过程中的事务性工作；(2) 检查开庭时诉讼参与人的出庭情况，宣布法庭纪律；(3) 担任案件审理过程中的记录工作；(4) 整理、装订、归档案卷材料；(5) 完成法官交办的其他事务性工作。

根据《办法》《人民法院组织法》和刑事、民事、行政三大诉讼法的有关规定及审判实践中的要求，书记员的工作职责主要包括以下几个方面。

(一) 记录工作

记录工作就是对审判庭审理案件活动的全过程进行笔录。笔录是人民法院在按照法定程序办理刑事、民事和行政诉讼案件的过程中，以文字的形式记载的如实反映诉讼活动的法律文书。制作好笔录是书记员基本的工作职责。根据笔录的适用范围可将其分为三大部分：一是各类案件通用的笔录，如准备庭笔录、法庭审理笔录、合议庭评议笔录、审判委员会讨论案件笔录、宣判笔录；二是部分案件中使用的笔录，如适用于刑事自诉、民事与经济纠纷和行政赔偿案件的调解笔录，适用于刑事案件和各种执行案件的搜查笔录，适用于强制执行财产案件的执行笔录和查封、扣押财产笔录；三是仅适用于特定案件的笔录，如刑事案件的送达起诉书笔录、死刑案件的验明正身笔录和执行死刑笔录。书记员应当系统地了解笔录的性质、作用、特点和要求，熟悉制作各种笔录的具体方法。

(二) 诉讼中的工作

诉讼，是一个案件从收案、审理、审判到执行的全过程，它完全依据程序法的具体规定进行。书记员在整个诉讼中的具体工作包括以下五个方面：

一是收案的审查与登记工作。接到案件起诉后，书记员应对案件的材料是否齐备、是否完整进行全面审查，经检查无误后进行收案登记，办理收案的各种手续。

二是庭审的准备及庭审工作。一个案件经过收案审查之后，一旦确定审理，书记员就要依法做好开庭前的各项准备工作，包括各类诉讼文书的填写和送达、张贴公告、布置法庭、宣布法庭注意事项、检查应到庭的人员是否到庭并向审判长报告；同时，在开庭审理中书记员要根据法官的部署及安排，细心做好各项工作，重点是将法庭审理的全部活动完整、如实地记录下来。在闭庭后，书记员还要协助法官将开庭中出现的情况和需要办理的事项一一处理好。

三是裁判文书的送达及案件的移送工作。对已经依法审理作出裁判的案件，书记员应当及时地将裁判文书送达当事人；对于上诉、抗诉或者依法需要报请复核的案件，书记员要办好送交上级人民法院审理的移送手续；同时，上级人民法院的书记员要依法办好审查、接受手续。

四是执行工作。对于需要执行的案件，书记员要具体办理有关执行的各种法律手续并协助执行官做好执行工作。

五是诉讼文书的立卷、装订与归档工作。立卷是从诉讼活动一开始就应当进行的，随着诉讼活动的进行，各种诉讼材料都应随时整理。诉讼活动一结束，就应当将所有诉讼材

料分别装订成册并及时归档。

（三）有关审判的其他工作

在实际工作中，书记员应当办理的有关审判的其他工作体现在以下七个方面：（1）文书、材料的收发工作；（2）司法统计工作；（3）法律文书的打印、校对工作；（4）信访接待工作；（5）协助法官起草司法文书；（6）在法官指导下调处轻微的刑事纠纷和简易的民事纠纷、调查案件事实工作；（7）有关领导或法官交办的其他工作。

综上所述，书记员的工作主要包括八个方面：（1）立案登记；（2）法律文书送达；（3）证据的收集和整理；（4）笔录的制作；（5）庭前事务准备；（6）庭审记录；（7）庭后事务；（8）文书档案管理。

书记员工作的好坏直接关系着案件的审理质量，关系着法律在人民心目中的地位，关系着当事人的切身利益。书记员工作看起来很繁杂，涉及的内容很多，但只要掌握其中的规律，对每一项工作都认认真真，努力学习相关知识，刻苦锻炼专业技能，相信每个人都可以胜任。

二、人民法院书记员的地位

书记员在人民法院工作中的地位是由法律规定的。我国《人民法院组织法》第 49 条及《刑事诉讼法》《民事诉讼法》等都具体明确了书记员的地位和任务。根据这些法律规定，人民法院的书记员具有的法定职务有，依法参与办案工作的全部过程，履行法定职责、完成法定任务，从而发挥其应有的职能作用。所以，作为法院内部的一种专业人员，书记员在各级人民法院的审判工作中是必不可少的。

从工作过程来看，书记员既具有依附性又具有独立性。在具体案件的审理过程中，书记员必须服从法官的指挥，在法官的指导下做好审判案件的记录、文字、卷宗整理、证据保管及司法统计等诸项工作，故书记员是法院的重要人员。但是，在职责范围内，书记员并非具有绝对的依附性，而是独立地进行司法辅助工作，并可以对法官在办案过程中执行法律等具体工作提出意见和建议。可见，书记员工作也具有相对的独立性。

在书记员的日常工作中，要注意与法官的协调配合。法官与书记员的协调配合应当是法院全部审判活动的协调与配合，它是神与形的配合、主与次的配合，这种配合主要包括审判意图和审判行为两方面，并体现在审理案件的每个程序阶段和不同阶段的每个环节之中。如何实现协调配合呢？首先是自觉接受法官的领导，这种领导并不是行政式的、机械性的领导关系，而是法官对书记员完成相关记录工作的具体要求与指导；其次是认真领会法官审判意图，即领会法官各项审判活动的真实意图，追求整个审判活动的目的和结果；最后是全面熟悉和掌握案情，这是实现相互协调配合的基础条件。

三、人民法院书记员的作用

从工作性质看，法院书记员的记录活动与法官的司法活动既相互独立、分工明确，又相辅相成、不可分割。可以说，没有书记员记录的审判活动是不完整的审判活动；没有书记员记录的审判活动更是违法的审判活动。只有法官的司法行为和书记员的记录行为全面而有序地结合在一起，才能够全面完整并客观真实地反映出法院审理案件的全部审判活动。

因此，书记员在人民法院工作中的作用是由书记员的工作任务所决定的。书记员的工作是人民法院业务工作中不可缺少的一个组成部分。书记员水平的高低，在很大程度上影响着审判工作的水平。

（一）书记员工作是审判各类案件的一个重要方面

每一起案件，在从立案到结案的整个诉讼活动中，有大量的工作需要书记员去做。法官在办理案件过程中所做的大量工作，如询问证人、评议案件等，都需要依靠书记员的协助，通过记录工作使其变为有形材料，并以此体现整个诉讼活动的全过程。所以，从一定意义上说，没有书记员工作，也就没有审判活动。

（二）书记员工作是制作司法文书的基础和依据

司法文书是审判活动的集中反映，是审判活动的结论和文字凭证。其制作的基础和依据，就是审判法官与书记员在办案过程中形成的讯问、现场勘验等各种笔录。根据办案实际情况，认真做好笔录，是必须由书记员完成的主要任务。如果笔录记录的内容不实或不准确，会影响诉讼文书的质量。

（三）书记员工作的好坏直接关系到案件质量

一起案件，从受理到审结，书记员要独立或配合完成许多工作，其工作的好坏，对案件质量有直接影响。书记员制作完成的卷宗材料，往往是衡量一起案件质量如何的主要依据。通过审查各种记录和法律文书，就可以对这起案件的诉讼程序和实体处理作出相应的评价。如果一起案件在处理结果上没有错误，但卷内材料不全、记录不清或者出现错漏，使事实被误解，就会影响整个案件的质量。所以说，书记员工作直接关系、反映着办案质量。

（四）书记员工作是决定案件能否经得起历史检验的重要条件

经过书记员制作、整理、装订起来的各类审判卷宗，多是永久性的或需要长期保存的历史档案。这些档案资料是国家的财富，不仅对国家制定法律、确定各项方针政策有重要的参考作用，而且对法院自身总结工作，尤其是再审、复查案件有着举足轻重的作用。如果卷内没有书记员记录或者记录不完整、字迹潦草，其他人看不清、看不懂，别人就无法了解案件，也就难以对案件的原处理结果作出正确与否的评判。可见，做好书记员工作不仅有重要的现实意义，更具有长远的历史意义。

第三节　人民法院书记员的任职条件和形式

一、人民法院书记员的任职条件

担任书记员必须具备下列条件：(1) 具有中华人民共和国国籍；(2) 拥护中华人民共和国宪法；(3) 身体健康，年满18周岁；(4) 有良好的政治业务素质，具备从事书记员工作的专业技能；(5) 具有大学专科以上文化程度。也就是说想担任一名书记员必须首先满足这五个条件。同时，如果存在以下规定中的任何一项则不能担任书记员：(1) 曾因犯罪受过刑事处罚的；(2) 曾被开除公职的；(3) 涉嫌违法违纪正在接受审查，尚未作出结论的。

二、人民法院书记员的任职形式

《办法》第8条规定：人民法院新招收书记员应当按照公开、平等、竞争的原则，通过考试、考核，择优聘任。同时《办法》第1条、第5条、第6条分别规定："书记员实行单独序列管理"，"人民法院新招收的书记员，实行聘任制和合同管理"，"除法律、法规和聘任合同另有规定外，人民法院书记员的权利义务及教育培训、考核奖惩、辞职辞退、申诉控告、职务升降等，参照执行国家公务员的有关规定"。也就是说，在聘用合同期间，书记员是具有国家工作人员身份的。目前大多数书记员都是签订聘用合同，通过薪资待遇、辞退、奖惩、保密等条款约定双方的权利义务。

2003年10月21日最高人民法院政治部下发了《人民法院书记员聘任合同（示范文本）》，各地可以根据本地区的实际情况，参照适用，见示例1-1。

示例 1-1

人民法院书记员聘任合同（示范文本）

甲方：

法定代表人：

委托代理人：

地址：

乙方：

地址：

身份证号：

联系方式：

根据《中华人民共和国合同法》和《人民法院书记员管理办法（试行）》，甲乙双方经平等协商一致，自愿签订本合同，共同遵守本合同所列条款。

一、聘任期限

第一条 本合同为固定期限合同。

本合同生效日期自　　年　　月　　日起至　　年　　月　　日止。其中试用期十二个月，自　　年　　月　　日起至　　年　　月　　日止。

第二条 本合同期限届满，聘任合同即终止。经甲乙双方协商一致，可以续订聘任合同。

二、工作内容和工作纪律

第三条 乙方根据甲方的安排履行书记员职责。

本条所指的书记员职责，是指《人民法院书记员管理办法（试行）》规定的书记员职责。

第四条 乙方受聘期间必须遵守以下工作纪律：

（一）国家工作人员根据法律、法规、规章应当遵守的各项工作纪律；

（二）人民法院工作人员根据法律、法规、规章应当遵守的各项工作纪律；

（三）甲方单位所规定的工作纪律；

（四）本合同所规定的各项纪律。

第五条 乙方在聘任期限届满之后，仍应当严格保守审判秘密和国家秘密。

三、工作时间和休假

第六条 甲方安排乙方每日工作时间不超过八小时，平均每周不超过四十小时。甲方由于工作需要，在保障乙方身体健康的条件下延长工作时间每日不超过三小时，每月不超过三十六小时。

第七条　甲方安排乙方加班的，应安排乙方同等时间补休或依法支付加班工资；加点的，甲方应支付加点工资。

第八条　乙方有休假的权利。具体办法按照公务员的有关规定及甲方单位的规章制度执行。

四、工资、职级、保险和其他待遇

第九条　除法律、法规和聘任合同另有规定外，乙方的基本工资待遇、职务升降执行公务员管理的有关规定。

第十条　甲方应当按国家和当地有关规定为乙方办理医疗、养老、失业等保险。保险费按有关规定由甲乙双方按比例负担。

第十一条　聘任期间，乙方患病或非因公负伤，其病假工资、疾病救济费和医疗待遇等执行公务员管理的有关规定。

第十二条　乙方因公负伤的工资和医疗保险待遇按国家和当地有关规定执行。

五、合同的变更和解除

第十三条　订立本合同所依据的客观情况发生重大变化，致使本合同无法履行的，经甲乙双方协商同意，可以变更本合同的相关内容。

第十四条　经甲乙双方协商一致，本合同可以解除。

第十五条　乙方有下列情形之一的，甲方应当解除聘任合同：

（一）严重违反国家公务员管理有关规定或者人民法院规章制度的；

（二）严重失职，营私舞弊，对司法公正造成重大损害的；

（三）被依法追究刑事责任的；

（四）在试用期内不能胜任工作的；

（五）法律、法规规定的其他应当解除聘任关系的情形。

第十六条　乙方有下列情形之一的，甲方可以解除聘任合同，但是应当提前三十日以书面形式通知乙方：

（一）患病或者非因公负伤，医疗期满后，不能从事书记员工作的；

（二）年度考核被确定为不称职等次，通过培训仍不能胜任工作的；

（三）国家机构变动、调整，需要裁减人员的；

（四）未经单位批准参加各类脱产学习、培训，经单位要求仍不能正常工作的；

（五）其他法律法规规定或合同约定的情形。

第十七条　乙方有下列情形之一的，甲方不得依据本合同第十六条解除聘任合同：

（一）在孕期、产期、哺乳期内的；

（二）因公负伤，治疗终结后被确认丧失或部分丧失劳动能力的；

（三）法律、法规规定的其他情形。

第十八条　有下列情形之一的，乙方可以解除合同：

（一）在试用期内的；

（二）甲方严重不履行本合同规定的义务的。

第十九条　乙方解除本合同，应当提前三十日以书面形式通知甲方。

六、经济补偿与赔偿

第二十条 甲方根据本合同第十六条的规定解除聘任合同的，甲方应根据乙方在人民法院的工作年限，每满一年发给乙方月平均工资一个月的经济补偿金，不足一年的部分，按一年计算。

月平均工资以国家核定的工资标准计算。

第二十一条 乙方解除合同的，如乙方曾接受甲方出资培训并未满双方达成的协议中规定的最低服务年限，乙方应当偿付培训费。

七、附则

第二十二条 本合同履行过程中发生纠纷的，双方应积极协商解决。乙方对甲方做出的关于解除、终止、变更聘任合同或有关工资福利待遇等决定不服的，可以向当地人事主管部门提起仲裁。

法律、法规、规章对人民法院的人事纠纷处理办法另有规定的，从其规定。

第二十三条 本合同自双方签字盖章之日起生效。

第二十四条 本合同一式两份，甲乙双方各执一份。

甲方（盖章）
法定代表人：
委托代理人：
乙方：
签订日期： 年 月 日

【引例解答】

书记员是负有记录、整理相关文字材料专门职责的工作人员，即文职人员。本书中主要指的是人民法院的书记员。书记员是人民法院审判工作中的重要岗位。通过本章的学习，我们对书记员的职责、任职条件等有了一个大致的了解，之后的章节对书记员的职业要求及工作实务会有更详细的阐述。想要做好书记员工作，就要不断提升自己、严格要求自己，注意加强自身职业道德和职业素质的培养。

【本章小结】

书记员是一个有着悠久历史的职业，目前我国实行书记员考核择优、合同聘任以及单独序列制度。书记员是法院工作不可或缺的组成部分，处于辅助地位，同时又影响着审判工作的质量、审判声誉。

【课后思考题】

1. 书记员是一个重要的职业吗？
2. 书记员的工作适合我吗？
3. 怎样才能做一名合格的书记员？

第二章　书记员职业素质要求

☆最漂亮的聘礼就是才干。

——（法）巴尔扎克

☆千磨万击还坚劲，任尔东西南北风。

——［清］郑板桥

【本章提要】

职业素质是劳动者对社会职业了解与适应能力的一种综合体现。一般来说，职业素质是事业成功的基础，在一定意义上能够决定职业的成败。本章从职业素质的概念出发，根据人民法院的工作性质、工作任务以及书记员的职业特性，阐述书记员应当具备的职业素质，以及具备这些职业素质的意义和如何培养书记员的职业素质，以期广大相关专业学生及从业者能够明确方向和目标、不断充实自己，走向未来。

【能力目标】

1. 明确人民法院书记员应当具备的基本政治素质、心理素质、法律专业素质和其他业务素质。
2. 在日常工作中提升、内化职业素质，从而转化为书记员的职业能力。
3. 注意观察，遇事多思考和反省，提升自己为人处事的能力。

【学习建议】

1. 学习与审判业务相关的法律、法规以及其他知识。
2. 学习、研究心理学方面的知识。
3. 增进语言文字方面的知识，提升文书写作的能力。
4. 建议学生到法院初步了解书记员的工作环境、工作性质及工作要求，以便清晰地认识将来的工作，更好地储备知识、培养职业素质、锻炼应变能力以及提高组织协调能力等，从而提升完善工作细节的品质。

【引例】

当事人陶某某一审被判刑后，将上诉状递交某市中级人民法院。按程序，上诉状应该转到一审的区人民法院审查是否在起诉期内，然后决定是否立案。但收下上诉状的中级人民法院的书记员因工作疏忽，没有转到区法院，导致此案没有作为上诉案件立案。因该书记员工作疏忽导致上诉状“失踪”，一审判决生效，陶某某坐牢 7 年。出狱后，陶某某仍不断找相关部门反映情况。该市中级人民法院才发现该工作失误，将原判决撤销后发回重审。

第一节　职业素质概述

一、职业素质的概念

素质，在心理学上是指人的神经系统和感觉器官上的先天的特点。现在“素质”一词，已被广泛地用于说明人和组织的现实状态，如干部素质、企业素质等。素质包括先天素质和后天素质。先天素质是通过父母遗传因素而获得的，主要包括感觉器官、神经系统和身体其他方面的一些生理特点；后天素质是通过环境影响和教育而获得的。因此，可以说，素质是在人的先天生理基础上，受后天的教育训练和社会环境的影响，通过自身的认识和社会实践逐步养成的比较稳定的身心发展的基本品质。

对素质的理解，主要包括以下三方面的内容：

(1) 素质是教化的结果。它是在先天素质的基础上，通过教育和社会环境影响逐步形成和发展起来的。

(2) 素质是自身努力的结果。一个人素质的高低，是通过自己的努力学习、实践，获得一定知识并把它变成自觉行为的结果。

(3) 素质是一种比较稳定的身心发展的基本品质。这种品质一旦形成，就相对比较稳定。比如：一个品质好的学生，由于品质稳定，他总是能正确地对待别人、对待自己。

职业素质（Professional Quality）是劳动者对社会职业了解与适应能力的一种综合体现，其主要表现在职业兴趣、职业能力、职业个性及职业情况等方面。影响和制约职业素质的因素很多，主要包括：受教育程度、实践经验、社会环境、工作经历以及自身的一些基本情况（如身体状况等）。一般来说，劳动者能否顺利就业并取得成就，在很大程度上取决于本人的职业素质，即职业素质是事业成功的基础，决定职业的成败。职业素质越高的人，获得成功的机会就越多。

二、职业素质的基本特征

（一）职业性

不同的职业，职业素质是不同的，如对建筑工人的素质要求，不同于对护士的素质要求；对商业服务人员的素质要求，不同于对教师的素质要求；对律师的素质要求，不同于对书记员的素质要求。全国三八红旗手、有“最美奋斗者”称号的李素丽始终把职业素质作为一名优秀售票员的基本要求，正如她自己所说：“如果我能把 10 米车厢、三尺票台当成为人民服务的岗位，实实在在去为社会作贡献，就能在服务中融入真情，为社会增添一份美好。即便有时自己有点烦心事，只要一上车，一见到乘客，就不烦了。”

（二）稳定性

一个人的职业素质是在长期执业过程中日积月累形成的。它一旦形成，便具有相对的稳定性。比如：一名书记员，经过三年五载的辅助性工作，就逐渐形成了庭前做好准备工作使庭审顺利进行，针对不同的案件在庭审笔录中侧重要点，使庭审笔录客观、完整等一系列书记员职业素质，并保持相对的稳定。当然，随着他的继续学习以及工作和环境的影响，这种素质还可继续提高。

（三）内在性

职业从业人员在长期的职业活动中，经过自己学习、认知和亲身实践来判断行为的是非。这样，有意识地积淀、内化和升华的这一心理品质，就是职业素质的内在性。比如，法院的工作人员常说，“把这件事交给书记员某某去做，有把握，请放心。”大家之所以交给他放心，就是因为他的内在素质好。

（四）整体性

一个从业人员的职业素质是与他整体素质相关的。我们说某某同志职业素质好，不仅指他的思想政治素质好，而且还包括他的科学文化素质和专业技能素质好，甚至还包括身体、心理素质好等。一个从业人员，虽然思想道德素质好，但科学文化素质、专业技能素质差，就不能说这个人的整体素质好。同样，一个从业人员科学文化素质、专业技能素质都不错，但思想道德素质差，我们也不能说这个人整体素质好。所以，职业素质一个很重要的特点就是整体性。

（五）发展性

一个人的素质是通过教育、自身社会实践和社会影响逐步形成的，它具有相对性和稳定性。但是，随着社会发展对人们不断提出的要求，人们为了更好地适应、满足、促进社会发展的需要，总是需要不断地提高自己的素质。所以，职业素质具有发展性。

三、职业素质的主要分类

如前所述，职业素质是选用人才的第一标准，是职场制胜、事业成功的第一法宝。职业素质主要包括以下几类：

（1）身体素质，指体质和健康（主要指生理）方面的素质。

（2）政治素质，指政治立场、政治观点、政治信念与信仰等方面的素质。

（3）心理素质，指认知、感知、记忆、想象、情感、意志、态度、个性特征（兴趣、能力、气质、性格、习惯）等方面的素质。心理素质是可以通过锻炼而提高的，很多知名企业都通过拓展训练来提高员工的心理素质以及团队信任关系。

（4）思想素质，指思想认识、思想觉悟、思想方法、价值观念等方面的素质。思想素质受客观环境等因素影响，例如受家庭、社会等环境的影响。

（5）道德素质，指道德认识、道德情感、道德意志、道德行为、道德修养、组织纪律观念方面的素质。

（6）科技文化素质，指科学知识、技术知识、文化知识、文化修养方面的素质。

（7）专业素质，指专业知识、专业理论、专业技能、必要的组织管理能力等。

（8）审美素质，指美感、审美意识、审美观、审美情趣、审美能力方面的素质。

（9）社会交往和适应素质，主要是语言表达能力、社交活动能力、社会适应能力等。社交适应是后天培养的个人能力，是职业素质的核心之一，侧面反映了个人能力。

（10）学习和创新方面的素质，主要是学习能力、信息能力、创新意识、创新精神、创新能力、创业意识与创业能力等。学习和创新是个人价值的另一种形式，能体现个人的发展潜力以及对企业的价值。

对于书记员来说，“身体是革命的本钱”，如果没有良好的身体素质，将不能保证工作时间，可能会影响法官审理案件的质量和效率等；如果缺乏正确的审美素质，可能使自己的着装与职业不相符，从而有失庄重，影响法院的形象；如果缺乏社会交往素质，则会使书记员在法院内部与各部门的沟通存在障碍，或者在与当事人沟通的过程中使当事人产生不信任感等，从而影响案件的正常进行；等等。

总之，上述十项主要的职业素质是书记员客观公正圆满地完成本职工作、保持自身事业发展进步的基础条件。本章将着重讲述书记员应当具备的政治素质、心理素质以及其他业务素质。

第二节　书记员的政治素质

一、书记员政治素质概述

（一）书记员政治素质的含义

政治，是一个历史范畴，是一定的阶级或社会集团为了维护其根本利益，围绕夺取政权或巩固政权所进行的一切活动。就无产阶级政治来说，不同的历史时期，政治有不同的含义。

马克思主义认为，一切阶级斗争都是政治斗争，政治是经济的最集中的表现，政治就是各阶级之间的斗争，政治就是参与国家事务、给国家定方向、确定国家活动的形式、任务和内容，政治是一种科学，是一种艺术。这些论述概括反映了政治的本质、属性、基本内容和特征，是研究政治现象和为政治下定义的指导思想。

西方的政治学家为政治下过诸多定义，例如：（1）认为政治是国家的活动，是治理国家，是夺取或保存权力的行为；（2）认为政治是权力斗争，是人际关系中的权力现象；（3）认为政治是人们在安排公共事务中表达个人意志和利益的一种活动，政治的目标是制定政策，也就是处理公共事务；（4）认为政治是制定和执行政策的过程；（5）认为政治是一种社会的利益关系，是对社会价值的权威性分配。

20 世纪 80 年代，中国政治学界对“政治”概念的主要观点有：（1）政治是各阶级为维护和发展本阶级利益而处理本阶级内部以及与其他阶级、民族、国家的关系所采取的直接策略、手段和组织形式。（2）政治是一定阶级或集团为实现其经济要求而夺取政权和巩固政权的活动，以及实行的对内对外的全部政策和策略。（3）政治是主要由政府推行的、涉及各个生活领域的、在各种社会活动中占主要地位的活动。（4）政治是阶级社会的产物，是阶级社会的上层建筑，集中表现为统治阶级和被统治阶级之间权力斗争、统治阶级内部的权力分配和使用等。

政治素质，通常是指一个人的政治立场、政治态度、政治纪律、政治觉悟、政治信念、政治品德的总和。政治素质是人的综合素质的核心。人的政治素质的高低是社会政治文明发展水平的重要标志，准确把握政治素质的内涵和特征，是提高人的政治素质的前提。政治素质主要包括政治理论知识、政治心理、政治价值观、政治信仰、政治能力等，它具有阶级性、内在性、综合性、相对稳定性、层次性等特征。

书记员的政治素质，就是指书记员的政治立场、态度、觉悟、信念和品质的总和。我们党提出新时期干部队伍必须实现革命化、年轻化、知识化、专业化，其中，革命化就是新时期干部队伍建设的政治标准，人民法院的书记员也同样必须具备这一政治素质。其基本内容和要求包括书记员应该具有坚定的政治方向、高度的政治觉悟和高尚的政治品德等。

（二）强调书记员政治素质的意义

习近平总书记曾经指出，我们党历来强调德才兼备，并强调以德为先。德包括政治品德、职业道德、社会公德、家庭美德等，干部在这些方面都要过硬，最重要的是政治品德要过得硬。

书记员是人民法院中专门以担任审判记录工作为主并协助法官办理审判有关事项的司法工作人员，书记员工作也是人民法院行使审判权的具体体现。书记员的工作，很大程度上影响着人民法院审判权的行使和审判工作的正常进行。如果一名书记员没有政治素质保证，没有正确的世界观、人生观、价值观和优良的职业道德修养，就不可能保证依法办事、秉公办案。

因此，我们强调书记员的政治素质的重要性，一方面在于政治素质是书记员综合素质的核心，它既纵向地贯穿渗透于其他素质之中，又横向地制约辐射着其他素质，即政治素质是书记员素质的首要内容，是书记员职业性质的必然要求，是做好书记员工作的最基本保证；另一方面也是从当前人民法院书记员政治素质的现状来讲的，应当肯定，人民法院书记员的政治素质总体上来说是好的，但是政治素质不高的现象和问题还是存在的。因而，必须大力加强人民法院书记员队伍建设，提高书记员的素质，特别是政治素质。

二、书记员应当具备的政治素质

（一）应当具备一定的马克思主义理论修养

人民法院是国家的审判机关，代表人民行使着国家审判权，其最基本职能是保护人民、惩治犯罪、促进改革、维护稳定，是社会公平、正义的最终守护者。法院工作人员的行为模式、价值取向直接影响法院的权威，间接影响社会公众对社会公平、正义价值的评价。书记员作为法院工作人员的一部分，只有具备较高的理论修养，才能做到政治头脑清醒和政治信念坚定。具有坚定的政治信念，才能在改革大潮中经受住金钱、物欲的诱惑，才能在处理具体事务中做到不偏不倚，才能维护法律的公平与正义，才能维护法院在公众中的威严形象。因此，书记员必须自觉学习和实践马克思列宁主义、毛泽东思想、邓小平理论、“三个代表”重要思想、科学发展观和习近平新时代中国特色社会主义思想，树牢“四个意识”，坚定“四个自信”，坚决做到“两个维护”，做好各项审判辅助性工作。

（二）应当树立正确的世界观、人生观和价值观

政治素质的核心问题是牢固树立正确的世界观、人生观和价值观。世界观是人对外部世界的总的看法。人生观是人对生命、生活意义认识的总和。价值观是人对事物价值判断、价值认识的总和。世界观、人生观、价值观三者相互联系、相互影响，共同决定了人

的信仰、追求和行为方式。改革开放以来，新事物、新知识、新思想层出不穷，同时，各种消极、腐朽的东西也在不断涌现。一些国家干部忽视和放弃了主观世界的改造，没有牢固树立正确的世界观、人生观和价值观，经不住金钱、物欲的诱惑，不仅自己身败名裂，而且还给国家造成了很大的损失，最终落得被时代淘汰的可悲下场。作为一名书记员，牢固树立正确的世界观、人生观、价值观十分重要。要树立正确的世界观、人生观、价值观，应从以下几个方面努力：

第一，要有远大的共产主义理想，坚定地走建设有中国特色的社会主义道路，为把我国建设成为富强、民主、文明的社会主义现代化国家而奋斗。作为人民法院的书记员，要为党的最高理想而奋斗，特别是在社会主义事业发展过程中，遭到局部的、暂时的挫折，一些人对社会主义制度的优越性和先进性产生怀疑以至动摇的情况下，更要自觉坚持党的基本路线不动摇，坚持走社会主义道路，推进社会主义改革，在改革中坚持社会主义方向。如果在这个现实斗争中不忠诚、不热情、不尽力，就是有意无意地背离了最高理想，偏离了根本政治方向。这样的人是没有资格当人民法院的书记员的。

第二，在坚决贯彻实施国家法律、法规的同时，坚定不移地贯彻执行党的路线、方针和政策。在思想上和行动上始终与党中央保持高度的一致。《人民法院组织法》规定：“人民法院的书记员负责法庭审理记录等审判辅助事务。”这一规定概括了书记员的基本职责及法律地位。要履行好书记员职责，完成好书记员各项具体工作任务，必须坚持四项基本原则，坚决贯彻执行党的路线、方针和政策，在政治上、思想上、行动上自觉与党中央保持一致，积极参加各种政治学习活动，在工作中做到讲政治、顾大局，不计较个人得失，在困难面前不退缩、不迷失方向，树立正确的人生观、价值观。这是书记员做好工作的前提和重要保证，也是书记员应具备的政治素质，因为只有这样，才能明确和坚持正确的政治方向和工作方向，在任何复杂的社会环境和条件下，始终站在维护社会主义法制斗争的前线，头脑清醒，立场坚定，否则是完成不好法律所赋予书记员的工作任务的。

第三，以全心全意为人民服务为宗旨，做到“权为民用，情为民系，利为民谋”，以此作为处理事情的出发点和归宿。

经验提示 2-1

党的十八大以来，在以习近平总书记为核心的党中央坚强领导下，人民法院对生效法律文书的执行工作给予前所未有的重视。十八届四中全会明确提出，要切实解决执行难，依法保障胜诉当事人及时实现权益。2016 年 3 月，最高人民法院宣布：“用两到三年时间基本解决执行难问题，破除实现公平正义的最后一道藩篱。”据统计，2016 年至 2018 年 9 月，全国法院共受理执行案件 1 884.0 万件，同比增长 105%，执结 1 693.8 万件，同比增长 120%，执行到位金额 4.07 万亿元，同比增长 76%。

这背后是各级人民法院执行局中包括书记员在内的干警废寝忘食、加班加点辛勤工作的结果。他们白天奔赴各地开展查询、扣划、查封等执行行动，晚上又“挑灯奋战”进行案卷整理、排查和统计数据等工作，普遍实行“5+2”“白加黑”的工作模式，全力以赴地执行。这就需要树立坚定的政治信仰，勇于践行“让人民群众在每一个司法案件中感受到公平正义”的工作理念，为打好这场关键性的战役做出个人、家庭的牺牲。当工作与个人利益发生冲突时，需要书记员具备较高的政治素质，认识到工作高于个人利益。

（三）应当具备良好的职业道德

政治素质的基本内容和要求是具有高尚的政治品德。而高尚的政治品德在当前则更多地体现在职业道德的方方面面。关于书记员职业道德的具体内容将在本书第三章中详细阐述。

三、书记员良好政治素质的培养

书记员政治素质培养的内容主要包括以下几个方面。

（一）政治理论的学习

一个合格的书记员，必须具备良好的政治理论基础，对习近平新时代中国特色社会主义思想有系统、深入的认识，真正筑牢精神支柱和思想防线，忠诚可靠、守纪作为。对书记员所开展的政治理论教育，一是要全面、系统，帮助书记员在自己的知识结构和素质构成中奠定好基础理论的框架体系，避免那种零散的、条条本本的说教，把政治理论教育与人才智能结构系统的培养融为一体；二是要真正使政治理论教育成为一种世界观和方法论的教育，改变过去那种将政治理论教育简化为观点灌输、思想渗透的状况，把政治理论教育与人才价值体系、社会道德意识的培养融为一体；三是要推动书记员在实践中学习政治理论，将政治理论学习从课堂和书斋里解放出来，真正把政治理论演化成一种面对现实、解决实际问题的能力。只有这样，才能使书记员真正树立起政治上的坚定信仰，真实而扎实地解决当代青年的政治信仰问题。

（二）政治品格的塑造

在现代社会中，政治与道德是密不可分的，特别是在社会的变革和发展中，权力和利益之间的密切关系已经成为一部分干部腐败的重要根源。中国的话语中有一句话叫做“升官发财”，反映出在中国人的传统观念中，“官”与“财”有着必然的联系。习近平总书记强调，要严把德才标准。德才兼备，方堪重任。所以，对书记员的政治教育，应该把政治道德的培养放在重要的位置上。这包括追求真理的坚定性、为人民服务的精神和热诚、对自己严格自律的自觉性、对他人的理解信任和坦诚等多方面的内容。进行政治品质的培养，其基本出发点首先是要培养一个积极适应现实社会的人，即要通过教育和培养，帮助年轻的书记员学会正确认知自我，合理接纳他人，与社会主体价值保持一致。政治上的道德常常会表现在政治家社会行为上，会显得高深莫测，但实际上它是一个社会人的基本道德水准的集中反映。在我们这样一个社会主义国家里，它的核心部分就是自我和他人、社会之间的关系，就是自律和为人民服务。只有真正把一个人的文化教育与政治思想教育统一起来，才可能培养出具有良好政治品质的人才。

（三）政治能力的培养

生活在当今世界，国际形势的多极化、社会意识形态的多元化以及快速变化的社会形态，给所有的人，特别是青年人在政治素质上提出了很高的要求。在很多时候，并不是有了坚定的立场，有了高尚的道德和善良的愿望，就可以保证获得成功。面对今天的社会并能够积极适应，还必须具备较高的政治能力。这主要应该包括四个方面：一是政治上的分辨力，即对大量的、复杂的社会信息能够分辨出真伪；对与社会主体价值相背离的东西有足够的警惕。二是对社会上正面的信息的吸收能力，即能够拥护、支持和吸收与社会发展方向相一致的、代表社会大多数人利益的东西。三是对社会负面信息的批判和拒绝，即能够并敢于向负面的东西"说不"，具有批判和拒绝的能力。四是对社会事务的分析、决策和解决的能力。政治水平的高低，不能单纯看理论水平，更重要的是要看实际能力，看处理社会事务的实际水平，这不仅是分析、决策等思维和理性的能力，更是一种实际操作的能力，一种动脑动手去操作社会事务的能力。

政治素质在内容上不是单一的，它与人的道德的养成、个性品质的发展、心理素质的培养、智力的开发、能力的训练等都是紧密联系的。从这个意义上说，我们应该树立一种大的政治教育观，真正把政治素质的培养纳入人的全面发展的轨道上来。

第三节 书记员的心理素质

一、书记员心理素质概述

（一）书记员心理素质的含义

所谓心理，一般是指人的头脑反映客观现实的过程，如感觉、知觉、思维、情绪等。所谓素质，一般是指事物本来的性质，心理学上则是指人的神经系统和感觉器官上的先天特点。

对于心理素质，学者有着不同的见解。邢根溪认为，心理素质是指个体在心理过程、个性心理等方面所具有的基本特征和品质，是人类在长期社会生活中形成的心理活动在个体身上的积淀，是一个人在思想和行为上表现出来的比较稳定的心理倾向、特征和能动性。

肖汉仕教授这样解释：心理素质是指人的心理过程及个性心理结构中所具有的状态、品质与能力之总和，其中包括智力因素与非智力因素。在智力方面是指获得知识的多少，也指先天遗传的智力潜能，但我们主要强调心理潜能的自我开发与有效利用；在非智力方面，主要指心理健康状况的好坏，个性心理品质的优劣，心理能力的大小以及所体现出的行为习惯与社会适应状况。

刘岸英认为，心理素质是个体整体素质的基础，它是个体在遗传素质的基础上，通过自身努力和在外界环境与教育的作用下，所形成的比较稳定的心理特征、品质和能力等心理因素的总和。

也有一些心理学家认为，除智力因素以外，决定和影响人活动的一切非智力因素都可以称为心理素质，亦即保证人们成功地进行各种活动的心理条件的总和。

因此，本书对心理素质做如下界定：心理素质是人的整体素质的组成部分，一个人的心理素质是在先天素质的基础上，经过后天的环境与教育的影响而逐步形成的，以人的自我意识发展为核心，被积极的、与社会发展相统一的价值观所引导，包括认知能力、需要、兴趣、动机、情感、意志、性格等智力和非智力因素有机结合的复杂整体。

书记员的心理素质就是书记员对其自身的职业所反映出的心理特征。它是书记员所必备的特殊的能力倾向。这种能力倾向是书记员的职业特性内化和融合进心理因素而形成的，既反映了职业工作的需求，也反映了职业实践、职业训练过程的现实。人民法院的书记员是协助法官办理有关审判活动中的具体事务并进行记录的国家司法工作者，不仅应具备较高的政治素质、业务素质和文化水平，还必须具备良好的心理素质。

（二）书记员心理素质的分类

书记员的心理素质，根据其个性反映和不同的要求，可以进行不同的分类。

按其自然属性和机能划分，可将书记员的心理素质划分为智力因素的心理素质和非智力因素的心理素质。智力因素的心理素质是书记员个性心理载体所具有的原发机能，是先天获得的，如观察能力、记忆能力和思维能力等，它是一切普通正常人自然获得的心理因素。非智力因素的心理素质是书记员在工作实践中通过学习、培养而获得的，如责任心、自信心、进取心、勤奋、谦虚、热情、坚毅等，也是人的行为所不可缺少的心理因素。

按其作用划分，可将书记员的心理素质分为发动性的心理素质和抑制性的心理素质。发动性的心理素质是书记员积极倾向的心理素质，如兴奋性、敢为性、稳定性等。抑制性的心理素质是书记员消极的心理状态和情绪，如焦虑、烦躁、怯懦等。

按其心理现象划分，可将书记员的心理素质分为心理过程的素质和个性心理素质。心理过程的素质反映着书记员认识过程、情感过程、意志过程的好坏。个性心理素质包含着书记员的个性倾向和个性心理特征。应当指出，书记员的心理过程和个性心理是心理现象的两个侧面，它们是相互联系、相互制约的，心理过程具有机能性，是不稳定的信息加工过程，个性心理是心理现象中的稳定成分，制约和调节心理过程，标志着个人的特点。

（三）书记员的个性心理特征

书记员的个性心理特征，主要包括能力、气质和性格三项内容。

1. 能力

能力又称为能块。能块包括思块（思维）、行块（行为）和语块（语言）。思块分为：思块组合能力、组合速度、思维行为沟通能力、思维语言沟通能力、语言行为沟通能力、理解力、判断力、分析能力、综合能力、记忆力、观察力、想象力等。行块分为：模仿能力、灵敏度、力度、耐力、速度、听力、注意力、感知力等。语块分为：语言速度、语言运用、字词组合、场合运用、概括等。思块、行块、语块三者是相互关联的，思块起主导作用，其他两者又可以刺激思块的不断发展。

能力是一般人都具备的心理现象。一般认为，能力是顺利地完成某种活动所必备的心理特征。书记员的能力可分为一般能力和特殊能力。书记员的一般能力大致包括：对事物全面和细致的分析能力；对事物的分析、综合、抽象和概括的能力；言语能力；再造想象和创造想象能力；记忆能力；通过手、脑并用去解决实际问题的能力。书记员的特殊能力即书记员从事职业活动所必需的各种专业能力有机结合的能力，如速记能力、计算机操作能力等。

2. 气质

气质是高级神经活动在人的行动上的表现，指人的相当稳定的个性特点，如活泼、直爽、沉静、浮躁等。书记员的气质就是书记员心理过程的速度、强度、稳定性和内外倾向性的心理特点的总和。现代心理学家认为，气质是高级神经活动类型的表现。高级神经活动具有兴奋和抑制两个基本过程。有些人兴奋性强，有些人兴奋性弱；有些人兴奋的强度和抑制的强度相平衡，有些人则不能平衡；有些人兴奋和抑制转换灵活，对外部刺激的反应速度快，有些人则恰恰相反。这样就产生了四种典型的高级神经活动类型，并由此表现为四种典型的气质：（1）胆汁质。这种气质的人，一般表现为精力过人，不易疲劳，在行动上生气勃勃、果断、刚强，工作上表现得顽强有力；但容易急躁，争强好胜，大喜大怒、难以控制；具有明显的外倾性。（2）多血质。这种气质的人，一般表现为精力充沛，活泼好动，反应迅速，有朝气，适应性强，兴趣广泛，善于交际；但容易轻浮，情绪不稳定，粗枝大叶，不够踏实；具有明显的外倾性。（3）黏液质。这种气质的人，一般表现为沉静、稳重，但灵活性不足；踏实、冷静，但办事容易拖拉，缺乏生气；具有内倾性。（4）抑郁质。这种气质的人，一般表现为敏锐、稳重、体验深刻、外表温柔，但行为孤僻、怯懦、缓慢、优柔寡断；具有明显的内倾性。

人的气质本身无好坏之分，气质类型也无好坏之分。在评定人的气质时不能认为一种气质类型是好的，另一种气质类型是坏的。每一种气质都有积极和消极两个方面，在这种情况下可能具有积极的意义，而在另一种情况下可能具有消极的意义。如胆汁质的人可成为积极、热情的人，也可发展成为任性、粗暴、易发脾气的人；多血质的人情感丰富，工作能力强，易适应新的环境，但注意力不够集中，兴趣容易转移，无恒心等；抑郁质的人在工作中耐受能力差，容易感到疲劳，但感情比较细腻，做事审慎小心，观察力敏锐，善于察觉到别人不易察觉的细小事物。气质相同的人可有成就高低和善恶的区别。作为个体的书记员，了解自己的气质，就会作出扬长避短的有效努力，更好地完成本职工作。

3. 性格

性格一词源于拉丁文“XPaktn′P”，意指经由雕刻所留下的印痕、标志、记号。从心理学上讲，性格意指在对人、对事的态度和行为方式上所表现出来的心理特点，如英勇、刚强、懦弱、粗暴等。书记员的性格特点主要表现在对现实职业工作的态度和行为方式方面的个性特征。书记员通过参与法官审理案件的实践，对作用于他的客观现实的审判活动通过认知、情感、意志等心理过程，反映在头脑中，并逐渐固定下来，形成个人独特的一贯的倾向。书记员的行为方式是通过正确的人生观和价值观而形成的。人生观和价值观一经形成，就具体化为个人的行为意识，推动和调节着行动，使人的各种行为具有稳定性和一致性。某些心理特征在书记员个人身上的有机结合，便体现出书记员的独特风格。正如恩格斯所说：人物的性格不仅表现在他做什么，而且表现出他怎样做。对自己担当的工作勤勤恳恳，善于克服各种困难去完成任务，在自己的工作态度和行为方式上表现出坚毅、勇敢、顽强、热情的统一风格，即构成了书记员的性格。

（四）强调书记员心理素质的意义

心理素质是一个人全面素质的重要组成部分，是内在的、不能直接从表面感知的个人能力。心理素质在一定程度上影响到一个人潜能的发挥，影响到其对周围环境的适应能力。因此，作为一名书记员，必须具备专业工作岗位所必需的心理素质，并有意识地加强这一方面的培养，由内而外、全方位地提升个人心理素质，以便能够更好地适应工作需求。

二、书记员应具备的心理素质

心理素质是一个人的心理过程和心理特征的总体体现，是个体的认知、情感、意志、行为、性格、气质和能力水平高低的综合标志。书记员心理素质是书记员对其自身的职业所反映出的心理特征，是书记员必备的特殊的能力倾向。审判工作的严肃性、特殊性和重要性要求书记员必须具备良好的心理素质，即较强的能力、良好的气质和高尚的品德。

（一）较强的能力

人民法院的书记员不仅要政治过硬、业务精通，而且要具备较强的能力。一般表现在以下几个方面。

1. 敏锐的观察力

书记员工作的性质要求书记员在工作过程中，运用自己的视觉、头脑观察周围的事物和现象时，应具有超过一般人的敏捷、灵活的反应，即具有敏锐的观察力。例如：到庭参加诉讼的当事人有着各自的诉求，都为了谋求利益的最大化，这是可以理解的。大多数人都会自觉遵守法庭纪律，通过合理合法的途径维护自己的合法权益。但也有一些人会不择手段，比如伪装自己精神上存在问题，不能准确回答法官的发问；有的装作酒醉，更有甚者采取威胁等手段。书记员必须能够通过观察洞悉这类人真实的意图，然后揭穿其伎俩，这时候他们就会无计可施了。再如：书记员记录庭审笔录时，不但要准确地记录法官的询问、被告人的供述辩解、受害人的陈述等内容，同时还需要有准确、敏锐的观察能力并不停地发挥作用，做到听觉、视觉同时发挥作用，如观察并记录他们的手势、表情等，与案件密切相关的还应记录在笔录之中。总之，一名优秀的书记员，需要具有准确敏锐的观察能力，能从某些细微动作、表情、神态、言语和姿势中引起警觉，发现疑点和问题。当然，这种准确、敏锐的观察能力，是建立在书记员丰富、广博的知识、阅历和社会实践经验的基础之上的，也来源于对事业的忠诚和高度的职业责任感。

2. 较强的记忆能力

具备较强的记忆能力是书记员工作性质的要求，同时也是保证书记员优质、高效地完成本职工作的保障。例如，在庭审记录过程中，书记员需要瞬间记忆法官的询问、当事人对案件情节的叙述等，才能较为完整地记录庭审笔录；在日常同时辅助多名审判员进行程序性工作时，书记员也要通过良好的记忆来确保每一名审判员的程序性工作顺利进行。再如，对不同案件诉讼行为的当事人及其他诉讼参与人要准确记忆，以免在接待当事人时张冠李戴，造成被动。

3. 迅速的反应能力

书记员协助法官进行诉讼活动，时常会遇到一些难以预料的情景，例如在庭审记录过程中，当事人因情绪过分激动导致抽搐。这个时候就需要书记员具备迅速的反应能力，在审判长或法官指挥下处乱不惊地抑制事态的恶性发展并尽力减轻造成的后果，否则就会束手无策，处于被动。因此，书记员应该善于驾驭这种偶然变化的形势，采取恰当的对策，适时调整记录方案，改变记录方法。

4. 严密的逻辑思维能力

严密的逻辑思维能力，是书记员应具备的最基本、最典型的心理素质之一。所谓逻辑思维能力是指正确、合理思考的能力，即对事物进行观察、比较、分析、综合、抽象、概括、判断、推理的能力，采用科学的逻辑方法，准确而有条理地表达自己思维过程的能力。其表现为思维的逻辑性、严密性、规律性、灵敏性；分析问题不固执己见，不迟钝，细密精确；观察问题细致入微，具有穿透力。如果书记员不具备这种能力，在制作笔录时，可能就会使笔录缺乏整体性、系统性，造成内容混乱，前后颠倒，杂乱无章；面对繁杂的工作，也会手忙脚乱，影响做事的质量和效率。

5. 较强的自控能力

自控能力是人行为的调节器，也是书记员行为的调节器。书记员的行为是否得当，虽然受到一定规范的控制，但这种规范控制却是通过自我控制能力发挥作用来实现的。自我控制能力不强，抵制不住压力，往往会导致烦躁、过火、粗野等不当行为的产生，导致工作的失败。书记员需要具备较强的自控能力也是由其特殊的职业性质所决定的。人民法院要实现文明办案、严肃执法，就需要法官、书记员严格规范自己的行为。如果书记员不具备较强的自控能力，对当事人的吃请、送礼等行为不能自控，势必会影响案件客观公正审理。因此，法官、书记员的行为好坏，形象的正与邪、美与丑，往往会成为人们评判国家法律是否公正、人民法院是否公正的标准。

6. 良好的注意力

注意力是智力的五个基本因素之一，是记忆力、观察力、想象力、思维力的准备状态，所以注意力被人们称为心灵的门户。书记员的职业特点要求其也需要具备良好的“心灵门户”。例如：面对一些复杂、疑难案件，书记员有时需要连续数小时不停地记录，这样容易造成大脑疲劳，精力分散，而记录工作又来不得半点马虎。因此，在这种情况下，书记员要通过自我调节，战胜疲劳，保持良好的注意力。只有这样，才能不断克服工作中的困难，以充沛的精力投入工作。

（二）良好的气质

书记员的良好气质是由其工作性质所决定的，一般包括如下内容。

1. 无私无畏

无私无畏是一种高尚的、公而忘私的思想境界，又是一种英雄的、英勇的、奋不顾身的思想境界。如果一个人具有无私无畏的思想境界，那就能廉洁自律、自尊自爱、率先垂范、遵纪守法，成为人品正直、作风正派、伸张正义、一身正气的人。书记员在协助法官办案的过程中，不可避免地会遇到社会各方面的影响，如当事人的请客送礼、亲友的说情、个别领导的干预等，可能影响案件的公正审理。因此，作为人民法院的书记员必须忠于职守、秉公执法，具备无私无畏的气质。书记员的无私无畏的气质表现在：忠实于祖国、忠实于人民、忠实于事实真相、忠实于社会主义法律；坚决抵制各种不良习惯的影响，敢于同以权压法、以言代法、徇私枉法、因私废法的丑恶行为作斗争；坚决同违法、犯罪行为作斗争，以维护法律的尊严，保护无辜的人不受刑事追究，保护当事人的合法权益。

2. 不骄不躁

书记员的职业特点要求他们也必须具备不骄不躁的良好气质。骄傲自大，就不能平易近人、和善待人，就会脱离人民群众。例如：书记员对当事人傲慢无理，就会使当事人产生逆反心理，对书记员乃至法官不信任，不仅影响法官办案，还会影响人民法院的形象。再如，书记员在调查取证时，骄傲自大，盛气凌人，证人就不愿把所知道的案件事实如实陈述，往往会以“不知道”“没看清”“记不清”等予以搪塞不证。同样，急躁是审判工作尤为禁忌的。因为书记员的日常工作是非常繁杂、琐碎的，有的书记员所辅助的一个法官要审理若干个案件，有的书记员甚至要同时辅助几个法官工作。书记员只有不急不躁，才能保持心力集中、有条不紊地工作；才能保持心平气和，充分听取当事人的陈述；才能保持清醒理智，做好记录；才能认真细致地校对每一份法律文书，保证不出差错；才能按照规范化要求装订卷宗材料，防止遗、错、乱。

经验提示2-2

某县人民法院书记员马某，一日内连续校对了八份判决书、案件上呈报告等，由于产生了急躁情绪，结果未能保证法律文书的质量，判决书中被告人盗窃“母猪四头”，打印成盗窃“母亲四个”，校对时未能发现，送达判决书后，被告人提出上诉。理由是：“我盗窃母猪四头，是犯的盗窃罪，但判决书认定我盗窃‘母亲’四个，是犯了盗窃罪，我不服。”二审只好重新在裁定书中认定事实，维持一审判决的量刑部分。

3. 有慎多思

书记员，多是到法院工作时间较短的年轻人，工作实践经验较少，这就需要在做好每一项工作的时候要谨慎精细，善于思考。无论是做笔录、校对法律文书，还是装订卷宗、收发案卷、证据材料保管、接待当事人等，都应处处体现出谨慎精细。不该表态答复的事，一律不擅自答复。在协助法官办案过程中，要仔细听、认真记，勤于思考。要思考分析案件是否查清事实，证据是否确实充分，证据间有无矛盾及如何解决矛盾，法官适用法律是否得当，应如何向法官提出建议等。

4. 好学上进

书记员辅助法官办案，事务性工作较为繁杂。要做好书记员工作，需要丰富的知识和经验，如文化知识、法律知识、现代科技知识等，而这些知识随着经济的发展、社会的进步又是不断更新的，这就需要书记员具有好学上进的气质。好学上进，既要立足当时的工作实际，在工作中学习；又要展望未来，不断更新知识结构，适应新形势发展需要。

5. 自省自控

书记员自省自控的良好气质，是书记员职能工作的要求，是进行心理治疗、保健，保证心理健康的重要方法。自省自控不仅表现于回顾总结办案中的成败得失，提高自身业务水平；更重要的是加强自身修养。通过自我修养对自己进行自我约束，做到激而不怒，诱而不惑，不为外界刺激所冲动，不以感情徇私枉法，在案件诉讼过程中，严格遵守庭审纪律，严格保守审判机密，对自己负责调查、记录、整理案件的各项工作完成后，经常性地进行总结经验教训，取长补短，以便更好地做好今后的工作，减少或避免失误。

（三）高尚的品德

品德，即道德品质，是指个体依据一定的社会道德准则和规范行动时，对社会、对他人、对周围事物所表现出来的稳定的心理特征或倾向。它是评价和衡量人们思想品质的社会标准。人民法院的书记员应具备高尚的思想品质和道德行为。具体讲，书记员的高尚品德主要表现为以下几个方面。

1. 高度的责任感

责任感是一个人对自己、自然界和人类社会，包括国家、社会、集体、家庭和他人，主动施以积极有益作用的精神。一个人如果没有责任感，作为公民注定不会正确行使宪法、法律赋予的权利并履行宪法、法律规定的义务；作为工作者注定不会取得应有的业绩；作为家庭成员注定使这个家庭不幸福；作为同事注定不好共事……人民法院的书记员肩负着协助法官执行法律的重任，而执行国家法律的目的又是维护人民的利益、国家的尊严，因此，要求书记员必须具有高度的责任感，即认识到审判活动将直接涉及国家法律能否公正实施，涉及当事人的合法权益能否受到全面保护等一系列重大问题，而这些若没有高度的责任感是无法实现的。所以，作为一名优秀的书记员，首先要具备高度责任感的品德，不怕艰辛，不贪财益，不受诱惑，以对党对人民高度负责的态度做好本职工作。

2. 坚定的求实感

求实，是书记员职业道德的重要内容。众所周知，由于种种原因，案件事实的真相往往被假象所掩盖，甚至被有意歪曲、混淆、颠倒，但事实毕竟是事实，只要书记员在工作过程中坚持以事实为根据，坚持坚定的求实感，付出艰辛的努力，终会拨云见日。坚定的求实感还要求书记员在工作中认真细致，制作笔录摆脱任何人为干扰，使案卷材料真实地反映案件的客观情况。

3. 迫切的是非感

书记员制作笔录、整理案卷必须是非分明，若有意颠倒是非，则会造成法官的错误判决。而且，书记员在工作中不能认为自己只负责笔录，辨明是非曲直是法官的事，与己无关，抱着漫不经心的态度；而是要迫切要求自己明辨是非曲直，及时向法官提出建议，协助法官依法做出裁判。

4. 强烈的正义感

强烈的正义感是书记员维护社会主义法制应有的心理品质，也是书记员所具备的职业道德心理。牢固树立正义感，要求书记员在工作中发扬“过关”精神：一要过金钱关，做到两袖清风，不见利忘义；二要过用权关，绝不能利用书记员工作的特殊性质，为亲朋好友和个人谋权利；三要过人情关，要依法办事，秉公执法，仗义执言，绝不能人情大于法律，徇私枉法；四要过廉洁关，要清廉，不请吃，不受贿。只有具备这种高尚的道德品质，才能坚持正义，才能当好法官的助手，坚持严肃执法，维护社会主义法制的统一。

5. 严肃的楷模感

人民法院的书记员，由于自己的职业、地位不同于普通人，因而在社会上应具备楷模作用。书记员不仅应通过自己的实际工作，而且还要通过自己的言行、作风、态度等方面的楷模作用，促进社会进步。树立书记员的楷模感，也必将进一步提高人民法院的威信，增强人民法院的光辉形象。当人民法院的书记员确信自己具备敢为人先的楷模感并努力发挥楷模作用时，必将对自己的进步产生一种极大的推动作用，促使其更好地完成本职工作，成为一个具有高尚品德的人。

三、书记员良好心理素质的培养

一般人的心理素质形成是由智力因素和非智力因素两方面构成的，书记员的心理素质形成与此相同。智力因素一方面受先天遗传因素的影响，另一方面后天的学习、实践、训练对之也有较为明显的影响。因此，人民法院的书记员若想胜任自己的工作，应当通过不断的学习、实践和训练培养良好的心理素质。良好心理素质的培养应当从以下几个方面入手。

（一）对理想、信念、世界观进行教育

理想是对符合事物发展客观规律的奋斗目标的向往与追求的个性心理。理想与人的愿望相联系，是所向往的人或物的主观形象，是奋斗不止的精神支柱和力量源泉。

信念是由认识、情感和意志构成的融合体，是激励、支持人们行为的那些自己深信无

疑的正确观点和准则。具有信念的人，对构成其信念的知识有广泛的概括性，使之成为洞察事物的出发点，是判断事物是非曲直的准则，也是行动的指南和行为的内在支柱。

世界观是人们对世界的总的根本看法。它指导着人们对人生目的和意义的探索，确定着行为方向和生活道路，维系着个性品质的统一，是个人积极性和创造性的推动力量。

（二）加强业务学习

对书记员进行必要的培训有利于培养其良好的心理素质。适时开展培训能够开阔书记员的眼界，使之系统地掌握知识，提升其工作能力。书记员加强学习的主要途径有三：一是向书本学习，包括学习法律、语言、科技、其他社会科学、自然科学知识等以及学习法医学、法制心理学等边缘学科方面的基本知识。这是其养成良好心理素质的基础。二是向经验丰富的法官学习审判实践经验。法官的庭审活动与书记员的工作紧密相连，书记员在庭审中记录的过程，也是向法官学习庭审技巧、审判艺术、驾驭庭审能力的过程。因此，书记员必须抓住这一有利时机，努力学习法官的各类庭审经验。三是向社会学习。社会是复杂的，是由各行各业、各种经历、各种学识、各种民族、各种年龄的人构成的，各有专长。书记员要具备甄别能力，从社会中提炼对自己成长有利的信息，丰富自己的社会经验，自觉抵制一些不良影响。

（三）注重心理学知识的学习与培训

对书记员的培训除了应当着眼于系统的专业知识，还应当有针对性地进行心理学知识的培训。心理学培训能够让书记员进一步了解良好心理素质的全部内容，使其能够有目的、有计划、自觉地培养自己的心理素质。

（四）积极参与实践、消除个性心理障碍

每个人的性格不尽相同，书记员也是如此，这也往往使其对职业工作存在着某些心理障碍，尤其是初任书记员往往会产生担心难以胜任工作，担心配合不好法官庭审，笔录制作不规范等一系列心理问题，在心理上造成障碍。要消除这种个性心理障碍，培养良好的心理素质，就必须积极参与实践，在长期的工作磨炼中修炼自己的个性。通过实践，按照心理学的内容来调节自己的心理活动，在挫折中改变后天形成的不良个性品质。因此，书记员应积极参加职业工作活动，注意积累工作实践中的知识与经验，增强其完成工作的信心，激发其成功的潜能，树立坚强的信念和意志。

（五）强化心理调整能力，克服负面情绪

书记员工作在不同的审判庭，面对各类案件，接触形形色色的当事人，会遇到种种事件。有的是每天都千篇一律的，有的是事先意想不到的，有的是直面社会阴暗面的，有的是对人的心理具有非常强烈刺激性、冲击性的，等等。比如，在民事审判庭工作可能会遇到当事人的无理纠缠或者言语甚至是肢体攻击，也可能看到不肖子孙、亲人反目的人间百态；在刑事审判庭可能会遇到案件中被害人遗体、肢体、现场、凶器、证物等血腥的照片、录像或者实物，也可能遇到死刑犯陈述最后遗言等扎心的情况。凡此种种，都会给书记员的内心带来焦虑、恐惧、压力、心理失衡等负面情绪，这时书记员要学会自我调节，比如：通过肯定自身职业价值、接受并尊重现实、注意力转移等方法提升心理素质，做到事先增强心理防御能力，事中沉着冷静，事后及时自我疏导。一旦出现心理问题，正视问题，积极寻求专业人士的帮助。

经验提示2－3

关于如何有效克服工作中的负面情绪，下面小月和小雨的案例可以给您一些启示。

案例1：小月是某法院民事审判庭一名书记员，在一次向一起离婚案件被告人送达开庭传票时，被告人因妻子出轨却先起诉离婚而心存怨恨，竟手持菜刀追砍送传票的小月，多亏与小月同行的法警同志及时阻拦，才避免了一起恶性伤人事件的发生。但此事过后，小月的内心久久难以平复，侥幸逃过的暴力伤害让她一直心存恐惧、心有余悸。

案例2：小雨是某法院刑事审判庭一名书记员，一天小雨整理一起故意杀人案件庭审笔录时，在翻看案卷的过程中看到了被害人遗骸的多张照片。本案中，被害人的尸体已经被烧焦，焦黑的尸体面貌破坏严重，一股从未有过的恶心和恐惧瞬间传遍了小雨全身。当天晚上，她做了一夜噩梦，以至于之后连续两天吃不好饭、睡不好觉，晚上睡觉不敢关灯，一闭眼脑袋里浮现的就是看到的那具烧焦尸体的样子，小雨倍感恐惧和焦虑。

面对负面情绪，小月和小雨是如何适应和调整的呢？第一，学会适当宣泄自己的情绪。合理表达自己的情绪和想法，而不是压抑自己的情绪。压制和隐藏自己的负面情绪，只会让你的情绪越来越糟糕。小月和小雨都注意到这一点，她们分别找到自己合议庭的审判长，把自己的想法和感受和盘托出，一时间所有的恐惧、焦虑都被发泄出来，释放了心中的压力和疑虑。第二，用职业价值去疏导和引领。审判长根据小月、小雨的倾诉，进行有针对性的抚慰，他们认同小月、小雨的感受，同时鼓励她们振作起来，他们告诉小月、小雨，司法工作人员代表着司法权威，只要案件起诉到法院，司法工作人员就必须直面各种纷争和争议，必须是"勇敢的逆行者"，这是这份工作给予司法工作人员的使命和荣耀。第三，转移注意力。审判长建议小月、小雨通过运动、听音乐、唱歌等方式转移注意力，帮助她们改善不良的情绪。几天后，小月、小雨走出心理阴影，恢复了以往的工作状态。

经验提示2－4

书记员为排解心理压力选择倾诉或宣泄时，务必注意保守庭审秘密，不可向外透露案件信息。大家可以参照上述小月、小雨的做法，选择案件合议庭的成员倾诉。

（六）选准楷模、效仿行为

榜样的力量是无穷的。通过对榜样的效仿会使人获得较大进步。人民法院的书记员良好心理素质的培养，同样必须高度重视理想楷模的示范作用，选准典型，效仿行为。近年来，我国政法战线上涌现出的大批英雄模范，如优秀法官、优秀书记员。作为一名书记员，要效仿英模行为，向他们学习，着重体会他们的内心世界，找准他们突出的心理素质和优点，坚持不懈地效仿修炼，汲取丰富的精神营养和帮助，最终升华自己的精神境界。

【轻松一刻——心理素质测试】

以下八道心理素质测试题，每题只能有一个选择，然后将答案对应的分数累加起来，看看总分是多少，就能大致了解自己的心理素质和应付能力。

（1）你骑车闯红灯，被警察叫住；你急着要赶路，但警察要先处理前面的违章行为，这时你

A. 急得满头大汗，不知怎么办才好

B. 十分友好地、平静地向警察道歉

C. 听之任之，不作任何解释

(2) 在朋友的婚礼上，你未料到会被邀请发言，在毫无准备的情况下，你

A. 双手发抖，结结巴巴说不出话来

B. 感到很荣幸，简短地讲几句

C. 很平淡地谢绝了

(3) 你在餐馆刚用过餐，服务员来结账，你忽然发现身上带的钱不够，此刻，你会

A. 感到很窘迫，脸发红

B. 自嘲一下，马上对服务员实话实说

C. 在身上东摸西摸，拖延时间

(4) 假如你乘坐公共汽车时忘了买票，被人查到，你的反应是

A. 尴尬，出冷汗

B. 冷静，不慌不忙，接受处理

C. 强作微笑

(5) 你独自一人被关在电梯内出不来，你会

A. 脸色发白，恐慌不安

B. 想方设法自己出去

C. 耐心地等待救援

(6) 有人像老朋友似的向你打招呼，但你一点也记不起他（她）是谁，此时你

A. 装作没听见似的不搭理

B. 直率地承认自己记不起来了

C. 朝他（她）瞪瞪眼，一言不发

(7) 你从超市里走出来，忽然意识到你拿着忘记付款的商品，此时一个很像保安人员的人朝你走过来，你会

A. 心怦怦跳，惊慌失措

B. 诚实、友好地主动向他解释

C. 迅速回转身去补付款

(8) 假设你从国外回来，行李中携带了超过规定的烟酒数量，海关官员要求你打开行李箱检查，这时你会

A. 感到害怕，两手发抖

B. 泰然自若，听凭检查

C. 与海关官员争辩，拒绝检查

测试评分标准与分析：

选A得0分，选B得5分，选C得2分。

(1) 0～25分：你承受压力的心理素质比较差，很容易失去心理平衡，变得窘促不安，甚至惊慌失措。

(2) 25～32分：你的心理素质比较好，性情还算比较稳定，遇事一般不会十分惊慌，但有时往往采取消极应付的态度。

（3）32～40分：你的心理素质很好，几乎没有令你感到尴尬的事，尽管偶尔会失去控制，但总体来说，你的应变能力很强，是一个能经常保持镇静、从容不迫的人。

第四节　书记员应具备的业务素质

一、书记员的法律业务素质

熟悉并掌握法律是书记员应具备的基本业务素质。

首先，实体法律知识（实体法）是书记员做好各项记录的后盾。只有熟练掌握民法、刑法和行政法三大实体法及相关的司法解释，才能掌握各类案件的庭审笔录的记录要点，从而保证记录的清、准、快，为法官的正确评判提供可靠的第一手材料。例如，在庭审记录时，对于当事人一些比较口语化、重复的陈述，需要在忠于原话的基础上进行归纳概括，作一些必要的删减。如果没有较为深厚的实体法律知识底蕴，就无法抓住重点，不知道当事人的哪些陈述会对案件产生重要的影响，从而出现记录不准确或者漏记的情形。再如，在制作合议笔录时，有时合议庭的争论很激烈，经常出现一位法官还没有说完就被另一位法官打断的情形，这时即使忠于原话也无法反映法官的真实意思。只有掌握相关的法律知识才能理解法官的本意，正确做好记录。

其次，诉讼法律知识（程序法）是书记员做好审判辅助性工作的基础。只有熟练掌握民事诉讼法、刑事诉讼法和行政诉讼法三大诉讼法及相关司法解释，书记员才能准确掌握各个审判庭的工作流程、工作任务以及其他事务性工作，从而如期、圆满地完成其他事务性工作。例如，书记员是各类法律文书送达的主体，因此书记员必须通过诉讼法的学习明确送达的方式及需要注意的问题，从而及时送达，使诉讼程序顺利进行；再如，书记员也是案件归档工作的主体，书记员需要明确不同案件的归档期限是短期、长期还是永久，以便准确填写卷宗封面，正确归档。同时应当注意了解法律的动态，及时掌握最新的法律知识，这样才能严格按照法律的规定开展工作，保证严肃执法。

经验提示 2-5

在民事案件中，依据《中华人民共和国民事诉讼法》第125条的规定，人民法院对原告起诉立案之日起，在五日内（法定期间，不允许更改）要将原告的起诉状副本送达给被告；被告在收到起诉状副本之日起十五日内提出答辩状。错过了十五日，被告不答辩不影响人民法院的正常开庭审理。被告提交答辩状的，人民法院应当在收到之日起五日内将答辩状副本送达原告。书记员必须在这个期限内来完成这项工作。书记员通过立案通知书、送达回证以及通知答辩的通知书等签收（时间）情况，来展现这一诉讼过程。所以程序法非常关键，它是实体法的展现形式，是司法过程的展现形式，是非常重要的。

再次，法律知识是正确引导当事人参加诉讼的前提。书记员直接与当事人接触，在实践中经常会遇到一些当事人不懂法、不理解法院的情况，甚至会遇到一些难缠的当事人。这就需要我们向当事人宣传法律，引导当事人依法参加诉讼。否则，就有可能出现当事人拒绝出庭、拒签法律文书等情形。

审判工作是一项综合性的工作，很多案件还会涉及其他专业知识，因此，在学习和掌握法律知识的同时，书记员还应努力学习和掌握心理学、人际交往、公文写作等方面的知识，以适应审判工作各方面的要求。

总之，认认真真地学习相关的法律、法规，是履行合法程序的一个保障，同时也是完成书记员工作的一个保障。

二、书记员的其他业务素质

（一）较好的语言文字处理能力

1. 驾驭语言文字的能力

书记员在记录、制作和校对法律文书等方面都涉及语言文字的应用。书记员制作上述笔录，需要做到准确、快速、全面、系统、详略得当。要达到这个要求，就必须具备驾驭语言文字的能力。

首先，记录工作要求书记员具有很强的理解能力和归纳总结能力。在记录时如果碰到当事人使用方言土语，书记员必须将其转化为法言法语，避免产生误解。如在调查取证、提审核证、庭审质证等诉讼活动中，书记员制作笔录时，并不要求将法官和诉讼参与人说的话全部记录下来，有的话并不具有任何法律意义，或者在案件中作用很小，这些内容便没有必要详细记录，否则一方面会让阅读者难以分辨案件的关键事实，另一方面势必影响记录速度。但对于那些重要的，有法律意义的言辞或法律事实，须尽可能原样地或同等含义地记录下来，保证其原有含义不改变，避免产生歧义。制作的笔录“清晰明了，详略得当”就是对书记员驾驭语言文字能力的基本要求。同时，由于我国各地方言俚语众多，平时要注意这方面的积累，尽量熟悉当地的方言、多了解常见的俚语，为庭审笔录的制作打好语言基础。

其次，制作法律文书要求书记员具有敏捷的思维和流畅的文笔。法律文书的质量将直接影响到公众对案件的评价。

再次，校对法律文书时要求书记员具有较全面的语法知识。法律文书是法院对外的窗口，如果在笔录中出现了语法错误，则直接影响笔录的质量，同时也影响到法律文书的严肃性与权威性，并直接影响到法院的形象。因此，要求书记员在记录后必须认真仔细进行校对，并且还要求书记员具有较好的语法知识。

2. 准确的语言表达能力

具备准确的语言表达能力是书记员职业特点的要求。例如：书记员在送达相关法律文书与当事人接触时，在向被告人宣读提审、庭审笔录时，在当庭宣读证人证言时等，都应使用准确无误的语言来表达，不能失其本意、真意。否则，就会产生不良的社会后果，影响办案的社会效果。

经验提示2-6

为推进书记员公文制作工作的科学化、制度化、规范化，提高公文处理工作质量和效率，要严格依照《人民法院公文处理办法》实施。

《人民法院公文处理办法》

（二）熟练的办公自动化操作能力

所谓办公自动化，就是把计算机技术、通信技术、系统科学和行为科学应用于传统的数据处理技术难以自动化办公的领域中，使人们的一部分

业务活动物化于各种现代设备中。办公自动化是时代发展的需要，它对司法工作具有重要的地位和作用，最主要最直接的作用就是可以提高工作效率，提升管理水平，提高工作质量，促进法院工作的不断发展。

现在，很多法院都已基本实现办公自动化。实现办公自动化，与书记员的工作密切相关。记录工作、诉讼文书和材料的立卷、装订、归档以及有关审判的其他工作，如果用计算机及相关办公软件系统来操作，可以做到既快又好。这样就可以使书记员从日常繁重的事务性工作中解脱出来，将绝大部分精力投入创造性的工作中，既可以提高工作效率，又可以提高工作质量。

作为一名书记员，要实现办公自动化，首先要掌握基本的计算机操作，包括 Windows 系统、Office 办公软件、上网检索资料、中文输入（或亚伟输入法）及在计算机出现故障时的应急措施等。此外，对于复印机、打印机、扫描仪、传真机等办公设备也需要熟练使用。总之，书记员要努力学习计算机的有关知识，做到懂电脑、会操作，更好地履行书记员的职责，完成本职工作任务。

随着信息时代的来临，互联网、手机终端、语音识别、人工智能、智能辅助技术、区块链技术、远程通信等新设备、新技术的运用，给书记员工作带来了新的便利和挑战。

（三）较强的处理具体事务能力

处理具体事务能力是书记员各方面素质的综合体现，是各种理论知识和个人经验的具体运用，主要包括处理庭审、调查、查封、鉴定、合议、校对、送达、执行等各项具体事务的能力，需要书记员在实际工作中不断积累、发展提高。

素质的形成是一点一滴不断积累而来的，非一朝一夕之功。时代的发展日新月异，审判工作对书记员素质的要求也越来越高。保持积极向上的心态、拼搏进取的精神和持之以恒的毅力，在工作中不断总结经验，吸取新知识，是书记员保持活力、提高自身素质、迎接困难和挑战的佳径。每个书记员都应自觉加强素质修养，努力使自己成为一名适应社会发展、符合审判工作要求的合格的书记员。

三、书记员业务素质的培养

（一）树立强烈的事业心和高度的责任感

人民法院的书记员工作，是审判工作的重要组成部分，是一项专门性很强的司法业务工作。从上述讲到的书记员应当具备的各种素质来看，对于书记员的职业素质要求也比较高。一个书记员要具备上述的职业素质，进而转化为职业能力，首先要准备吃苦。热爱这项工作是做好书记员工作的前提。另外，一名合格的书记员要有高度的责任心。对于书记员来说，应时时想到，书记员的工作是人民法院行使国家审判权的具体体现，来不得半点马虎，而书记员所承担的记录工作是将案件审理的情况如实地、全面地反映出来，更要求书记员在工作中做到严谨、细致、一丝不苟。

（二）加强文字功底

书记员的工作同文字息息相关，工作成果也需要以文字为载体表现出来。衡量一份笔录是否优秀，一方面要看其是否完整、真实、准确地记载了案件审理过程，另一方面也要看其文字组织能力，行文是否流畅等。如果书记员具备较高的文字功底，拥有丰富、娴熟的语言技巧，那么其所书写的笔录就会在满足真实、准确要求的前提下做到语言优美、叙述生动，不会使阅读者感到枯燥乏味。这是一名合格的书记员必备的素质。但是要做到这一点，需要长期不懈的努力。首先，要阅读大量文学作品，从优美的文学作品中体会其语言的生动，总结其语言技巧。其次，要熟悉相关法言法语的运用。法言法语有其特定的使用范围，不同于一般的文学语言，因此，书记员还必须阅读一定的法学书籍，掌握特定的法言法语使用方法。最后，要在工作中将文学语言的优美同法言法语的严谨有机结合，在忠实于客观事实的同时，运用文字技巧润色笔录内容，使二者和谐统一，提高笔录的书写质量。

（三）练好电脑中文速录

现代化的社会是信息化的社会，这个信息化的社会又是以电脑为载体的。社会的发展和审判方式的改革必然要求书记员记录由笔变“机”。最高人民法院曾于 1997 年 8 月专门发出通知，要求在全国法院系统大力推广使用“亚伟”中文速录机，作为实现法院审判记录计算机化的理想产品。随着科技的发展，还会出现更新、更快的记录方式。因此，书记员也应当与时俱进，掌握好现代化的中文速录技能，提高办公、办案的现代化水平。

（四）努力学习并掌握法律，熟悉案情

要当好书记员不仅要通过实体法的学习掌握笔录的记录要点，从而将案件审理情况记录下来，还必须掌握程序法，从而做到熟悉审判业务，懂得办案程序，同时还应具备其他相关的法律专业知识。人民法院在审理案件、研究案件时，经常要引用有关法律条文等，如果书记员对这些不熟悉，就很容易在记录中出现差错。

书记员必须了解案情，对担任记录的案件，应首先阅卷。对案情复杂、牵涉人数较多的应做一些摘要，掌握案件的来龙去脉以及案件中涉及的时间、地点、人名、物名、专用名词术语及生字、生词等。这样记录起来就很方便，而且速度也快。

（五）多读书、读好书，拓宽知识面

经济的飞速发展使社会变得复杂多变，作为审判机关的法院每天都与社会上各种人打交道，审理的案件形形色色、五花八门，反映了许多社会现象。法院工作人员审理案件，仅凭法律专业知识是不够的，没有一定的社会生活知识，就不可能审理好案件。作为书记员也同样必须具有较丰富的社会生活知识，这样才能在记录时抓住关键问题，做到准确无误，在案件中发挥重要作用；同时，书记员应紧紧跟随社会的发展潮流，认真学习一些新知识，如区块链和人工智能、大数据、物联网等前沿信息技术的发展与深度融合，书记员如果不及时掌握有关的知识，不要说研究其法律适用问题，连做好这些案件的庭审笔录都很困难。

总而言之，书记员工作是人民法院审判工作中必不可少的重要组成部分。书记员职责履行得好坏，对能否如实反映整个审判活动的全部情况，对案件能否正确、合法、及时地审理，有着密切的联系。作为人民法院的书记员应当明确法律赋予自己崇高而神圣的权利、义务与责任，应当不断提高自身各方面的职业素质，进而完成书记员的各项辅助性工作，无愧于自己头戴的国徽、肩扛的天平。

【引例解答】

当年陶某某的上诉状送到了某市中级人民法院，但因为书记员的疏忽，没有转送到基层人民法院审查是否在起诉期内，然后决定是否立案。此事等于法院剥夺了被告的上诉

权，是非常严重的。该中级人民法院负责人表示："对出错的书记员肯定要处理，如果陶某某被判无罪，书记员将要承担严重的处罚，因为他的行为导致了非常严重的后果。"

【本章小结】

本章通过对书记员职业素质要求的讲解，明确作为一名合格的书记员应当具备良好的政治素质、心理素质和其他业务素质；更重要的是书记员应当注重自身职业素质的培养，以便更好地协助法官完成审判辅助工作。同时也要注重自身的学习，为将来的进一步发展奠定基础。

【课后思考题】

1. 原告王某诉被告房某的一起房屋买卖合同纠纷，于 2018 年 3 月 28 日在南京市江宁区人民法院立案受理。送达原告的开庭传票上"传唤事由"栏需要手工填写，书记员黄某某误将"开庭"填写为"开房"字样。当事人将该传票照片通过认证微博发布，引起网民围观并提出质疑，造成恶劣的社会影响。该案承办法官谢某某及书记员黄某某被要求上门向原告王某解释原因并赔礼道歉，重新制作开庭传票向原告王某送达，并被处以全院通报批评。其中教训引人深思。

请问：作为书记员，从此案中得到哪些启示？在书记员日常工作及学习中应当注重哪些素质的培养？

2. 邓女士的丈夫刘先生为了达到离婚时不让邓女士分割房产的目的，虚构了向其表哥陈某某借款的事实，以虚增债务。为了使"债务"合法逼真，刘先生托人找到书记员曹某某，在没有说明债务是虚假的情况下，要求曹某某为他出具法律文书。由于中间人的说情，曹某某在领导不知晓、无原告到场，也未经审判的情况下，伪造了调解书，并收取诉讼费 4 000 元。曹某某私盖法院公章后，将调解书复印一份，转交给刘先生。

请问：如何评价书记员曹某某的行为？应该怎样杜绝书记员在工作过程中出现此类违法行为？

第三章　书记员的职业道德

☆尽职者无他，正己格物而已。

——［唐］颜真卿

☆凡职业没有不是神圣的，所以凡职业没有不是可敬的。

——［清］梁启超

【本章提要】

恩格斯曾说："实际上，每一个阶级，甚至每一个行业，都各有各的道德。"这里，恩格斯所说的"道德"就是职业道德，即从事一定职业的人在履行本职工作中，从思想到行为所应遵循的与其职业特点相适应的一种特殊的道德规范。2019 年中共中央、国务院印发的《新时代公民道德建设实施纲要》中提出，推动践行以爱岗敬业、诚实守信、办事公道、热情服务、奉献社会为主要内容的职业道德，鼓励人们在工作中做一个好建设者。这不仅是加强公民道德建设、提高全社会道德水平的重要内容，更是全面建成小康社会、全面建设社会主义现代化强国的战略任务，是促进社会全面进步、人的全面发展的必然要求。本章将围绕书记员职业特点，参照《中华人民共和国法官职业道德基本准则》相关规定，总结归纳书记员应遵循的基本职业道德规范。

【能力目标】

1. 培养学生对书记员职业的认同感、荣誉感和责任感。
2. 遵守书记员职业道德，依法践行书记员工作职责，捍卫公平、正义的司法权威。

【学习建议】

1. 习近平总书记强调：国无德不兴，人无德不立。职业道德不是为少数优秀书记员设定的高标准，而是职业基本准则，是实现公平、正义的必然要求。

2. 用心体会每一项职业道德涉及的深层内涵，内化于心，外化于行。

【引例】

小林是某区人民法院民事审判庭书记员。上班期间小林上身穿着法院工作制服，下身却穿着自己的牛仔短裤和凉鞋，以一身“混搭装”投入工作。在准备一起离婚案件庭审之前，小林使用模板录入当事人信息后未认真核对、检查，结果误将被告人刘民（化名）记成“流民”，性别由“男”记成“女”，而原告的性别由“女”记成“男”。判决作出后，小林负责向原被告送达判决书，原、被告的送达地址相同，送达时小林看原告不在家，便将原告的判决书也送达给被告刘民。2020年2月3日，小林接到通知，要求其到法院准备为一起金融借款合同纠纷案件做庭审笔录，因为当时正值新冠病毒疫情期，法院实行弹性工作制，小林认为自己没义务在这样的时期还到单位办公，于是百般推脱。

第一节　职业道德概述

一、道德的含义

汉语之“道”原为“道路”之道，“德”原与“直”“得”相通，后来逐渐具备了“外得于人，内得于己”的“道德”的含义。道德一词在西方语言中源于拉丁文moris，英语中为morality，原意为风尚、习俗。但是，作为个人或者团体的道德，却并不仅限于依风尚、习俗行事，而且在于他们认为这样做是适宜的、正当的或者必需的。现代道德的含义是指由一定的经济关系决定的，依靠社会舆论、传统伦理习俗和人们内心的信念来调整人们之间以及个人与社会之间的关系的行为规范的总和。人们通常用善恶、正义与非正义、公正与偏私、诚实和虚伪等行为标准，来评价人们的行为。一般来说，凡是促进社会进步和人类幸福的行为，人们都认为是符合道德要求的行为；反之，如果是违背社会利益，给人类造成痛苦的行为，人们就认为是应受谴责的不道德的行为。

道德与法不同，道德不具备强制性，道德实现的力量不是依赖于国家的强制力而是社会舆论和内心信念，道德通过看不见、摸不着的内心信念形式管束和干涉着人们的外在行为和内心世界。它与法律相互配合、相互补充，共同规范人们在社会生活中的行为。

二、职业道德的含义

职业道德是一般社会道德的特殊形式，所谓职业道德是指从事一定职业的人在履行本职工作中，从思想到行为所应遵循的与其职业特点相适应的一种特殊的道德规范。职业道德的出现与社会分工的发展密切相关。原始社会的大分工是原始职业分工的雏形，包含了职业道德的萌芽。随着奴隶社会职业分工的日益发展，人们在职业活动中发生各种各样的联系，为了调整不同职业内部、不同行业之间，以及每个从业人员之间的关系，便产生了职业道德。

职业道德的内容是由两方面力量的支配决定的：一是不同行业要求的支配，三百六十行，各行都有自己的职业特点，其内容非常复杂，因此职业道德必须是与其职业特点相适应的一种特殊的道德规范；二是一定社会的政治经济制度的支配，职业道德不可能脱离社会而独立存在，社会生产力的发展水平和生产方式，以及占统治地位的阶级的制约，决定了职业道德的时代性。我国是社会主义国家，生产资料公有制决定了我国的各行各业必将共同遵循为人民服务的基本道德原则。

良好的职业道德，不仅可以促进人们养成良好的道德习惯、提高人们的生活质量、优化人们的生活环境，同时促进了自身行业的竞争力的提升以及社会生活的安定、稳定，是我国社会主义精神文明和构建社会主义和谐社会的重要组成部分。

第二节 书记员职业道德的内容

书记员的职业道德是指人民法院书记员在履行职务的过程中，从思想到行为所应遵循的特定的道德规范。良好的书记员的职业道德既有利于体现司法权威，增强司法公信度，又有利于处理好案件，解决当事人之间的争议，是法律职业道德的有机组成部分。

书记员是人民法院审判工作的事务性辅助人员，在法官的指导下工作。有鉴于此，书记员的职业道德应该与法官的职业道德具有相同之处，但另一方面书记员本身的职业实践也拥有着不同于法官的鲜明特色，因此，还应根据书记员的这一特点，提出属于书记员自身的职业道德要求。

一、共同的职业道德

（一）依法履行职责

依法履行职责是对法官和书记员的共同要求，是实现司法公正的基本准则。书记员虽不具备裁判案件的职权，但作为司法活动的参与者，同样是代表国家司法机关履行公职，公权力既是权力更是责任，不允许任何人的自由处分和为己牟利。因此，书记员同样需要遵循依法履职的工作要求。包括：在执法的过程中要坚决杜绝徇私枉法、知法犯法的违法行为出现；杜绝重实体、轻程序的错误观念。现代法律程序的设置是保障法律运行至关重要的组成部分，其保障了法律的稳定性和确定性，提高了法律决定的公正性和合理性程序，也增强了利益争议双方对于法律决定的认同，促进了社会的和谐稳定。法律程序绝非一般意义上的工作步骤，切不可自作主张随意简化程序或者置程序于不顾自行其是。

经验提示3-1

依据《民事诉讼法》第86条的规定，受送达人或者其同住成年家属拒绝接收诉讼文书的，送达人可以邀请有关基层组织或者所在单位的代表到场，说明情况，在送达回证上记明拒收事由和日期，由送达人、见证人签名或者盖章，把诉讼文书留在受送达人的住所；也可以把诉讼文书留在受送达人的住所，并采用拍照、录像等方式记录送达过程，即视为送达。这里书记员在进行留置送达拍照取证时要注意操作规范，照片不是随便拍的，不是拍一张文书放在门边的照片就算完成送达。留置送达中，照片要体现明确的送达内容，包括：(1) 送什么文书；(2) 谁和谁送去的；(3) 谁是见证人；(4) 受送达人住所门牌号、建筑；等等。

（二）遵循回避制度

回避制度是自然公正原则的要求。回避制度是指与本案有利害关系的法官和其他与审

判有关的人员（书记员、翻译、鉴定人、勘验人等）应当失去资格，或者其从事的行为在法律上无效，这是审判中立在程序上的体现。

《民事诉讼法》第44条规定："审判人员有下列情形之一的，应当自行回避，当事人有权用口头或者书面方式申请他们回避：（一）是本案当事人或者当事人、诉讼代理人近亲属的；（二）与本案有利害关系的；（三）与本案当事人、诉讼代理人有其他关系，可能影响对案件公正审理的。审判人员接受当事人、诉讼代理人请客送礼，或者违反规定会见当事人、诉讼代理人的，当事人有权要求他们回避。审判人员有前款规定的行为的，应当依法追究法律责任。前三款规定，适用于书记员、翻译人员、鉴定人、勘验人。"

《刑事诉讼法》第29条规定："审判人员、检察人员、侦查人员有下列情形之一的，应当自行回避，当事人及其法定代理人也有权要求他们回避：（一）是本案的当事人或者是当事人的近亲属的；（二）本人或者他的近亲属和本案有利害关系的；（三）担任过本案的证人、鉴定人、辩护人、诉讼代理人的；（四）与本案当事人有其他关系，可能影响公正处理案件的。"第32条第1款规定："本章关于回避的规定适用于书记员、翻译人员和鉴定人。"

（三）遵守法庭规则

书记员在法庭内必须遵守法庭规则，保持法庭的庄严，并做到以下几点：

（1）书记员按照有关规定穿着制服或者正装、佩戴徽章，并保持整洁。书记员不得披衣、敞怀、穿拖鞋、挽袖、卷裤腿，女书记员不得化浓妆、披肩散发、染指（趾）甲及戴耳环、项链、领饰、手镯，男书记员不得剃光头、留长发和蓄留胡须。除眼疾等特殊情况外，不得戴有色眼镜。

（2）准备出庭，不缺席、迟到、早退，不随意进出。

（3）集中精力，专注庭审，不做与审判活动无关的事。

法庭上书记员虽然不是审判活动的主导者，但在实施法律的过程中一样代表了法律，代表了国家的司法威严。因此，作为法庭工作人员的书记员也应严格按照法庭规则来规范自己的仪表和行为。如果违反，不仅会导致当事人对于书记员职业能力和操守的怀疑，甚至会给人民法院的公信力造成不良影响。网上曾有一则关于书记员庭审记录过程中边吸烟边记录的图片新闻，画面中书记员身穿便装，手持香烟，一边吞云吐雾一边做庭审记录，这样的书记员不仅是在亵渎自己的职责，更是在亵渎国家的司法威严。

在庭审过程中，除了要遵循上述的法庭规则外，还有一些不成文的庭审规则也是书记员应该注意的：一是不能在庭审的过程中出现抠耳朵、剔牙等动作，这些行为虽不会影响庭审程序或者实体的公正性，但却是与庭审的严肃氛围极为不协调的不雅举止，应当避免。二是庭审时一定要关闭手机，更不能在庭审过程中接打电话，这些都是影响庭审严肃性的不良行为。当然，如果在庭审过程中一不小心手机响铃，此时该做的只有两件事：一是真诚道歉；二是马上关机。

（四）约束业外活动

严格约束书记员职务外活动是书记员职业道德的一项基本准则，是维护司法尊严和书记员的职业形象、增强社会对司法的信赖感的必然要求。依据《中华人民共和国法官职业道德基本准则》相关规定，这一准则包括以下几个方面：

（1）社会交往。书记员自觉遵守书记员职业道德，在本职工作和业外活动中严格要求自己，不从事或参与有损国家利益和司法权威的活动，不发表有损国家利益和司法权威的言论，维护人民法院形象和司法公信力。

(2) 自身修养。书记员应加强自身修养，培育高尚道德操守和健康生活情趣，杜绝与书记员职业形象不相称、与书记员职业道德相违背的不良嗜好和行为，遵守社会公德和家庭美德，维护良好的个人声誉。

(3) 保守审判工作秘密。书记员应当维护国家利益，遵守政治纪律，保守国家秘密和审判工作秘密，不得泄露在审判过程中获得的商业秘密、个人隐私以及其他非公开的信息。

(4) 尊重其他法官依法履职。书记员应严守工作纪律，尊重其他法官对审判职权的依法行使，除履行工作职责或者通过正当程序外，不过问、不干预、不评论其他法官正在审理的案件。

二、书记员特有的职业道德

根据最高人民法院颁布的《人民法院书记员管理办法（试行）》第1条和第2条的规定，书记员是审判工作的事务性辅助人员，在法官指导下工作。其主要的工作职责包括：(1) 办理庭前准备过程中的事务性工作；(2) 检查开庭时诉讼参与人的出庭情况，宣布法庭纪律；(3) 担任案件审理过程中的记录工作；(4) 整理、装订、归档案卷材料；(5) 完成法官交办的其他事务性工作。根据书记员的上述工作特点，人民法院的书记员还应具备以下的职业道德。

（一）热爱本职工作

书记员工作虽不像法官那般引人注目，却同样是人民法院审判工作中的重要组成部分。因为书记员在审执工作上的协助，将主审法官从大量烦琐的事务性和程序性工作中解放出来，为审判执行工作提质增效提供重要帮助。但从事好这份繁杂、细致的事务性、程序性工作也非易事。当今的书记员，一方面因为“智慧法院”建设，在现代化信息设备的加持下许多事务性工作都已化繁为简，工作更加高效、便捷、准确；另一方面伴随着国家法治化进程的加速，法院办案数量的不断增加、案件的复杂性大，有些案件庭审时间长达八九个小时，工作强度大，书记员常常处于“有空间、没时间”的工作状态。因此，做好书记员工作，践行书记员职业道德，书记员要充满对职业的热爱和理想。热爱源于社会责任感，源于一种信念，一颗面对困难和挑战而“稳得住”的心；理想则源于书记员对自身职业规划的清醒认识，书记员不仅仅是一个工作岗位，同时也是书记员个人职业发展的晋升阶梯、职业积累的加油站。在书记员岗位上，你遇到的可能是经验丰富的资深老法官，也可能是朝气蓬勃的青年法官，每位法官都有其优势与专长，亦有各自的办案风格，通过与他们共事合作，书记员能够近距离学习到他们身上的优秀品格、科学的审判思维及经验方法，有效提升自身理论素养，对书记员向职业法律人成长提供极大帮助。

（二）严谨如实记录

书记员作为国家司法机关的工作人员，严肃执法、如实记录是对其最基本的职业道德要求。因为书记员的核心工作任务就是记录法官个体审理案件的全部活动（如法官调查、调解、宣判案件等活动），记录合议庭集体审理案件的全部活动（如合议庭开庭、评议案件活动）以及记录法院的整体审判活动（如审委会讨论案件活动）。书记员的上述记录活

动，将法院的每个案件的审判活动最后以笔录的形式定格、定位，接受上级人民法院、检察院以及社会各界的监督。那么，从某种意义上讲，书记员的记录质量如何，将直接影响法官乃至整个法院的审判质量和社会声誉。因此，书记员在各种笔录的记录中必须以庭审事实为依据、如实记录，做到一切从庭审现场出发，忠于事实真相，不扩大，不缩小，不主观臆断、想当然，确保庭审笔录的客观准确、完整全面，经得起历史的检验。

经验提示3－2

俗话说："好记性不如烂笔头。"作为书记员，尤其是刚刚踏入此行的新人，千万不要太相信自己的记忆力。书记员的工作很繁杂，所以忘的可能性很大，为自己准备一个备忘手册，将法官交办的事情和常见的法定程序规定记录下来，非但不会浪费时间，还会起到事半功倍的效果。

（三）树立文明礼仪

树立书记员的文明规范，是人民法院文明执法的具体表现。法院作为国家的审判机关，要通过刑事、民事、行政等案件的审理活动同社会上各个部门以及各行各业的广大人民群众打交道。在交往的过程中，人民法院的书记员应该通过自己的文明言行来表现人民法院的公正、威严和亲和，树立起人民法院为人民服务的良好形象。书记员的文明礼仪主要包括以下两个方面：

1．文明举止

书记员与诉讼当事人等交换材料，是递而不是扔，对方是接而不是捡。如果遇到对方是前辈长者，还应双手递出或者双手呈接，以示尊重。在办公区域书记员不宜吸烟或吃东西，不得与他人勾肩搭背或挽手行进。书记员到领导的办公室请示汇报工作，或到其他部门、其他同事的办公室联系和研究工作时，应当先敲门，待对方允许后方可进入。在工作过程中多一分文明、礼貌、细致的人文关怀，和谐的关系也能够自然而然地建立。

2．文明沟通

"良言一句三冬暖，恶语伤人六月寒。"书记员应保持中立公正的立场，平等对待当事人和其他诉讼参与人，不偏袒或歧视任何一方当事人，沟通要和气、文雅、谦虚和稳重。和气，就是要心平气和同当事人讲话，切不可强词夺理、恶语伤人；文雅，就是谈吐文明，不说粗话，不讲脏话；谦虚，就是要尊重对方的人格，多使用讨论商量的口吻，不盛气凌人、不训斥当事人；稳重，就是遇到突发事件要沉着冷静，不可发火、急躁。

经验提示3－3

书记员作为人民法院的工作人员之一，有责任和义务维护人民法院的公信力，切不可因为自己话难听、脸难看、态度冷硬，影响人民法院的威严、公信，甚至制造新的矛盾纠纷，增加社会的不稳定因素，最终误事、误人又误己。

（四）识大体顾大局

书记员作为人民法院的工作人员，要具备顾全人民法院工作大局、顾全国家和集体利益大局的意识，加强人民法院内部同级以及上下级之间的团结协作。这既是做好书记员工作的本分，也是书记员职业道德的要求和内容之一。

（1）要树立全局观念，正确处理局部和整体的关系。书记员个人承担的工作与全庭室工作以及全院工作是局部和整体的关系。书记员应该树立局部服从整体、全院“一盘棋”的思想。当全局工作需要时，书记员必须绝对服从，积极配合全院的整体工作。比如：在解决“执行工作难”的问题，一些法院可能会适时搞执行会战，需要统一抽调人员，这时抽哪位书记员，哪位书记员就应积极地参加到执行会战中去。

（2）书记员应具备相互支持、配合的理念，正确处理好与所配合法官的关系。书记员是在法官指导下工作，因此，书记员应尊重法官的意见，认真听从并执行法官的指示与意见。如果书记员认为法官的意见、指示有错误时，可以当面提出自己的观点和建议，提议时要注意态度和语气。与法官的意见发生分歧时，不要当面顶撞法官，可以婉转地向法官表示自己的意见和看法。如果一时不能取得一致意见，可以保留自己的看法。只要法官所指示的行为不违反法律，书记员应当首先服从法官的指示，不能采取对立的态度或行为。日常工作中书记员应当维护法官的威信，不要对法官妄加评论。此外，书记员要注意对其他法官一视同仁，均采取尊重的态度，不要因人而异。与其他书记员相处时应相互尊重，团结友爱，互相帮助。由于每个人都有自己的个性、习惯、爱好和特殊需要，彼此之间产生矛盾是难免的，同事之间不要心存芥蒂，要注意求大同、存小异，与人为善，严于律己。总之，想问题、办事情不仅要想到自己，更要想到集体，想到他人，学会换位思考，以个人利益服从集体利益，用社会主义的道德观和文明礼貌约束自己，这样就能与同事间和睦相处，创造一个团结、融洽、相互协作的和谐氛围。

（五）作风严谨扎实

书记员作为人民法院审判工作事务性的辅助人员，其日常工作大多是既细微又繁杂。这样的工作特点决定了书记员的职业道德必须包含作风严谨扎实的要求。

书记员不能粗心大意、马马虎虎。试想，如果一位书记员丢三落四，庭审资料、证据材料、相关的诉讼程序法律文书总是找不到，那么法官很快就会对你产生不信任感，甚至可能建议对你解聘。

经验提示3-4

法院中任何一份诉讼文件或者诉讼材料的丢失都会产生相应的法律后果。因此，书记员切不可马虎大意，必须对人民法院诉讼行为所形成的一切法律文书细心管理。建议书记员遵循如下工作方法：（1）切不可随意放置案卷材料，暂不用的文件材料要随时加锁保管。（2）准备一些文件夹，将每一个案件的各种法律文书按时间顺序整理存放，方便案件审理时的随取随用以及日后的立卷装订工作。

经验提示3-5

“天下大事，必作于细。”“泰山不让土壤，故能成其大；河海不择细流，故能就其深。”书记员的工作品质也出于“细”，因此书记员要树立细节意识。

经验提示3-6

书记员的庭审笔录制作工作是其重要的核心工作，想要胜任这项工作，需要书记员勤奋、认真，保证在开庭前预先阅读案件相关的诉讼材料，由此把握案件的基本事实和疑难词汇，做到庭审记录客观、合法、清晰。

【引例解答】

小林作为人民法院的书记员，在工作中多处违反了书记员的职业道德，损害了人民法院的公信力和权威性。具体表现在：(1) 小林在上班期间应该规范自身职业形象，按要求着制服或职业装，服装不可混搭。(2) 笔录制作不认真，将当事人的姓名信息记错、性别信息张冠李戴，严重影响人民法院工作的权威性和严肃性。书记员应切记，当事人为自然人的，一定要认真确认身份信息。(3) 小林直接送达判决书时，虽然原、被告送达地址相同，但二者是同一案件中的原告和被告，不适用《民事诉讼法》第 85 条的规定，即“送达诉讼文书，应当直接送交受送达人。受送达人是公民的，本人不在交他的同住成年家属签收”。(4) 小林在新冠肺炎疫情期百般推诿工作职责，表明其严重缺乏大局意识、职责意识，违反书记员职业道德要求。身为人民法院书记员，无论是在平时还是在疫情期，始终都应牢记自己的工作职责，在岗位面前没有自然人只有职业人。而面对疫情的特殊情况，尤为需要每一个职业人都具有一盘棋思想，步调一致听指挥，对工作职责不推诿、不懈怠，在疫情面前，我们都是站好岗的战士。

【本章小结】

现代道德的含义是指由一定的经济关系决定的，依靠社会舆论、传统伦理习俗和人们内心的信念来调整人们之间以及个人与社会之间的关系的行为规范的总和。人们通常用善恶、正义与非正义、公正与偏私、诚实和虚伪等行为标准，来评价人们的行为。职业道德是一般社会道德的特殊形式，所谓职业道德是指从事一定职业的人在履行本职工作中，从思想到行为所应遵循的与其职业特点相适应的一种特殊的道德规范。书记员的职业道德是指人民法院书记员在履行职务的过程中，从思想到行为所应遵循的特定的道德规范。良好的书记员的职业道德既有利于体现司法权威，增强司法公信度，又有利于处理好案件，解决当事人之间的争议，是法律职业道德的有机组成部分。书记员的职业道德包括：依法履行职责、遵循回避制度、遵守法庭规则、约束业外活动、热爱本职工作、严谨如实记录、树立文明礼仪、识大体顾大局、作风严谨扎实。

【实务练习】

小袁是某区人民法院立案庭的一名书记员。有一天，王某到人民法院办理起诉事项，到了窗口王某向小袁递交材料申请立案，小袁冷冷地回答：“我们还没上班，等上班了你再来。”半个小时过后，王某再次递交立案材料，小袁接过材料，发现王某的起诉状缺乏具体的诉讼请求和事实根据，直接回复王某：“材料不符合规定，不予登记立案。”王某追问何处不符合规定，请求小袁协助办理立案登记手续，小袁甩了一句：“自己找诉讼指南看看，我不知道。”

根据上述书记员小袁的行为，评述其违反书记员职业道德的行为及可能产生的法律后果。

第四章　人民法院立案工作中书记员工作实务

☆法律，在它支配着地球上所有人民的场合，就是人类的理性。

——（法）孟德斯鸠

☆为充分保障当事人诉权，切实解决人民群众反映的“立案难”问题，改革法院案件受理制度，变立案审查制为立案登记制。

——《关于人民法院推行立案登记制改革的意见》

【本章提要】

立案庭是人民法院审判机构之一，是人民法院的窗口机构，其主要负责刑事自诉、行政、民商、执行案件的登记立案及分案，立案调解，对上诉案件、管辖争议案件及其他案件进行登记、移送和审理，审查并实施诉前财产保全和证据保全措施、核收诉讼费和诉讼费减、免、缓审批等工作。立案庭书记员的工作职责则是在明晰立案工作流程的基础上，协助法官完成好如下工作：(1) 制作应诉通知书、受理通知书；(2) 送达相关法律文书；(3) 协助法官制作调解书、裁定书；(4) 记录合议庭评议笔录等；(5) 协助承办法官计算案件受理费；(6) 录入立案信息；(7) 将立案材料移交相关审判庭等。

【能力目标】

1. 掌握立案庭工作职责。
2. 掌握各类案件立案的工作流程。
3. 掌握立案庭书记员基本工作任务的操作方法。

【学习建议】

1. 复习查阅《中华人民共和国刑事诉讼法》(2018 年修订) 中有关管辖、送达、刑事自诉相关规定。

2. 复习查阅《中华人民共和国民事诉讼法》(2017 年修订) 中有关管辖、期间和送达、调解、保全、诉讼费用、审判监督程序等相关规定。

3. 复习查阅《中华人民共和国行政诉讼法》（2017 年修订）中管辖、起诉与受理的相关规定。

4. 复习查阅《最高人民法院关于受理审查民事申请再审案件的若干意见》。

5. 复习查阅《最高人民法院关于行政申请再审案件立案程序的规定》。

【引例】

2018 年，王某在天佑保险公司某市分公司处投保机动车损失险，保险金额按照新车购置价确定。此后投保车辆发生保险事故，因对定损金额不能形成一致意见，王某自行修理车辆并就修理费部分要求保险公司理赔。保险公司认为，根据保险条款的规定，王某主张的修车费用已经超过了投保车辆按照扣减折旧率后计算的实际价值，故只同意赔偿该公司计算的金额，对超出部分不予理赔。无奈之下，王某拿着材料走进法院的民事审判庭想要讨回公道，但王某的请求却被审判庭的工作人员拒绝，原因就在于他的案件还没有立案，不能进入审理程序。

第一节 人民法院立案庭工作职责概述

一、我国法院的内设审判、执行业务部门设置

我国人民法院的组织机构主要包括：审判机构、行政机构和党的工作机构三个部分。其中，审判机构（也称业务机构）一般设置包括：立案庭、刑事审判庭、民事审判庭、清算与破产审判庭、行政审判庭、少年及家事案件审判庭、审判监督庭、执行庭、赔偿委员会办公室（中级以上人民法院）等。其中，立案庭是人民法院的窗口机构，是人民法院行使审判权的重要组成部分。

二、我国各级人民法院立案庭的工作职责概述

根据《中华人民共和国人民法院组织法》第 12 条的规定，人民法院分为：最高人民法院；地方各级人民法院；专门人民法院。每个人民法院都设置各自的立案庭，各级人民法院因各自审判权限不同，其立案庭的工作职责也会有所不同。依据《最高人民法院关于人民法院立案工作的暂行规定》《最高人民法院关于人民法院登记立案若干问题的规定》，各级法院立案庭工作职能如下。

（一）基层人民法院立案庭的工作职能

（1）负责刑事自诉、行政、民商、执行案件的登记立案及分案。

（2）对上诉案件、管辖争议案件及其他案件进行登记和移送。

（3）审查并实施诉前财产保全和证据保全措施。

（4）核收诉讼费和诉讼费减、免、缓审批等工作。

（二）中级人民法院立案庭的工作职能

（1）负责各类案件审查、登记、立案。

（2）对不服基层人民法院不予受理、管辖权异议的上诉案件进行审理。

（3）协调和指定管辖争议案件。

（4）各类案卷的调、退卷和移送。

（5）办理缓交诉讼费的审批手续等司法救助工作。

（6）立案调解和指导基层人民法院诉调对接工作。

（7）负责对依法享有诉权的当事人不服两级人民法院的生效裁判、依法提出的各类申诉、再审申请，以及检察机关提出的检察建议及抗诉案件进行立案、审查。

（8）对基层人民法院再审审查工作的业务指导和调研工作。

（三）高级人民法院立案庭的工作职能

（1）负责各类一审、二审、申诉和申请再审、再审、执行及其他案件立案。

（2）办理裁定不予受理、管辖权异议案件和对管辖权争议的协调。

（3）流程管理和审限跟踪。

（4）来访接待，来信处理，重点信访案件登记、跟踪、督办、协调，其他信访事项的落实，指导全省（自治区、直辖市）法院的立案、信访工作等。

（四）最高人民法院立案庭的工作职能

（1）最高人民法院受理的各类案件登记立案。

（2）负责办理立案、管辖权争议案件。

（3）审查处理有关申诉及再审申请案件。

（4）负责司法救助工作。

第二节　立案庭书记员的基本工作任务

立案庭书记员的主要工作职责包括：负责辅助承办法官登记、审查、受理各类诉讼案件、执行案件和其他非诉讼案件，包括：案号登记、排期开庭、移送案件交付审判等收案工作。为此，合格的立案庭书记员需要具备三方面的职业能力：一是明确刑事自诉案件、民事案件、行政案件、执行案件基本立案工作流程，做到心中有数；二是熟练掌握立案庭书记员基本工作任务的操作方法，做到细致用心；三是具备较强的学习能力和应变能力，做到游刃有余。

一、立案工作基本流程

（一）一审民事案件、行政案件、刑事自诉案件立案工作流程

人民法院对依法应该受理的一审民事起诉、行政起诉和刑事自诉，实行立案登记制（相关流程图详见示例 4－1、示例 4－2、示例 4－3①）。对起诉、自诉，人民法院应当一律接收诉状，出具书面凭证并注明收到日期。对符合法律规定的起诉、自诉，人民法院应当当场予以登记立案。对不符合法律规定的起诉、自诉，人民法院应当予以释明。当事人提出起诉、自诉的，应当提交以下材料：

① 示例 4－1、示例 4－2、示例 4－3 图片选自浙江法院网。

示例 4-1

民事案件登记立案流程图

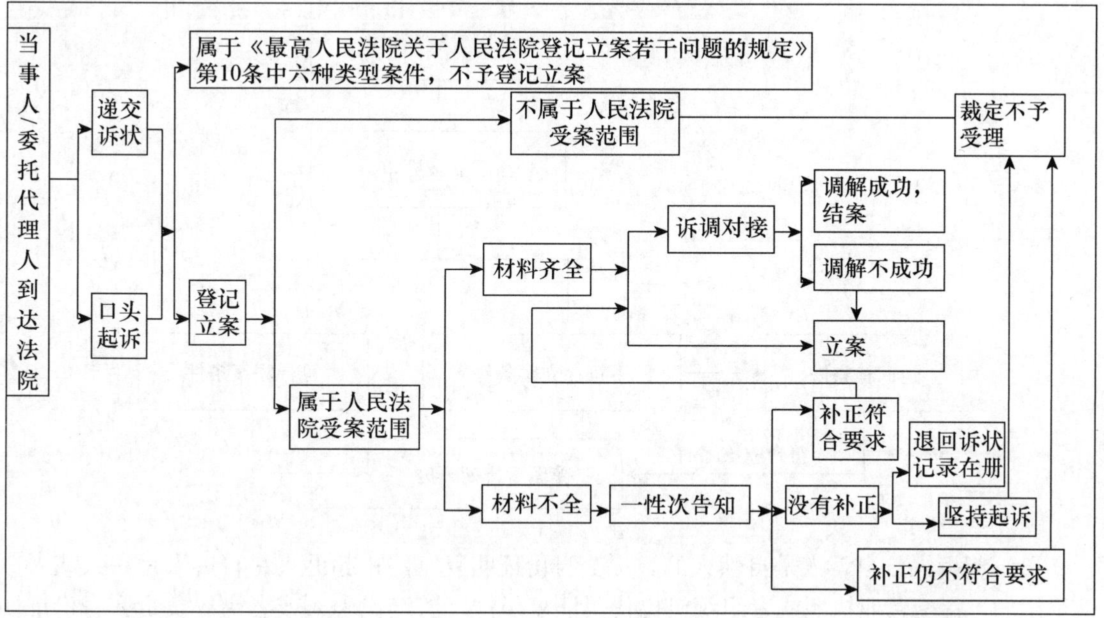

示例 4-2

行政案件登记立案流程图

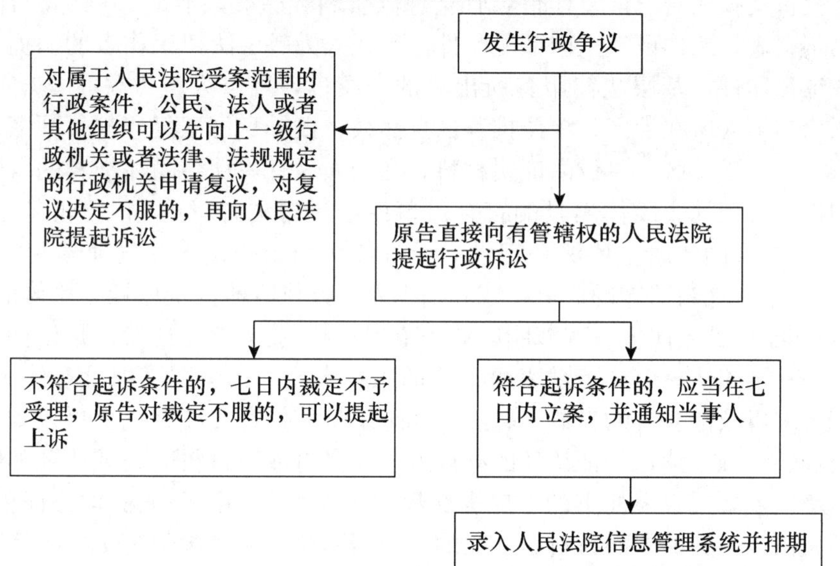

示例 4-3

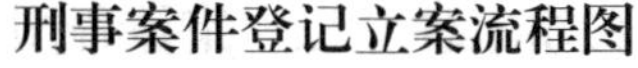

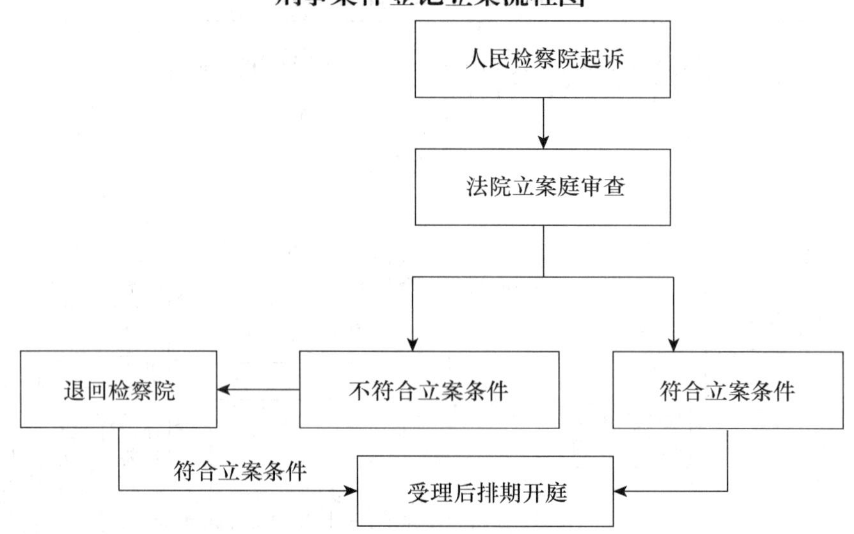

（1）起诉人、自诉人是自然人的，提交身份证明复印件；起诉人、自诉人是法人或者其他组织的，提交营业执照或者组织机构代码证复印件、法定代表人或者主要负责人身份证明书；法人或者其他组织不能提供组织机构代码的，应当提供组织机构被注销的情况说明。

（2）委托起诉或者代为告诉的，应当提交授权委托书、代理人身份证明、代为告诉人身份证明等相关材料。其中，受托人为律师的，提供律所函，律师证复印件（实习律师不得单独代理或代为律师立案）。受托人为近亲属的，提供受托人身份证复印件，户口本复印件（或提供派出所、村委会、居委会、工作单位出具的近亲属关系证明）。受托人为单位员工的，提供受托人身份证复印件，社会保险资料或劳动局有备案的劳动合同复印件，加盖公章的工资表，工作证或上岗证复印件。受托人为基层法律工作者的，提供法律服务工作者执业证复印件，基层法律服务所出具的介绍信，当事人一方位于本辖区的证明材料。受托人为当事人所在社区、单位推荐的自然人，提供身份证复印件，社区、单位推荐材料，当事人属于该社区、单位的证明材料。受托人为有关社会团体推荐的自然人，提供身份证复印件，有关社会团体出具的符合民事诉讼法司法解释第 87 条规定的证明材料，内容包括：1）社会团体属于依法登记设立或者依法免予登记设立的非营利性法人组织；2）被代理人属于该社会团体的成员，或者当事人一方住所地位于该社会团体的活动地域；3）代理事务属于该社会团体章程载明的业务范围；4）被推荐的自然人是该社会团体的负责人或者与该社会团体有合法劳动人事关系的工作人员。在中国境内没有住所的外国人、外国企业和组织以及港澳台的自然人、法人和组织从境外寄交或者托交授权委托书的，还应当提交公证、认证手续，公证认证的办理方法与身份证明材料的公证认证相同。在中华人民共和国境内签署授权委托书的，应提交经中华人民共和国公证机构公证手续。此外，当事人向人民法院提交的书面材料是外文的，应当同时向人民法院提交中文翻译件。

（3）具体明确的足以使被告或者被告人与他人相区别的姓名或者名称、住所等信息。

（4）起诉状（申请书）按被告（被申请人）、第三人人数＋1 份提供。

（5）与诉请相关的证据或者证明材料。

知识链接

除上述诉讼基础材料外，起诉人或申请人在民商事、行政、执行登记立案中还须对应具体案由提交的诉讼材料清单，请扫描二维码查阅。

民商事、行政、执行登记立案提交诉讼材料清单

当事人提交的诉状和材料不符合要求的，人民法院应当一次性书面告知在指定期限内补正。当事人在指定期限内补正的，人民法院决定是否立案的期间，自收到补正材料之日起计算。当事人在指定期限内没有补正的，退回诉状并记录在册；坚持起诉、自诉的，裁定或者决定不予受理、不予立案。经补正仍不符合要求的，裁定或者决定不予受理、不予立案。

对当事人提出的起诉、自诉，人民法院当场不能判定是否符合法律规定的，应当作出以下处理：(1) 对民事、行政起诉，应当在收到起诉状之日起七日内决定是否立案；(2) 对刑事自诉，应当在收到自诉状次日起十五日内决定是否立案；(3) 对第三人撤销之诉，应当在收到起诉状之日起三十日内决定是否立案；(4) 对执行异议之诉，应当在收到起诉状之日起十五日内决定是否立案；(5) 人民法院在法定期间内不能判定起诉、自诉是否符合法律规定的，应当先行立案。

登记立案后，人民法院立案庭应当及时将案件移送审判庭审理。为方便当事人行使诉权，人民法院提供网上立案、预约立案、巡回立案等诉讼服务。

人民法院对起诉、自诉不予受理或者不予立案的，应当出具书面裁定或者决定，并载明理由。《不予受理裁定书》详见示例 4－4。

示例 4－4

××省××市人民法院
民事裁定书

(2019) ××民初字第××××号

起诉人：齐某某，女，1981 年 11 月 3 日出生，汉族，住××省××市××县。

2019 年 12 月 27 日，本院收到齐某某的起诉状。起诉人齐某某向本院提出诉讼请求：判令被起诉人李某某立即归还起诉人借款 80 000 元整，并支付逾期利息（自起诉之日起按年利率 5.3%计算至实际履行之日止）。事实和理由：2019 年 5 月 10 日，被起诉人李某某因生意周转需要向起诉人借款 80 000 元，并由起诉人李某某出具借条一张，双方未约定借款期限。此后，起诉人多次向被起诉人李某某催讨，被起诉人始终以各种理由拖延不还，故起诉人诉至法院。

本院经审查认为，合同纠纷的当事人可以书面协议选择被起诉人住所地、合同履行地、合同签订地、起诉人住所地、标的物所在地等与争议有实际联系的地点的人民法院管辖。虽然起诉人提供的借条中载明本借款如发生纠纷由××市人民法院诉讼解决，但是起诉人未提供证据证明××市与案件争议有连接点，故该协议管辖的约定应认定为无效，本院对本案没有管辖权，应不予受理。

依照《中华人民共和国民事诉讼法》第三十四条、第一百一十九条、第一百二十三条、第一百五十四条之规定，裁定如下：

对李某某的起诉，本院不予受理。

如不服本裁定，可在裁定书送达之日起十日内，向本院递交上诉状，上诉于××省××市中级人民法院。

审 判 员　×××
二〇一九年×月×日
（院印）
书记员　×××

经验提示4-1

人民法院收到诉状和有关证据，应当进行登记，并向原告或者自诉人出具收据（见示例4-5）。收据中应当注明材料名称、原件或复制件、收到时间、份数和页数，复制件必须与原件核对无异后，由负责审查起诉的审判人员签名或者盖章，原告、自诉人也应当签名或盖章，收据归入卷宗。对于不予立案或者原告、自诉人在立案前撤回起诉的，应当将起诉材料退还，并由当事人签收。

示例4-5

接受诉讼材料收据

序号	材料名称	原件	复印件	收到时间	份数	页数

交件人：

收件人：
××市××区人民法院
二〇　年　月　日

经验提示4-2

立案庭决定立案后，应当在二日内将案件移送有关审判庭审理，并办理移交手续，注明移交日期。经审查决定受理或立案登记的日期为立案日期。立案人员应当及时将立案日期、移交日期等输入法院信息管理系统。

（二）二审民事案件、行政案件、刑事自诉案件立案工作流程

当事人不服第一审裁判直接向第二审人民法院提起上诉的，第二审人民法院应当在五日内将上诉状发交原审人民法院。第二审人民法院立案庭收到第一审人民法院移送的上诉材料及一审案件卷宗材料，应当核对的内容包括：(1) 上诉状、有关证据及收据、一审裁判文书是否齐全，一审卷宗数是否与案件移送函标明的数量相符。(2) 上诉人递交上诉状的时间是否在法定上诉期限以内；或虽然超过法定上诉期限，但是否提交了因不可抗拒的事由或者具有其他正当理由申请顺延上诉期限的书面材料；是否附有上诉案件受理费单据或者上诉人关于缓、减、免交上诉费用的申请。

上诉人提出缓、减、免交上诉费用申请的，第二审人民法院应当负责审查，提出意见，由庭长或院长批准；未予批准申请的，应当书面通知上诉人在指定期限内交纳；逾期

不交纳的，裁定按自动撤回上诉处理，并将案卷退回第一审人民法院。

第二审人民法院立案庭应当在收到第一审人民法院移送的卷宗等材料之日起五日内决定是否立案。认为符合立案条件的，应当登记立案，统一编立案号后，移送审判庭。认为不符合立案条件的，报庭长批准后将案件及时退回第一审人民法院，或者通知第一审人民法院补充材料；第一审人民法院应当在三日内补充完后移送第二审人民法院，补充材料的时间不计入二审立案期间。

经验提示 4－3

二审案件立案流程

1. 上诉，提交上诉状并经一审法官确认→按法院通知，交纳上诉费→二审立案法官审查是否符合立案条件→符合立案条件的，登记立案、分案→案件移送审判庭审理→调解/判决或裁定/发回重审。

2. 上诉，提交上诉状并经一审法官确认→按法院通知，交纳上诉费→二审立案法官审查是否符合立案条件→不符合立案条件的，依法释明缘由。

（三）申请诉前财产保全立案工作流程

利害关系人因情况紧急，不立即申请保全将会使其合法权益受到难以弥补的损害的，可以在提起诉讼或者申请仲裁前向被保全财产所在地、被申请人住所地，或者对案件有管辖权的人民法院申请采取财产保全措施。申请人应当提供担保而不提供担保的，裁定驳回起诉。人民法院接受申请后，必须在四十八小时内做出裁定（参见示例 4－6）；裁定采取保全措施的，应当立即开始执行。申请人在人民法院采取保全措施后三十日不起诉的，人民法院应当解除保全。

示例 4－6

诉前财产保全裁定书

××市××区人民法院
民事裁定书

（2019）×财保字第×号

申请人：××物流集团有限公司，住所地：××市××区第×大街×号×座×层。

法定代表人：阮某，该公司董事长。

委托诉讼代理人：陈某，该公司员工。

被申请人：××机器设备有限公司，住所地：××市××区××工业园××路×号。

法定代表人：关某。

申请人××物流集团有限公司于 2019 年 11 月 27 日向本院申请财产保全，请求冻结被申请人××机器设备有限公司的银行存款 844 248.54 元，或查封、扣押其他等值财产。申请人××物流集团有限公司向本院提供了保险公司保函作为担保。

本院经审查认为，申请人的诉前财产保全申请，符合我国有关民事诉讼法律规定。依照《中华人民共和国民事诉讼法》第一百零一条、第一百零二条、第一百零三条规定，裁定如下：

冻结被申请人××机器设备有限公司银行存款 844 248.54 元，或查封、扣押其他等值财产。

案件申请费4 741元，由申请人××物流集团有限公司负担。

本裁定书送达后立即开始执行。

如不服本裁定，可以自收到裁定书之日起五日内向本院申请复议一次。复议期间不停止裁定的执行。

审判长　　×××
审判员　　×××
审判员　　×××
二〇一九年××月××日
（院印）
书记员×××

（四）执行案件立案工作流程

申请人申请法院强制执行民事判决、裁定、调解等应当由人民法院执行的法律文书，申请人应向人民法院提交执行申请书，申请人为法人或其他组织的，强制执行申请书应加盖公章；申请人为自然人的，应由本人在强制执行申请书上签名或按手印。此外，申请人还应提交：

（1）申请执行人的身份证明材料。公民个人申请的，应当出示居民身份证并提交身份证复印件；法人申请的，应当提交法人营业执照副本和法定代表人身份证明；其他组织申请的，应当提交营业执照副本和主要负责人身份证明。继承人或权利承受人申请执行的，应当提交继承或承受权利的证明文件。申请人申请执行非法院法律文书的，还应提供被申请人的主体资格证明材料。

（2）申请执行人委托代理人代为申请执行的，应当提交经委托人签字或盖章的授权委托书及受托人身份证明材料，写明委托事项和代理人的权限。委托代理人代为放弃、变更民事权利，或代为进行执行和解，或代为收取款项的，应当有委托人的特别授权。

（3）具有强制执行内容的生效法律文书原件。法院出具的生效法律文书及法院出具的生效证明，如果经过两级法院审理，一、二审法院的法律文书皆需提供；仲裁机关出具的生效法律文书应附上仲裁机关关于法律文书已经生效的函件或仲裁机关提供的双方当事人已签收的送达回执。

（4）被申请人财产线索清单。已经对被申请人的财产采取保全措施的，应提交采取保全措施的民事裁定书复印件、保全事项通知书复印件。

二、立案庭书记员基本工作任务操作方法

立案庭书记员的基本工作任务包括：（1）制作应诉通知书、受理通知书（具体制作方法详见第五章）；（2）送达相关法律文书；（3）协助法官制作调解书、裁定书；（4）记录合议庭评议笔录等；（5）协助承办法官计算案件受理费；（6）录入立案信息；（7）将立案材料移交相关审判庭。

（一）法律文书的送达

送达，是指书记员依照法律规定的程序和方式，将诉讼文书送交当事人或者其他诉讼参与人，并产生相应法律效果的行为。送达不仅仅是书记员的基本工作任务之一，更是人民法院实现司法效力、效率的重要法定程序之一。因此，依法准确地完成送达工作，并将

相应的送达凭证归卷，是书记员必须认真履行的工作职责。

根据我国相关法律规范的规定，我国的法律文书的送达方式包括七种方式，分别是直接送达、留置送达、委托送达、邮寄送达、转交送达、电子送达、公告送达。立案庭书记员根据《当事人送达地址确认书》（参见示例 4－7）、承办法官的指示采取相应的送达方式进行送达。

示例 4－7

当事人送达地址确认书

<table>
<tr><td colspan="4">××市××区人民法院
当事人送达地址确认书</td></tr>
<tr><td>案由</td><td></td><td>案号</td><td></td></tr>
<tr><td>人民法院对当事人填写送达地址确认书的告知事项</td><td colspan="3">根据最高人民法院《关于以法院专递方式邮寄送达民事诉讼文书的若干规定》第五条和第十一条的规定，告知如下：
一、当事人拒绝提供自己的送达地址，经人民法院告知后仍不提供的，自然人以其户籍登记中的住所地或者经常居住地为送达地址；法人或者其他组织以其工商登记或者其他依法登记、备案中的住所地为送达地址。
二、因受送达人自己提供或者确认的送达地址不准确、拒不提供送达地址、送达地址变更未及时告知人民法院、受送达人本人或者受送达人指定的代收人拒绝签收，导致诉讼文书未能被受送达人实际接收的，文书退回之日视为送达之日。</td></tr>
<tr><td>当事人提供的自己的送达地址</td><td colspan="3">当事人（原告、被告或第三人）
送达地址：
邮政编码：
收件人：
电话（移动电话）：
其他联系方式：</td></tr>
<tr><td>当事人对自己送达地址的确认</td><td colspan="3">我已经阅读了人民法院对当事人填写送达地址确认书的告知事项，并保证上述送达地址是准确、有效的。
当事人签名、盖章或按印：＿＿＿＿＿＿
年　月　日</td></tr>
<tr><td>备考</td><td colspan="3">（当事人拒绝提供自己送达地址的，或者当事人要求对当事人送达地址确认书）中的内容保密的，应当在备考栏内注明。</td></tr>
<tr><td>法院工作人员签名</td><td colspan="3"></td></tr>
</table>

1. 直接送达

直接送达，是指执行送达任务的书记员直接将诉讼文书送交受送达人。受送达人是自然人的，本人不在，交其同住成年家属签收（注意：离婚诉讼的诉讼文书的送达有特殊性，如果受送达的一方当事人不在，不宜交由对方当事人签收）；受送达人是法人或者其他组织的，应当由法人的法定代表人、其他组织的主要负责人或者该法人、组织负责收件的人签收；受送达人有诉讼代理人的，可以送交其代理人签收；受送达人已向人民法院指定代收人的，送交代收人签收。受送达人的同住成年家属、法人或者其他组织的负责收件的人、诉讼代理人或者代收人在送达回证上签收的日期为送达日期。

2. 留置送达

留置送达，是指执行送达任务的书记员，在受送达人或者其同住成年家属拒绝接收诉讼文书的情况下，书记员可以邀请有关基层组织或者受送达人所在单位的代表到场，说明情况，在送达回证上记明拒收事由和日期，由送达人、见证人签名或者盖章，把诉讼文书留在受送达人的住所；也可以把诉讼文书留在受送达人的住所，并采用拍照、录像等方式记录送达过程，即视为送达。留置送达与直接送达具有同等的效力。

3. 委托送达

委托送达，是指直接送达诉讼文书有困难的，可以委托其他人民法院代为送达，邮寄送达的，以回执上注明的收件日期为送达日期。

委托送达一般是在受送达人不在受诉法院的辖区内，直接送达有困难时适用。接受委托的只能是人民法院。人民法院需要委托送达时，应当出具委托函，将委托的事项和要求明确地告知受托的人民法院，并附诉讼文书、法律文书和送达回证。

4. 邮寄送达

邮寄送达，是指人民法院直接送达有困难时，将相关诉讼文书或法律文书附送达回证交邮局以法院专递方式邮寄送达。依据最高人民法院《关于以法院专递方式邮寄送达民事诉讼文书的若干规定》，执行邮寄送达任务的书记员在执行的过程中应当遵守下列规定：(1) 根据当事人填写的送达地址确认书所载明的邮政编码、详细地址以及受送达人的联系电话等信息，交邮局以法院专递的方式邮寄送达。(2) 有下列情形之一的，即为送达：受送达人在邮件回执上签名、盖章或者按印的；受送达人是无民事行为能力或者限制民事行为能力的自然人，其法定代理人签收的；受送达人是法人或者其他组织，其法人的法定代表人、该组织的主要负责人或者办公室、收发室、值班室的工作人员签收的；受送达人的诉讼代理人签收的；受送达人指定的代收人签收的；受送达人的同住成年家属签收的。(3) 邮政机构按照当事人提供或者确认的送达地址送达的，应当在规定的日期内将回执退回人民法院。书记员应注意对邮寄送达的回执进行查收、归卷。

5. 转交送达

转交送达，是指在特定情况下，不宜或者不便直接送达时，法院将诉讼文书通过受送达人所在单位转交的送达方式。

执行转交送达任务的书记员在执行的过程中应当遵守下列规定：(1) 受送达人是军人的，通过其所在部队团以上单位的政治机关转交；(2) 受送达人被监禁的，通过其所在监所转交；(3) 受送达人被采取强制性教育措施的，通过其所在强制性教育机构转交。代为转交的机关、单位收到诉讼文书后，必须立即交受送达人签收，以在送达回证上的签收日期，为送达日期。

6. 电子送达

电子送达，是指法院利用信息技术将诉讼文书通过电子邮件发送到案件当事人或者诉讼代理人专用电子邮箱的送达方式，人民法院可以通过电子送达方式送达在民事、行政、刑事审判和执行过程中作出的司法文书，但判决书、裁定书、调解书除外。不过，《民事诉讼程序繁简分流改革试点实施办法》第 25 条规定："经受送达人明确表示同意，人民法

院可以电子送达判决书、裁定书、调解书等裁判文书。当事人提出需要纸质裁判文书的，人民法院应当提供。”采用上述方式送达的人民法院向受送达人主动提供或者确认的电子地址进行送达的，送达信息到达电子地址所在系统时，即为送达（参见示例4-8，不同地区文书样式会有差异）。完成有效送达的，人民法院应当制作电子送达凭证。电子送达凭证具有送达回证效力。

示例4-8

广东省广州市人民法院
当事人电子邮件送达确认书

<table>
<tr><td>案由</td><td></td><td>案号</td><td></td></tr>
<tr><td>人民法院对当事人填写电子邮件送达地址确认书的告知事项</td><td colspan="3">根据《中华人民共和国民事诉讼法》第八十七条的规定：经受送达人同意，人民法院可以采用传真、电子邮件等能够确认其收悉的方式送达诉讼文书，但判决书、裁定书、调解书除外。采用前款方式送达的，以传真、电子邮件等到达受送达人特定系统的日期为送达日期。现就电子邮件送达有关事项告知如下：
一、如果同意采用电子邮件方式送达的，人民法院将为受送达人开通专用送达电子邮箱，邮箱账号为：“受送达人身份证号码＋@sd. gzcourt. gov. cn”。
二、送达邮箱为诉讼文书收取专用邮箱，只能阅读邮件，不能用于发送电子邮件，也无通讯录等其他邮箱功能，当事人不能删除和更改。
三、送达邮箱开通、电子邮件发送及送达邮箱删除时，系统将自动向受送达人指定的手机号码发送短信通知。
四、为保护当事人隐私，邮件开通时，系统将随机生成登录密码，并发送短信至受送达人指定的手机号码；每次登录邮箱时，都需输入登录密码和手机验证码。受送达人应妥善保管好送达邮箱密码。
五、邮件一经到达邮箱，法律文书即视为送达，邮件到达日期为送达日期。为保障您的诉讼权益，请及时登录邮箱查收并下载文书。
六、因系统资源限制，受送达人的送达邮箱将会在裁判文书生效后30日后删除。如需再次使用，人民法院将另行开通。
七、邮箱登录方法：邮箱只支持浏览器登录，打开浏览器，在地址栏输入 http://sd. gzcourt. gov. cn 进入登录界面，输入用户名和密码即可登录。
八、咨询电话：12368。</td></tr>
<tr><td>当事人对电子邮件送达地址的确认</td><td colspan="3">我已经阅读了人民法院对当事人填写电子邮件送达地址确认书的告知事项，我接收送达短信通知的手机号码为　　　　，同意以　　　　@sd. gzcourt. gov. cn 作为我的送达邮箱账号，同意按告知事项相关内容要求使用送达邮箱，同意该邮箱在裁判文书生效后30日后予以删除。

当事人签名、盖章或按印：

年　　月　　日</td></tr>
<tr><td>备考</td><td colspan="3"></td></tr>
</table>

注：上述文书引自广州审判网。

7. 公告送达

公告送达是指人民法院以公告的方式，将需要送达的诉讼文书的有关内容告知下落不明或者用其他方式无法送达的情况的受送达人的一种送达方式。无论受送达人是否知悉公告内容，经过法定的公告期限，即视为已经送达。

执行公告送达任务的书记员在执行的过程中应当遵守下列规定：（1）公告的法定期限是六十日。自公告之日起，经过六十日，即视为送达。（2）公告的方式。可以是在法院的公告栏、受送达人原住所地张贴公告，也可以在报纸上刊登公告。（3）公告的内容。公告送达起诉状或者上诉状副本的，应当说明起诉或者上诉要点、受送达人答辩期限以及逾期不答辩的法律后果。公告送达，应当在案卷中记明原因和经过。

经验提示 4－4

人民法院采取上述送达方式，应当有送达回证，让受送达人在送达回证上签收，以便附卷存查。接受委托代为完成或者代为转交诉讼文书的单位，应当依法将送达回证及时寄回人民法院。但是，在公告送达中，因为公告期间届满的日期即是送达日期，所以无须送达回证。（送达回证制作详见第五章）

经验提示 4－5

书记员在送达调解书时应该特别注意，要将调解书送达给当事人本人或者特别授权的诉讼代理人签收，不可适用留置送达。如果书记员因为受送达的本人不在，就交给其家属，结果受送达人不肯履行协议义务，另一方当事人申请强制执行时，对方当事人就送达提出异议，以调解书不是自己签收为由，否认调解书效力，会导致案件不得不再审，造成审判资源的浪费。

（二）录入立案信息

对于经过立案庭同意受理的案件，书记员应及时根据案件登记表的信息将所受理案件的基本情况录入法院信息管理系统。由于法院的案件受理系统已经将案件的基本情况进行了事先预设，因此书记员只需要将案件的基本信息按照系统中已经事先预定好的表格进行填写或是在备选框中选定即可。在司法实践中，案件在立案大厅通过审查后，承办法官会在案件上标注好每个案件的具体案由。但有的时候这些案由并不是与法院信息管理系统中预设的案由相一致的，这就需要录入信息的书记员需要熟悉各类案件的基本案由，能够在特殊情况下作出准确的选择，以防案件被错分的情况出现。

刑事案件、民事案件、行政案件的基本案由，请扫描二维码查看。

刑事案件的基本案由

民事案件的基本案由

行政案件的基本案由

经验提示 4－6

案由的选择与案件能否被分配到正确的审判庭息息相关。因此，书记员在选择案由的时候必须认真对待，并且需要书记员具备两方面的基本功来完成这项工作：一是具备一定的民事、刑事和行政法的理论基础；二是能够从工作经验中汲取信息，归纳总结。两个方面相互联系，相互促进，缺一不可。

（三）协助承办法官计算案件诉讼费

当事人进行民事诉讼、行政诉讼，应当依照《诉讼费用交纳办法》交纳诉讼费用。

1. 诉讼费用的收费范围

当事人进行民事、经济、海事和行政诉讼，应当向人民法院交纳案件受理费。财产案件、行政案件的当事人，除向人民法院交纳案件受理费外，还应当交纳的费用包括：勘验、鉴定、公告、翻译（当地通用的民族语言、文字除外）费；证人、鉴定人、翻译人员在人民法院指定日期出庭发生的交通费、住宿费、生活费和误工补贴费；采取诉讼保全措施的申请费和实际支出的费用；执行判决、裁定或者调解协议所实际支出的费用。

申请执行人民法院发生法律效力的判决裁定调解书，公证机构依法赋予强制执行效力的债权文书，应当交纳申请费。人民法院认为应当由当事人负担的其他诉讼费用。

2. 诉讼费用的收费标准

(1) 案件受理费。

离婚案件，每件交纳十元至五十元。涉及财产分割的，财产总额不超过一万元的，不另收费；超过一万元的，超过部分按百分之一交纳。

侵害姓名权、名称权、肖像权、名誉权、荣誉权的案件，每件交纳五十元至一百元。其他非财产案件，每件交纳一元至五十元。

财产案件，按争议的价额或金额，分别按比例交纳：不满一千元的，每件交五十元；超过一千元至五万元的部分，按百分之四交纳；超过五万元至十万元的部分，按百分之三交纳；超过十万元至二十万元的部分，按百分之二交纳；超过二十万元至五十万元的部分，按百分之一点五交纳；超过五十万元至一百万元的部分，按百分之一交纳；超过一百万元的部分，按百分之零点五交纳。

侵害专利权、著作权、商标权的案件，每件交五十元至一百元；有争议金额的，按财产案件的收费标准交纳。

行政案件对应不同标准交纳：治安行政案件，每件交纳五元至三十元；专利行政案件，每件交纳五十元至四百元；其他行政案件，每件交纳三十元至一百元。有争议金额的，按财产案件收费标准交纳。

劳动争议案件，每件交纳三十元至五十元。

破产案件，按破产企业财产总值，依照财产案件收费标准交纳。

原告提出两个以上诉讼请求、被告提出反诉、第三人提出与本案有关的诉讼请求，人民法院需要合并审理的，案件受理费根据不同的诉讼请求分别计算收取，财产案件中请求数额与实际不符的，案件受理费按人民法院核定的实际争议数额计算收取。

(2) 申请执行等费用标准。

申请执行案件，执行金额或者价额在一万元以下的，每件交纳五十元；超过一万元至五十万元的部分，按百分之零点五交纳；超过五十万元的部分，按百分之零点一交纳。

申请诉讼保全措施，保全财产的金额或者价额不满一千元的，每件交纳三十元；超过一千元至十万元的部分，按百分之一交纳；超过十万元的部分，按百分之零点五交纳。

海事海商案件，申请扣押船舶的，每件交纳一千元至五千元；申请债权登记的，每件交纳五百元；申请留置货物、燃料的，每件交纳五百元；申请船东责任限制的，按申请限制数额的百分之零点一交纳，但最低不少于五百元。

勘验费、鉴定费、公告费、翻译费的金额，根据国家有关部门的收费标准计算交纳。

3. 诉讼费用的预交

受理费由原告预交。被告提出反诉的，根据反诉金额或者价额计算案件受理费，由被告预交。申请执行费，由申请人预交。

原告自接到人民法院预交诉讼费用通知的次日起七日内预交；反诉案件，由反诉当事人在提出反诉的同时预交案件受理费。预交确有困难的，可在预交期内向人民法院申请缓交。当事人在预交期内未预交又不提出缓交申请的，按自动撤回起诉处理。

上诉案件的诉讼费用，由上诉人向人民法院提交上诉状时预交。双方当事人都提出上诉的，由上诉的双方当事人分别预交。上诉人在上诉期内未预交诉讼费用的，人民法院应当通知其预交。上诉人在接到人民法院预交诉讼费用的通知后七日内仍未预交又不提出缓交申请的，按自动撤回上诉处理。

申请执行等费用由申请人在提出申请时预交。

审理经济纠纷案件过程中，发现本案属于刑事犯罪，全案移送有关部门处理的，预交的案件受理费予以退还；移送后经济纠纷需要继续审理的，预交的案件受理费不予退还。

中止诉讼的案件，预交的案件受理费不予退还。中止诉讼原因消除后，恢复诉讼时，不再预交案件受理费。第二审人民法院发回重审的案件，预交的上诉案件受理费，不予退还；重审后又上诉的，不再预交案件受理费。终结诉讼的案件，预交的案件受理费不予退还。

4. 诉讼费用的交纳和管理

当事人凭人民法院的通知书，到法院预交诉讼费用。案件审结时，人民法院应将诉讼费用的详细清单和当事人应负担的数额，书面通知本人。同时，在判决书、裁定书或者调解书中写明当事人各方应负担的诉讼费用。当事人凭交款收据和判决书、裁定书或者调解书，向人民法院结算诉讼费用，多退少补。当事人对人民法院决定的诉讼费用计算有异议的，可向人民法院请求复核。如果计算上确有错误，人民法院应当用裁定更正。

当前，各地很多法院在诉讼费计算上因为引入诉讼费计算器，从而极大降低了之前诉讼费计算工作的难度，提高了效率。该计算器的计算方法、计算程序均依据《人民法院诉讼收费办法》相关规定编制，在严格遵循规定的前提下，为一线法官和书记员节省了大量的工作时间，提升了工作质效。

（四）合议庭评议笔录制作

当事人不服一审法院的不予受理裁定、驳回起诉裁定以及管辖权异议的裁定可以到上一级人民法院提起上诉。二审法院的立案庭对于这类案件需要组成合议庭审查原审法院的裁定是否正确。对于这类案件的审查可以开庭审理，也可以不开庭审理，不开庭审理的，书记员需要将合议庭评议内容如实地记录下来，制作合议庭评议笔录。此外，如果法官在审查的过程中发现对当事人的某些具体事项存在疑问，法官还可以向诉讼当事人进行询问，书记员应制作询问笔录。合议庭评议笔录的具体格式可参看示例4－9。

示例 4-9

合议庭评议笔录

时　　　间：××年×月×日下午

地　　　点：

合议庭成员：审判长××　审判员××　审判员××　副庭长××参加评议

案件主审人：××

记　录　人：××

评　　　议：××公司四平市分公司与××股份有限公司申请撤销仲裁裁决一案

记录如下：

上诉人：××公司四平市分公司

被上诉人：××股份有限公司

案　　由：申请撤销仲裁裁决

主审人汇报案情：略。

××：最高人民法院《关于海事法院受理案件范围的若干规定》自2001年9月18日起施行。最高人民法院《关于调整大连、武汉、北海海事法院管辖区域和案件范围的通知》于2002年12月10日印发。该通知规定大连海事法院管辖区域未包括吉林省，从案件管辖范围看，本案是申请撤销仲裁裁决案，按通知规定属其他海事、海商案件，应由地方人民法院管辖。本案应撤销一审裁定，将案件移送仲裁委所在地中级人民法院处理。

××：根据最高人民法院法发（2002）274号通知意见及《仲裁法》规定，本案是申请撤销仲裁裁决案，应由地方人民法院管辖。所以同意主审人意见，撤销一审裁定，将案件移送仲裁委所在地中级人民法院处理。

××：双方当事人签订的合同是海洋运输保险合同，从合同本身性质讲属于海洋合同运输，最高人民法院《关于海事法院受理案件范围的若干规定》第四十三条中包括了申请撤销海事范围仲裁案件。这个案子中也包含着另一种法：《仲裁法》。“对仲裁裁决不服的可以向仲裁委员会所在地人民法院起诉。”《仲裁法》是1994年颁布的。最高人民法院关于海事法院受案范围是2001年规定的。本案合同本身是海上合同运输。大连海事法院受案范围也有申请撤销仲裁的案件。虽未明确包括吉林省，但包括了黑龙江、松花江。辽宁、黑龙江都包括了，吉林应该也在该范围之内，应由大连海事法院管辖。所以从地域管辖来讲，属于大连海事法院管辖范围内，所以大连海事法院有管辖权。尽管有“对仲裁裁决不服可以向仲裁委员会所在地法院起诉”的规定，但海事法院是特殊的专门法院。所以这个案子应该由海事法院来管辖。

合议庭评议结果：合议庭有两种意见，多数人意见是撤销一审裁定，移送至仲裁委所在地中级人民法院处理，少数人意见是大连海事法院有管辖权。

参加评议的审判人员（签名）

书记员（签名）

经验提示4-7

立案庭的合议庭评议笔录记录要点：主要围绕刑事诉讼法、民事诉讼法和行政诉讼法当中主管和管辖部分的知识点而进行，具体包括民事案件的受案范围、行政案件的受案范围、刑事自诉案件的受案范围以及地域管辖、级别管辖、专属管辖、协议管辖等内容。因此，书记员应当掌握三类诉讼法中主管和管辖部分的知识点。此外，制作完成的合议庭评议笔录需要合议人员全体签字。

经验提示4-8

合议庭评议笔录、庭务会讨论笔录以及裁定书字体要求："××省高级人民法院"需要用二号楷体；"民事裁定书"需要用一号宋体；"正文及案号"需要用三号仿宋；一般笔录的制作都是三号仿宋。

（五）将立案材料移交相关的审判庭

将立案材料移交相关的审判庭是案件在立案庭的最后一项环节，书记员需要完成好与审判庭的对接工作，保证案件的审限。本项工作要求书记员在完成录入立案信息的工作之后，应及时将案卷材料移交相关审判庭。具体的工作步骤是：（1）通知案件所属审判庭的书记员取卷宗材料；（2）查点卷宗数量及所涉及的材料；（3）对移交的卷宗材料进行登记。

一审案件登记表见示例4-10。

示例 4-10

一审案件登记表

案号	收案日期	原告	被告	案由	承办人

再审案件登记表见示例4-11。表中阴影部分为立案庭移交案卷时需要登记的事项。

示例 4-11

再审案件登记表

案号	收案日期	地区	上诉人	被上诉人	案由	卷宗数量	承办人	处理结果	结案时间	归档	归档时间	机要号	备注

此外，按照最高人民法院建设"智慧法院"的总体部署，全国很多地区的法院已经启用智能云柜系统。智能云柜系统主要用于诉讼材料在立案庭与各个业务庭之间的流转，通过实现对纸质文档的智能化管理，保证诉讼材料的信息安全，让审判工作更高效。立案庭书记员只需携带诉讼材料在"智能云柜"上操作"识别身份、扫描文件二维码、存文件"三个步骤，再通过手机App"掌上云柜"指派收件人，智能云柜系统就自动将取件信息发

送至收件人的手机上，收件人前往“智能云柜”，通过手机 App“掌上云柜”的二维码收取文件，诉讼材料流转程序便顺利完成。智能云柜系统不但操作简便，更提高了材料在中转过程的信息安全。无论是存件或是取件，都必须通过身份验证才能使用，系统会对材料进行电子跟踪，实现双向自主流转记录，确保材料在流转中全程留痕、安全可查。

人民法院智能云柜系统

【引例解答】

王某案件立案基本流程是：第一，检查起诉人诉讼材料及信息是否齐全，包括：起诉状、王某提交的身份证复印件、被告人名称及住址信息、与诉请相关的证据或者证明材料。第二，书记员协助法官填写接受诉讼材料收据，由负责审查起诉的审判人员签名或者盖章，原告王某签名或盖章。第三，王某填写当事人送达地址确认书。第四，编写立案号、登记并向王某送达案件受理通知书，计算并书面通知王某预交案件受理费，录入立案信息，案由是财产保险合同纠纷，并将所立案件材料装订整齐，移交相关审判庭办理。

【本章小结】

立案庭书记员主要的工作职责是负责辅助承办法官完成一些程序性事务，具体包括：（1）制作应诉通知书与受理通知书；（2）送达相关法律文书；（3）记录合议庭评议笔录、庭务会讨论案件笔录；（4）协助承办法官计算案件受理费；（5）录入立案信息；（6）将立案材料移交相关的审判庭。

【课后实训练习】

莱星国际商贸公司（以下简称莱星公司）为公司周转向戚某借款 90 万元，双方于 2015 年 6 月 18 日签订《借款协议》，其中第十条约定，协议签订地点位于重庆市沙坪坝区，发生争议由沙坪坝区人民法院管辖。2018 年 6 月双方约定的还款日期到期，莱星公司未按期偿还戚某到期借款及利息，戚某向沙坪坝区人民法院提起诉讼。莱星公司提出管辖权异议，莱星公司认为《借款协议》尚未经过质证，真实性尚无法确认，不能作为定案依据，本案应当由被告住所地人民法院管辖，请求撤销原审裁定。

阅读上述材料后回答：

（1）莱星公司提出的诉求能否得到法院诉求？

（2）戚某在受诉法院的立案流程是怎样的？

（3）立案庭书记员在该案件中的基本工作职责包括哪些？

第五章 人民法院书记员相关司法文书的使用与制作

☆法者，所以兴功惧暴也；律者，所以定分止争也；令者，所以令人知事也。

——《管子》

☆正义不仅应得到实现，而且要以人们看得见的方式加以实现。

——（英）丹宁勋爵

【本章提要】

书记员工作需要耐心细致，其中重要的一个方面是制作、填写并留存各类司法文书，从而使书记员的工作有所凭据，也使每一项司法行为有据可查。在这一章，我们将学习如何正确使用与制作各类司法文书，以及常见的司法文书在使用中所应注意的问题。

【能力目标】

熟练使用主要司法文书，做到符合法律规范、格式正确、内容无误、条理清晰。

【学习建议】

1. 大量司法文书需要手写，建议同学们练好钢笔字。
2. 学习并掌握三大诉讼法中关于不同司法文书在相关程序中的使用规定。
3. 通过认真阅读老师提供的司法文书样本，自行制作常用文书并填写练习。

【引例】

书记员小王在录入一件民事案件判决书的时候，由于疏忽将当事人的姓名打错了。随后将这份判决书送达给当事人。当事人对此提出异议，小王感到非常抱歉，他决定使用民事案件决定书纠正错误。小王的做法正确吗？

第一节 人民法院司法文书概述

一、司法文书的概念

司法文书，又称为法律文书。广义而言是指国家机关在其职权范围内为确立某种法律规范而颁布的，司法机关、诉讼参与人以及公民为解决诉讼和非讼问题而依法制作或代书的具有法律效力或法律意义的文书的总称；狭义的文书则不包括国家机关颁布的法律规范。

狭义的司法文书是指公安机关（含国家安全机关）、检察院、法院、监狱、公证机关等司法机关在处理各类案件的各个环节、步骤上形成与使用的专用文书的总称。本章要学习的人民法院的司法文书，属于司法文书中的一部分，如判决书、裁定书等。

司法文书在我国起源于周代（约公元前 11 世纪）。《周礼》中有“史掌官书以赞治”“掌万民之判”“凡有责者，有判书以治，则听”的记载。古代司法文书中最有代表性的文种是判词。汉代杨雄根据综判取仕，以原告与被告之词判其曲直。刘勰在《文心雕龙・书记》篇中所列举的“律者”“契者”“券者”，均属司法文书的范畴。明代吴讷和徐师曾均将判词列入独立的文体予以论述。从清朝末年开始，我国开始使用具有格式化的文书。

二、人民法院司法文书的种类

依据不同的标准，可以对人民法院司法文书进行以下划分：

（1）按司法文书所使用的业务庭的不同，可以分为民事案件审判庭司法文书、刑事案件审判庭司法文书、行政案件审判庭司法文书。本章我们就将按这个分类对人民法院常用司法文书进行叙述，以方便在不同业务庭工作的书记员学习掌握。

（2）依写作和表达方式的不同，可以分为文字叙述式文书、填空式文书、表格式文书和笔录式文书。

文字叙述式文书是指以文字量较大的形式进行叙述事实或观点的文书，比如审结报告、判决书等。

填空式文书是指由法院已印制成固定格式，而需要填写有关具体内容的文书。现在法院为了规范文书的使用大量采用这一形式，比如各种通知书、开庭公告等。

表格式文书也是事先印制好，而需要填写具体内容的文书。它区别于填空式文书的地方在于其形式是采用表格的形式，如卷宗封皮等。

笔录式文书是法定的记录形式之一，是案卷材料的重要组成部分，是人民法院、人民检察院、公安机关用以记录特定司法活动过程的法律文书，比如公安机关使用的讯问笔录，人民法院使用的庭审笔录、庭前会议笔录等。

（3）依文种的不同，可以分为报告类文书、通知类文书、判决类文书、裁定类文书、决定类文书等。

报告类文书主要是法院内部使用的，对案件情况向上级进行请示、报告所使用的文书，如刑事案件审理终结报告等。

通知类文书是法院向有关主体发出的，需要由有关主体做出某种行为的通知而采取的文书，如应诉通知书、协助执行通知书等。

判决类文书是人民法院在诉讼中所作出的一种裁判文书，是人民法院对各类诉讼案件和非讼案件审理程序终结时对案件的实体问题作出的权威性判定。

裁定类文书是人民法院在审理案件过程和执行程序中，就程序问题或者个别实体问题作出裁定以及为补充或修正裁判文书中的漏错时所制作的法律文书。裁定书同判决书具有相同的法律效力。裁定书主要用于解决程序问题，在个别情况下也可用于对实体问题的处理，如关于财产保全的裁定。

决定类文书是人民法院对诉讼中某些特殊的问题作出的权威性判定。决定书所涉及的既不是实体问题，也不是单纯的诉讼程序问题，而是与诉讼程序有关、具有一定紧迫性的问题，决定书不能提起上诉。决定书主要应用于处理是否回避问题，对妨碍诉讼的人采取强制措施，对当事人申请诉讼费用的减、免、缓的问题等。

三、人民法院司法文书的特点

人民法院的司法文书属应用写作范畴，有许多不同于其他文章作品的特点。

（一）主旨的鲜明性

“主旨”是文书的中心思想和写作目的，是一篇文书的灵魂。对于司法文书的写作来说，一般是在法律工作进行过程中，在一定的工作环节中已然产生了制作某种文书的主旨，而后才制作某种文书的。也就是说，文书制作者写作时主要应考虑的是用什么样的表达形式把已经形成的文书主旨表达清楚，阐述明白。同时，由于司法文书都是为解决一定的亟待解决的法律实务问题的，因此又必须在文书中把主旨表达得一清二楚、鲜明突出。这是由法律文书本身的性质所决定的。

（二）材料的客观性

“材料”是用以说明文书主旨的支柱、根基，所以必须严格要求做到主旨和材料的完全统一，也就是通常所说的观点和材料相统一。而法律文书又是办理或裁处法律实务的文字凭证，极具实效性，因而材料必须是绝对真实的，确凿无误的，容不得半点虚假，否则就会在实施过程中遇到阻碍。即便强行地推行下去了，也会产生很大的负面影响。所以在此强调材料的客观真实性，并以此作为法律文书必须严格遵循的一条写作规则。

（三）内容的法定性

这是由司法文书自身的专业特点所要求的，也是有别于其他文章写作的一个重要特点。许多重要的法律文书都要求写明当事人的基本事实要素，除姓名、性别、年龄外，还要写明其出生地点、职业和职务（凡有工作单位者）、住所等。其中年龄一项还要求写明具体的出生年月日。这些在一般文书中并非必备的要素，但在法律文书中却是必不可少的。例如：某犯罪嫌疑人的出生年月日，常常是在法律上确定其是否应对某种法律行为负法律责任、是否应予刑事处罚或者是否应该从轻处罚等问题的法定条件，因此必须写清楚。再如重要的法律文书除要求写明事实的过程外，还要求写明足以证明事实的证据。

（四）形式的程式性

这也是区别于其他文章写作的重要特点。它不仅区别于文学、新闻等写作形式，甚至和行政公文也有区别。行政公文虽然也有一定的程式，但与法律文书相比较只是一个大的框架，远不如法律文书划分得那样细密具体。更不要说大部分表格式的法律文书，其要求填写说明的事项内容十分严格和准确。这种程式化的固定形式正是法律实务工作所必需的，同时也为实务工作者的书写制作提供了极大的便利条件。

（五）解释的唯一性

根据法律文书的实效性和利害关系的直接性特点，要求语言文字必须做到唯一解释。因为法律文书的语言文字如不能做到唯一解释，将严重影响文书所产生的法律实效，甚至可能损害国家、集体或当事人个人的利益。

（六）使用的实效性

司法文书是为了在具体的司法行为而使用的，其写作目的非常明确，并且任何一个司法文书都在法律程序中起着重要的作用，是为解决一定的法律问题而制作的，缺之不可，因此是最讲求实效的。

四、人民法院司法文书的使用要求

（一）形式要求

首先在有关活动中使用对应的文书形式，不能用错，这是首要的问题。如前所述，人民法院的文书形式有报告类文书、通知类文书、判决类文书、裁定类文书、决定类文书之分，注意每种文书的使用范围，特别是判决书、裁定书、决定书之间的区别，要注意它们之间的区别，而不能用错。在本章的引例中，书记员小王就用错了文书形式，对于判决书中的错误应该使用裁定书来加以纠正而不是使用决定书形式。

（二）结构要求

人民法院所使用的司法文书的结构格式不一而足，在后面的内容中将一一详述，在这里只做一个总体的概括性描述，如图 5－1 所示。司法文书具有形式的程式性，其结构虽不尽相同，但也有一个大致的共通之处。

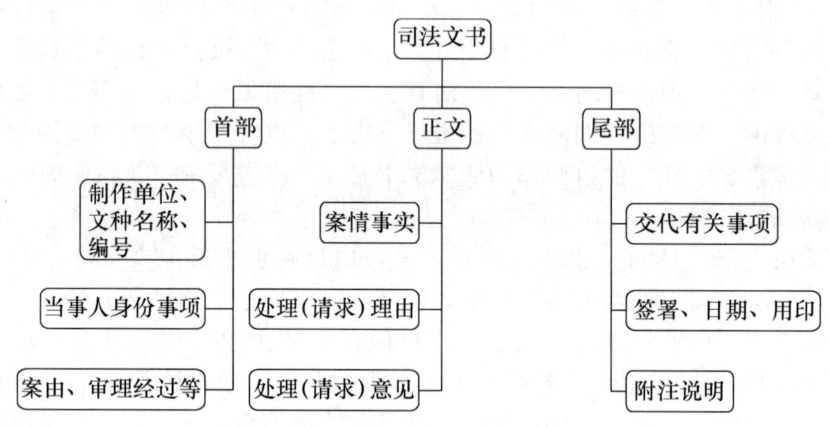

图 5－1　司法文书结构

（三）语言要求

司法文书应使用法言法语，要求做到语言准确、简明、严谨、庄重。

1. *准确*

即实事求是地反映事物的本来面目，不夸大，也不缩小。这是法言法语最本质的特点，也是法言法语的“生命线”。因为司法工作是由每个执法者直接与人打交道，办理每一个案件都要将较为抽象的法律规范实施在一个个具体的当事人身上，每个环节都直接关系到当事人的利益和命运，尤其是刑事案件，直接关系到当事人有罪无罪、罪轻罪重和一生的荣辱祸福、生杀予夺。执法过程中要做到执法公正、维护公平正义，就必须客观、准确地表述事实，真实、贴切地选词用句，并一丝不苟地进行辨别取舍，不然就可能失之毫厘，谬以千里，造成不必要的麻烦，甚至产生严重后果。

2. 简明

即言简意赅、通俗明白。简明是运用法言法语的极高境界，不仅要体现在用词上，更要体现在叙事、说理、说明等语言的表达功夫上。晋代杜预在《奏上律令注解》中说："法者，盖绳之断例，非穷理尽性之书也，故文约而例直，听省而禁简。"宋朝曾巩也说过："号令之所布，法度之所设，其言至简，其体至备。"这些古训都说明由于法律职能的特殊性，法律文书不仅要求体式完备，而且要求语言简约。简约要以明为前提，如果只简不明，就不能完成其表义任务，不能被广大群众所理解；如果只明不简，则体现不出法言法语语体风格的庄重严肃。

3. 严谨

即表义周密、无懈可击。这是法言法语的又一重要特点。法律工作是规范人的行为、调整人的关系的工作，依照法律的规定保护某些人、教育某些人、打击某些人。从某种意义上来说，法律工作实际上也是一种斗智斗勇、相互较量，而较量的双方都力图借助于法律来为自己服务，只是借助的角度不同罢了。一方要以法律武器来维护自己的正当权益，而另一方则要千方百计寻找法律空子来保护自己的非正当权益，这种较量必然要通过语言形式表现出来。因此，无论是在立法还是在执法过程中，运用法言法语都必须准确、严密，使任何人都无空可钻。

4. 庄重

即严肃、认真，体现法律的权威。这是法言法语最重要的语体特征。法律规范是国家制定和认可的，代表了统治阶级的意志，并以国家强制力保证其实施，具有普遍的约束力和无上的权威性。法言法语作为国家法律和司法文书的语言表达形式，作为司法人员维护公平、惩罚犯罪的武器，必须具备浓重的庄严色彩，才能和法律的权威性与强制力保持一致。如果破坏了这种庄重性，也就破坏了国家法律及司法文书的庄严性和权威性，使司法工作在具体运行中大打折扣。因此，必须充分显示、着意体现、善于表达。

另外，司法文书的语言要注意选用恰当句式要求，要省略得当，并且可以适当地使用一些修辞方法，如引用、排比、对仗等，但不能使用比喻等容易引起误解的修辞方法。

（四）叙事要求

司法文书要将法律事实叙述清楚明白，因此应该做到：以叙事为主，忌专门写人；叙事要素齐备，忌残缺不全；叙事清楚直接，忌隐晦曲折；叙事概括简练，忌精细描绘；叙述直陈其事，忌烘托渲染。

在叙述的内容上，应注意写清事实要素，人物、时间、地点缺一不可；注意写清关键情节；注意写清因果关系，当时的环境状况，事情的开端、发展、结果都不能缺漏；写清争执焦点；写清主要证据。

叙事方法应注意选择恰当，可以采用自然顺序法、突出主罪法、突出主犯法、综合归纳法、纵横交错法等。

经验提示 5-1

在司法文书的日期填写上，一定要符合有关诉讼法各种关于期限的规定。

第二节　民事审判庭书记员工作常用司法文书

一、民事诉讼的两种受理案件通知书

（一）公民起诉的民事诉讼受理案件通知书

1. 公民起诉的民事诉讼受理案件通知书的含义

公民起诉的民事诉讼受理案件通知书，是人民法院在收到公民关于民事纠纷的起诉，经审查符合起诉条件，决定立案审理时，将受理决定及有关事项告知起诉人的司法文书。

2. 公民起诉的民事诉讼受理案件通知书的文书样式

参见示例 5－1。

示例 5－1

××××人民法院
受理案件通知书

（××××）××××字第××号

你诉被告____________纠纷一案的起诉状已经收到。经审查符合法定受理条件，本院决定依法立案受理。并将有关事项通知如下：

一、在诉讼过程中，有权行使《民事诉讼法》第四十九条、第五十条、第五十一条、第五十二条等规定的诉讼权利，遵守诉讼秩序，履行诉讼义务。

提交证据应按照本院举证须知的要求提供。

二、如委托诉讼代理人代为诉讼，应在______年______月______日向本院递交由委托人签名或者盖章的授权委托书，并载明委托事项和委托权限。

三、应在接到本受理通知书的次日起 24 小时内，向本院预交案件受理费人民币______元。如未预交，又提不出缓交、减交、免交申请或者提出申请未获批准的，按自动撤诉处理。

开户银行：　　　　　　　　账号：

××××年××月××日
（院印）

3. 公民起诉的民事诉讼受理案件通知书的填写说明

（1）本通知书需要填写正文告知起诉人。

（2）本通知书的内容需写明其诉×××（或××单位）××（案由）一案的起诉状已收到，本院决定受理。

（3）分项写明告知有关事项，一般有如下三项：

第一项，交代诉讼权利义务，即《民事诉讼法》第 49 条、第 50 条、第 51 条规定的

委托代理人，申请回避，收集和提供证据，进行辩论，请求调解，提起上诉，申请执行，按规定查阅、复制本案有关材料和法律文书，双方当事人可以自行和解，原告可以放弃或者变更诉讼请求的权利，以及遵守诉讼程序，履行发生法律效力的裁判文书的义务，等等。

第二项，告知原告需委托诉讼代理人时，应递交授权委托书。

第三项，告知原告预交案件受理费的金额、时间以及本院的开户银行和账号。

4. 法条链接

《民事诉讼法》第 49 条、第 50 条、第 51 条、第 52 条、第 118 条、第 123 条、第 124 条、第 126 条。

(二) 法人或其他组织起诉的民事诉讼受理案件通知书

1. 法人或其他组织起诉的民事诉讼受理案件通知书的含义

法人或其他组织起诉的民事诉讼受理案件通知书，是人民法院在收到法人或者其他组织关于民事纠纷的起诉，经审查符合起诉条件，决定立案审理时，将受理决定及有关事项告知起诉人的司法文书。

2. 法人或其他组织起诉的民事诉讼受理案件通知书的文书样式

参见示例 5－2。

示例 5－2

××××人民法院
受理案件通知书

（××××）××××字第××号

法人（或其他组织）诉被告＿＿＿＿＿＿纠纷一案的起诉状已经收到。经审查符合法定受理条件，本院决定依法立案受理。并将有关事项通知如下：

一、在诉讼过程中，有权行使《民事诉讼法》第四十九条、第五十条、第五十一条、第五十二条等规定的诉讼权利，遵守诉讼秩序，履行诉讼义务。

提交证据应按照本院举证须知的要求提供。

二、如委托诉讼代理人代为诉讼，应在＿＿＿年＿＿＿月＿＿＿日向本院递交由委托人签名或者盖章的授权委托书，并载明委托事项和委托权限。

三、应在接到本受理通知书的次日起 24 小时内，向本院预交案件受理费人民币＿＿＿元。如未预交，又提不出缓交、减交、免交申请或者提出申请未获批准的，按自动撤诉处理。

开户银行：　　　　　　账号：　　　　　　××××年××月××日

（院印）

3. 法人或其他组织起诉的民事诉讼受理案件通知书的填写说明

制作本通知书的法律根据和对正文部分的要求，与公民起诉的民事诉讼受理案件通知书基本相同，其主要差异是在应告知的有关事项中，填写递交法定代表人或代表人的身份证明书等。

4. 法条链接

《民事诉讼法》第 49 条、第 50 条、第 51 条、第 52 条、第 118 条、第 123 条、第 124

条、第 126 条。

二、民事诉讼案件的两种应诉通知书

（一）告知民事案件的被诉公民应诉通知书

1. 告知民事案件的被诉公民应诉通知书的含义

告知民事案件的被诉公民应诉通知书，是人民法院在受理民事或经济纠纷案件后，通知被诉公民应诉的司法文书。

2. 告知民事案件的被诉公民应诉通知书的文书样式

参见示例 5－3。

示例 5－3

××××人民法院
应诉通知书

（××××）××××字第××号

×××：

本院已受理×××（原告或者上诉人的姓名或名称）诉你方×××（案由）纠纷一案，现发送×诉状副本一份，并将有关事项通知如下：

一、当事人在诉讼过程中，有权行使《中华人民共和国民事诉讼法》第四十九条、第五十条、第五十一条、第五十二条等规定的诉讼权利，同时必须遵守诉讼秩序，履行诉讼义务。

二、你方应当在收到×诉讼之日起十五日（涉外案件为三十日）内向本院提交答辩状一式×份。

三、需要委托代理人代为诉讼的，应当提交由委托人签名或者盖章的授权委托书，授权委托书应当依照《中华人民共和国民事诉讼法》第五十九条的规定载明委托事项和权限。

××××年××月××日
（院印）

3. 告知民事案件的被诉公民应诉通知书的填写说明

填写本通知书正文部分：

（1）写明原告的姓名或名称及其对被告起诉的案由，现发送起诉状副本通知被告应诉。

（2）分项写明应诉的有关事项，一般有如下三项：

第一项，告知其《民事诉讼法》第 49 条、第 50 条、第 51 条、第 52 条等规定的被告的诉讼权利义务；

第二项，告知其提交答辩状的份数；

第三项，告知其委托诉讼代理人时应递交授权委托书。

（二）告知民事案件的被诉法人或其他组织应诉通知书

1. 告知民事案件的被诉法人或其他组织应诉通知书的含义

告知民事案件的被诉法人或其他组织应诉通知书，是人民法院在受理民事或其他组织应诉的司法文书。

2. 告知民事案件的被诉法人或其他组织应诉通知书的文书样式

参见示例 5-3。

3. 告知民事案件的被诉法人或其他组织应诉通知书的填写说明

制作本通知书法律根据和对正文部分的要求，与告知民事案件的被诉公民应诉通知书基本相同，其主要差异是在应诉的有关事项中，增加递交法定代表人或代表人的身份证明书等。

4. 法条链接

《民事诉讼法》第 49 条、第 50 条、第 51 条、第 52 条、第 125 条、第 126 条、第 268 条。

三、公民授权委托书

（一）公民授权委托书的含义

公民授权委托书，是当事人、法定代表人依法委托他人作为诉讼代理人，向人民法院提交的写明委托事项和委托权限的文书。

（二）公民授权委托书的文书样式

参见示例 5-4。

示例 5-4

授权委托书

委托人姓名：

受委托人姓名：　　　　　性别：　　　　　年龄：

工作单位：

住址：　　　　　联系电话：

现委托　　　在我与　　　一案中，作为我参加诉讼的委托代理人。委托权限如下：

…………（写明委托事项及权限）

委托人：

受委托人：

年　月　日

（三）公民授权委托书的填写说明

（1）委托权限的授权是委托书最重要的部分。一般授权委托书只授予代理人代为进行诉讼的权利，而无权处分实体权利。在委托书上只需写明“一般委托”即可。特别授权代理，还授予代理人一定的处分实体权利的权利，如放弃、承认、变更诉讼请求、进行和解、提起反诉、上诉等。特别授权要对所授予的实体权利作列举性的明确规定，否则视为一般委托。

（2）授权委托书须由委托人、受委托人双方签名。

4. 法条链接

《民事诉讼法》第 58 条、第 59 条、第 60 条、第 61 条。

四、民事案件参加诉讼通知书

（一）民事案件参加诉讼通知书的含义

民事案件参加诉讼通知书，是人民法院在受理民事、经济纠纷案件之后，对没有参加起诉或没有被诉而又符合条件、必须共同进行诉讼的当事人和法律上有利害关系的第三人等，依法通知其参加诉讼的司法文书。

（二）民事案件参加诉讼通知书的文书样式

参见示例5-5。

示例 5-5

××××人民法院

参加诉讼通知书

（××××）××××字第××号

××：

本院受理原告____________与被告____________纠纷一案中，因本案的审理结果与你单位有利害关系，依照《中华人民共和国民事诉讼法》第一百三十二条的规定，通知你单位作为本案的被告参加诉讼。

一、在诉讼过程中，当事人必须依法行使诉讼权利，有权行使《民事诉讼法》第四十九条、第五十条、第五十一条等规定的诉讼权利，同时也必须遵守诉讼秩序，履行诉讼义务。

二、自然人应当提交身份证或者通行证、护照复印件；法人或者其他组织应当提交营业执照或者事业单位法人代码证复印件、法定代表人或者主要负责人身份证明书。

三、如需委托代理人代为诉讼应向本院递交由委托人签名或盖章的授权委托书。授权委托书应当载明委托事项和委托权限。

附：起诉状复印件一份。

举证通知书一份。

××××人民法院

××××年××月××日

（三）民事案件参加诉讼通知书的填写说明

本通知书正文部分的要求是：

（1）写明案件的原、被告的姓名或名称和案由。

（2）写明被通知参加诉讼的当事人或第三方的姓名或名称及缘由和法律根据；参加诉讼人的诉讼称谓。

（四）法条链接

《民事诉讼法》第52条、第132条。

五、证据收据

（一）证据收据的含义

证据收据，是人民法院在收到当事人提供的证据时所出具的收据，表明当事人已经提供了该证据。

（二）证据收据的文书样式

参见示例5-6。

示例 5－6

××××人民法院

证据收据

（××××）××××字第××号

今收到×××（提交证据的当事人的姓名或者名称）提交的证据（单一证据可填写证据名称。如证据较多，可表述为"参见附录"）一式××份。

签收人：×××

××××年××月××日

附录：

序号	证据名称	份数	页数	原件/复制件	证明目的	备注

（三）证据收据的填写说明

证据收据为填充式的，人民法院收到当事人提交的证据材料，应当出具收据，证据收据中需注明证据的名称、份数和页数以及收到的时间，由经办人员签名或盖章。

六、告知审判庭组成人员通知书

（一）告知审判庭组成人员通知书的含义

告知审判庭组成人员通知书，是人民法院在受理一审或二审民事、经济纠纷案件，确定合议庭组成人员之后，告知当事人的司法文书。

（二）告知审判庭组成人员通知书的文书样式

参见示例 5－7。

示例 5－7

××××人民法院

合议庭组成人员通知书

（××××）××××字第××号

××：

本院受理……（写明当事人及案由）一案，决定由××担任审判长，与审判员/代理审判员/人民陪审员××、审判员/代理审判员/人民陪审员××组成合议庭进行审理。

特此通知。

××××年××月××日

（院印）

（三）告知审判庭组成人员通知书的填写说明

（1）填明双方当事人的姓名或名称和案由；

（2）告知审理本案的合议庭成员或独任审判员。

（四）法条链接

《民事诉讼法》第128条。

七、申请回避决定书

（一）申请回避决定书的含义

对申请回避的决定书，是人民法院依照程序法的规定，对当事人提出的回避申请，经审查后准许回避申请或者驳回回避申请，并且认为需要作出相应的书面决定时所制作的司法文书。

（二）申请回避决定书的文书样式

参见示例5-8。

示例 5-8

××××人民法院

申请回避决定书

（××××）××××字第××号

申请人：

本院在审理____________一案中，申请人____________认为________________。

本院院长（或本案审判长，或本院审判委员会讨论）认为____________，依照《中华人民共和国民事诉讼法》第____________条第____________款的规定，决定如下：

如不服本决定，可以向本院申请复议一次。

××××年××月××日

（院印）

（三）申请回避决定书的填写说明

（1）首部要写明文件标题、案号、申请人姓名或者名称及基本情况。

（2）正文部分，要写明三部分内容：一是申请人要求回避的审判人员或者书记员、翻译人员、鉴定人员等的姓名和要求回避的理由；二是依法有权作出决定的本院院长，或本案审判长，或本院审判委员会决定的理由，并引用相应的法律条款；三是决定的结果："准许×××提出的回避申请"或"驳回×××提出的回避申请"。

（3）尾部要交代复议事项，写："如不服本决定，可以向本院申请复议一次。"最后，写明决定日期，加盖法院印章。

（四）法条链接

《民事诉讼法》第44条、第45条、第46条、第47条。

八、出庭通知书

（一）出庭通知书的含义

出庭通知书，是人民法院对于各类案件准备开庭后，通知当事人以外的诉讼参加人出庭的司法文书。

（二）出庭通知书的文书样式

参见示例 5－9。

示例 5－9

××××人民法院
出庭通知书

（××××）×××字第××号

×××：

本院受理……（写明当事人及案由）一案，定于××××年××月××日××时××分在……（写明地址）本院第××法庭开庭审理。依照《中华人民共和国民事诉讼法》第一百三十六条、《最高人民法院关于适用〈中华人民共和国民事诉讼法〉的解释》第二百二十七条规定，你作为代理人/鉴定人/勘验人/翻译人员应准时出庭。

联系人：……（写明姓名、部门、职务）

联系电话：……

联系地址：……

特此通知。

××××年××月××日

（院印）

（三）出庭通知书的填写说明

正文部分的填写要求是：

（1）填写当事人的姓名或名称和案由；

（2）填写开庭的时间和地点；

（3）告知作为何种诉讼参加人出庭。

（四）法条链接

《民事诉讼法》第 136 条。

《最高人民法院关于适用〈中华人民共和国民事诉讼法〉的解释》第 227 条。

九、传票和拘传票

（一）传票

1. 传票的含义

传票，是人民法院传唤当事人在指定时间到达指定地点参加诉讼活动的司法文书，适用于传唤刑事案件的自诉人、被告人，民事案件和行政案件的原告、被告、第三人等。对公诉人、辩护人、诉讼代理人、证人、鉴定人等，不适用传票。

2. 传票的文书样式

参见示例 5－10。

示例 5-10

××市中级人民法院
传票

编号：

案号	
案由	
被传唤人	
工作单位或住址	
传唤事由	
应到时间	年 月 日 时 分
应到处所	

注意事项：
1. 被传唤人必须准时到达应到处所；
2. 本传票由被传唤人携带来本院报到；
3. 被传唤人收到传票后，应在送达回证上签名、盖章；
4. 到庭人员必须携带个人身份证原件及复印件。

审判员　阮××
书记员　王××
××××年××月××日
（院印）

3. 传票的填写说明

传票为二联填充式，一联存卷，一联送达被传唤的当事人。

有关项目要填写清楚，特别是其中的被传唤人姓名、住址，传唤事由，应到时间和应到处所等，一定要写得准确、具体。传票由承办该案的审判员、书记员署名，加盖法院印章。

4. 法条链接

《民事诉讼法》第136条。

（二）拘传票

1. 拘传票的含义

拘传票，是人民法院对刑事案件的被告人和民事、经济纠纷案件的被告，依法决定实施拘传强制措施时使用的司法文书。

2. 拘传票的文书样式

参见示例5-11。

示例 5-11

××××人民法院
拘传票（审批联）

（××××）××××字第××号

<table>
<tr><td>被拘传人姓名</td><td></td><td>性别</td><td></td><td>民族</td><td></td><td>出生日期</td><td>年　月　日</td></tr>
<tr><td>住所地</td><td colspan="7"></td></tr>
<tr><td>工作单位</td><td colspan="7"></td></tr>
<tr><td>应到时间</td><td colspan="3">年　月　日</td><td>应到住所</td><td colspan="3"></td></tr>
<tr><td colspan="8">拘传原因及理由：
本院在审理/执行（××××）×××字第××号（写明当事人及案由）一案中，××（写明被拘传人姓名）经两次传唤/依法传唤无正当理由拒不到庭/场，影响了本案的审理/执行，依照《中华人民共和国民事诉讼法》第一百零九条、第一百一十六条规定，决定对××予以拘传。
审判员（签名）：
××××年××月××日</td></tr>
<tr><td colspan="8">批准人（签名）：
××××年××月××日</td></tr>
<tr><td colspan="8">本联存卷</td></tr>
</table>

××××人民法院
拘传票

（××××）××××字第××号

<table>
<tr><td>被拘传人姓名</td><td></td><td>性别</td><td></td><td>民族</td><td></td><td>出生日期</td><td>年　月　日</td></tr>
<tr><td>住所地</td><td colspan="7"></td></tr>
<tr><td>工作单位</td><td colspan="7"></td></tr>
<tr><td>应到时间</td><td colspan="3">年　月　日</td><td>应到住所</td><td colspan="3"></td></tr>
<tr><td colspan="8">执行人宣布：
本院在审理/执行（××××）×××字第××号（写明当事人及案由）一案中，××（写明被拘传人姓名）经两次传唤/依法传唤无正当理由拒不到庭/场，影响了本案的审理/执行，依照《中华人民共和国民事诉讼法》第一百零九条、第一百一十六条规定，决定对××予以拘传。
××××年××月××日
（院印）</td></tr>
<tr><td colspan="8">本拘传票已于××××年××月××日××时××分送达被拘传人。
被拘传人（签名）：
××××年××月××日</td></tr>
</table>

<table>
<tr><td>执行拘传情况：

执行人（签名）：
××××年××月××日</td></tr>
<tr><td>本联执行拘传后存卷</td></tr>
</table>

3. 拘传票的填写说明

拘传票为二联填充式：一联是审批联，由承办审判员填写，着重说明拘传原因及理由，报送院领导审批；另一联是执行拘传的正本，应向被拘传人宣布和送达，并在说明执行拘传情况后存卷。

4. 法条链接

《民事诉讼法》第109条、第116条。

十、开庭公告

（一）开庭公告的含义

开庭公告是人民法院依照程序法的规定，对于应当公开开庭审判的刑事、民事、经济纠纷和行政案件，先期向社会公布当事人姓名（名称）、案由、开庭时间和地点等内容的告示性司法文书。

（二）开庭公告的文书样式

参见示例5-12。

示例 5-12

××××人民法院

公　告

本院定于______年______月______日______午______时，在______公开审理______一案。

特此公告

××××年××月××日

（院印）

（三）开庭公告的填写说明

（1）公告一般采取填充式，公告的标题写“××××人民法院公告”。

（2）正文写明当事人姓名（名称）、案由、开庭的时间和地点等。

（3）尾部写明发出公告的时间。发布公告的时间，应由书记员在公告原稿中如实填写。

（4）公告张贴于法院专设的公告栏或其他适当的地方。

（四）法条链接

《民事诉讼法》第134条、第136条、第148条。

十一、鉴定委托书

（一）鉴定委托书的含义

鉴定委托书，是人民法院在审理案件过程中，需要解决某些专门性问题，依法委托有关部门指派有专门知识的人做出鉴定结论而制作的司法文书。审判实践中对专门性问题需要做出鉴定的有：法医技术鉴定，司法精神病学鉴定，痕迹鉴定，笔迹鉴定，化学鉴定，会计鉴定，事故原因鉴定，产品质量鉴定，其他技术鉴定，等等。

（二）鉴定委托书的文书样式

参考示例5-13。

示例 5-13

××××人民法院
鉴定委托书

（××××）××××字第××号

×××（写明受委托鉴定人名称或姓名）：

本院在审理/执行（××××）×××字第××号（写明当事人及案由）一案，需对……（写明委托鉴定的事项）予以鉴定，依照《中华人民共和国民事诉讼法》第七十六条规定，请你进行鉴定，并及时向我院提出书面鉴定意见。

联系人：……（写明姓名、部门、职务）

联系电话：……

附：委托鉴定清单/委托鉴定事项说明

××××年××月××日

（院印）

（三）鉴定委托书的填写说明

鉴定委托书有两种形式：一是表格填充式，供委托法医鉴定用；二是书函拟制式，供委托院外单位鉴定用。书函拟制式委托书的内容，首部要写明标题、案号和受委托单位名称；正文要写明法院受理的案件名称、需要对什么问题进行鉴定、有何具体要求，并提供鉴定所需要的材料和有关情况，如有附件，还应写明附件的名称和件数。尾部写明委托日期，加盖院印。

（四）法条链接

《民事诉讼法》第76条。

十二、送达回证

（一）送达回证的含义

送达回证，是人民法院向当事人或其他诉讼参与人发送诉讼文书，如实记载送达文件、送达情况和送达结果的凭证性司法文书。

（二）送达回证的文书样式

参考示例 5－14。

示例 5－14

××××人民法院
送达回证

案由		案号	
受送达人的姓名、地址			
送达的文书名称及件数	受送达人签收	代收人签收	送达人
	年 月 日	年 月 日	
	年 月 日	年 月 日	
	年 月 日	年 月 日	
	年 月 日	年 月 日	
备注：			
填发人：			

（三）送达回证的填写说明

送达回证为填充式，使用时应按格式栏目填写清楚。其中，送达的文书名称应写全称。送达的地址要详细，受送达人收到该文书后应当签名或盖章。代收诉讼文书的，由代收人签名或盖章后，还应注明其与受送达人的关系及代收理由。送达回证必须返回附卷。如系外地法院委托送达的，要及时将送达回证寄还委托法院。

（四）法条链接

《民事诉讼法》第 84 条至第 92 条。

十三、调卷、送卷、退卷函

人民法院相互之间因审判工作需要调卷、送卷、退卷时，应当制发调卷函、送卷函、退卷函。

（一）调卷、送卷、退卷函的含义

调卷函，是供各级人民法院向其他法院调阅案卷材料时使用的司法文书。

送卷函，是各级人民法院收到有关法院的调卷函后，检送所调阅案卷材料交有关法院时使用的司法文书。

退卷函，是供各级人民法院向其他法院借阅案卷材料，使用完后退还案卷材料事实用的司法文书。

（二）调卷、送卷、退卷函的文书样式

1. 调卷函的文书样式

参考示例 5－15。

示例 5－15

××××人民法院

调卷函

（××××）××××字第××号

×××人民法院：

你院审判的（　　）　　字第______号____________一案，现因____________，请将该案的全部案卷材料检送我院。

××××年××月××日

（院印）

调卷人：

签发人：

2. 送卷函的文书样式

参考示例 5－16。

示例 5－16

××××人民法院

送卷函

（××××）××××字第××号

×××人民法院：

你院　　年　　月　　日（　　）______字第______号____________调卷函收到。现检送____________一案全部案卷材料，请查收。

附件：案卷　　宗

××××年××月××日

（院印）

3. 退卷函的文书样式

参考示例 5－17。

示例 5－17

××××人民法院

退卷函

（××××）××××字第××号

×××人民法院：

现将你院____________一案的全部案卷材料退还，请查收。

附件：案卷______宗。

××××年××月××日
（院印）

签发人：　　　　　　　　　　　　　　　　经办人：

（三）调卷、送卷、退卷函的填写说明

（1）上述三种函件均为填充式，分为两联，第一联存卷，第二联为正本，寄对方。

（2）内容单一，目的明确，行文简便。使用时把受文机关、案件名称和事由填好，有附件的注意把附件的名称、数量写清检齐，防止发生差错。

十四、报送上诉（抗诉）案件函

（一）报送上诉（抗诉）案件函的含义

报送上诉（抗诉）案件函，是第一审人民法院在宣告判决、裁定后，对在法定期间提出上诉（抗诉）的案件，依法向第二审人民法院报送案卷材料时制作的司法文书。

（二）报送上诉（抗诉）案件函的文书样式

参考示例5-18。

示例 5-18

××××人民法院
报送上诉（抗诉）案件函

（××××）××××字第××号

×××人民法院：

我院审理____________一案，已经作出（　　）　　　字第______号判决（裁定），并于______年______月______日宣判。

______在法定期间提出______诉，现将该案件全部案卷材料报送你院，请查收。

附件：一、案卷______宗，物证______件；

二、上诉状______份，抗诉书______份，答辩状______份。

××××年××月××日
（院印）

签发人：
经办人：

（三）报送上诉（抗诉）案件函的填写说明

报送上诉（抗诉）案件函，一般采用填充式，一式两份，一份存卷，一份随卷宗及有关材料报送第二审人民法院。案件函的内容，要写明已作出一审判决的案件名称，何时宣判，谁提出上诉或抗诉，并已送达上诉状副本（抗诉状副本）。如已代受上诉案件受理费的，亦应写明。最后，检送该案全部案卷材料，包括案卷正卷、副卷、证据材料、上诉状（或抗诉书）、答辩状等，随函上报第二审人民法院。

（四）法条链接

《民事诉讼法》第164条、165条、第166条、第167条、第208条、第211条和第

269 条。

十五、执行程序有关司法文书

（一）移送执行书

1. 移送执行书的含义

移送执行书，是法院内部各审判庭对于判决、裁定已经发生法律效力的案件，一方当事人不执行裁定，按规定向执行庭移送执行时制作的文书。

2. 移送执行书的文书样式

参考示例 5－19。

示例 5－19

移送执行书

<table>
<tr><td colspan="2">受移送部门</td><td></td><td>移送部门</td><td></td></tr>
<tr><td colspan="2">案由</td><td colspan="3"></td></tr>
<tr><td colspan="2">被执行人姓名或名称</td><td></td><td>住址或所在地址</td><td></td></tr>
<tr><td rowspan="2">执行依据</td><td>裁判文书</td><td colspan="3"></td></tr>
<tr><td>生效日期</td><td>年　月　日</td><td>履行义务期限</td><td>年　月　日前</td></tr>
<tr><td colspan="2">执行事项</td><td colspan="3"></td></tr>
<tr><td colspan="2">移送原因</td><td colspan="3"></td></tr>
<tr><td colspan="2">注意事项</td><td colspan="3"></td></tr>
<tr><td colspan="5">附件：
庭长
审判员
（公章）</td></tr>
</table>

3. 移送执行书的填写说明

移送执行书采用表格式，按样式填写有关栏目，特别要写明执行依据、执行事项和移送原因。移送执行书由审判庭庭长和审判员签名，加盖法院印章，一式两份，一份连同附件送执行庭，一份存卷。

4. 法条链接

《民事诉讼法》第 236 条。

（二）协助执行通知书

1. 协助执行通知书的含义

协助执行通知书，是各级人民法院在执行工作中，按照法定程序，通知有关单位协助执行有关财产和履行指定的行为时通用的司法文书。

2. 协助执行通知书的文书样式

参考示例 5－20。

示例 5-20

××××人民法院
协助执行通知书

（××××）××执字第××号

×××：

×××与×××……（写明案由）一案，本院（或其他生效法律文书的作出机关）作出的（××××）×××字第××号民事判决（或其他生效法律文书）已经发生法律效力。因……（写明协助执行的原因）。依照《中华人民共和国民事诉讼法》第二百四十二条/第二百四十三条/第二百四十四条/第二百五十一条、《最高人民法院关于人民法院执行工作若干问题的规定（试行）》第36条/第38条/第50条规定，请协助执行以下事项：

…………

附：（××××）……号裁定书

××××年××月××日

（院印）

联系人：××× 联系电话：……

本院地址：…… 邮　　编：……

3. 协助执行通知书的填写说明

制作本通知书正文部分要求写明：(1) 当事人的姓名或名称和案由；(2) 本院作出的生效裁判文书及其案号；(3) 请求协助执行的原因；(4) 根据的法律条款；(5) 请求协助的具体事项。附件是据以发出协助执行通知书的裁判文书，一般为一份。

4. 法条链接

《民事诉讼法》第242条、第243条、第244条、第251条。

《最高人民法院关于人民法院执行工作若干问题的规定（试行）》第36条、第38条、第50条。

（三）协助划拨（提取）存款通知书

1. 协助划拨（提取）存款通知书的含义

协助划拨（提取）存款通知书，是各级人民法院在执行工作中，按照法定程序，通知银行、信用社或其他有储蓄业务的单位，协助执行划拨或者提取被执行人的存款的司法文书。

2. 协助划拨（提取）存款通知书的文书样式

参考示例5-21。

示例 5-21

××××人民法院
协助划拨（提取）存款通知书

（××××）××执字第××号

××××（写明金融机构名称）：

本院在执行（××××）×××字第××号……（写明案由）一案中，因被执行人×××在期限内未予执行，请将该被执行人×××（证件种类，号码，……）在你处××账户的存款……元，划拨（提取）至×××银行账户/国库。

开户银行：×××

账户名称：×××

账号：……

附：（××××）……号裁定书

××××年××月××日

（院印）

联系人：×××　　　　　　　　　　　联系电话：……

本院地址：……　　　　　　　　　　邮　　编：……

3. 协助划拨（提取）存款通知书的填写说明

本通知书分三联，第一联是存稿，第二联是正本，第三联是回执。第一、二联的主要内容相同，其正文部分，依次填写以下内容：(1) 当事人的姓名或名称和案由；(2) 拒绝履行的生效裁判文书的名称和案号以及拒绝履行的姓名或名称；(3) 本案已作出划拨或提取期存款的决定，请协助执行。其下填写：付款单位（人）、开户银行或信用社的账号，收款单位（人）、开户银行或信用社账号，划拨（提取）金额（大写）等项。附件是生效的裁判文书，一般为一份。第三联由划拨（提取）单位填写、加盖公章，退回法院。

4. 法条链接

《民事诉讼法》第242条。

（四）搜查令

1. 搜查令的含义

搜查令是人民法院按照民事诉讼法规定的执行程序，对不履行生效的法律文书确定的义务并隐匿财产的被执行人及其住所或者财产隐匿地进行搜查而出示的司法文书。

2. 搜查令的文书样式

参考示例5-22。

示例 5-22

××××人民法院
搜查令

（××××）××执字第××号

依照《中华人民共和国民事诉讼法》第二百四十八条规定，发出如下搜查令：

特派搜查人员××、××等××人，对……（写明被执行人及其住所或财产隐匿地）进行搜查。

此令

院长×××

××××年××月××日

（院印）

注：搜查令应由执行人员当场宣布，搜查情况另行制作笔录。

3．搜查令的填写说明

搜查令采用填充式，分为两联。第一联是审批联，由执行员填写搜查的理由和实施搜查的意见，报院长审批。第二联是正本，应写明发出搜查令的法律依据，执行搜查令的特派人员的姓名和职务，搜查的对象，即被执行人的姓名（或名称）及其住址（所在地）或者财产隐匿的具体地址，由院长签名，写明日期。

搜查令由执行人当场宣布，搜查情况另行制作笔录。

4．法条链接

《民事诉讼法》第248条。

第三节　刑事审判庭书记员工作常用司法文书

一、出庭通知书

与民事案件相同。

二、开庭公告

与民事案件相同。

三、逮捕决定书

（一）逮捕决定书的含义

逮捕决定书，是人民法院依照刑事诉讼法的有关规定，对犯罪嫌疑人在主要犯罪事实已经查清，可能判处有期徒刑以上刑罚，采取取保候审、监视居住等强制措施尚不足以防止发生社会危险性而有逮捕必要的情形下，决定予以逮捕时所制作的司法文书。

（二）逮捕决定书的文书样式

参考示例5－23。

示例 5－23

××××人民法院

逮捕决定书（审批联）

（××××）××刑×字第××号

案由						
被逮捕人	姓名		性别		出生日期	年　月　日
	民族		出生地		文化程度	
	职业		工作单位			
	地址					
被逮捕人家属姓名						
执行逮捕机关						

逮捕原因	
审批机关	
	（第一联）

××××人民法院
逮捕决定书

（××××）××刑×字第××号

本院正在审理的被告人＿＿＿＿＿＿，有证据证明犯有＿＿＿＿＿＿罪，根据《中华人民共和国刑事诉讼法》第八十一条第＿＿款规定，决定予以逮捕，请予执行。

此致

公安局

××××年××月××日

（院印）

附：被逮捕人情况

案由						
被逮捕人	姓名		性别		出生日期	年　月　日
	民族		出生地		文化程度	
	职业		工作单位			
	地址					
被逮捕人家属姓名						
（本联送达执行逮捕的公安机关）						（第二联）

××××人民法院
逮捕决定书（回执）

（××××）××刑×字第××号

××××人民法院：

根据你院（　　）　刑＿＿＿字第＿＿＿号逮捕决定书，我局已于＿＿＿年＿＿＿月＿＿＿日将（性别＿＿＿，＿＿＿年＿＿＿月＿＿＿日出生）逮捕，现羁押在＿＿＿＿＿。

××××年××月××日

（公章）

本联由执行的公安机关填写并加盖公章后退回法院。

（三）逮捕决定书的填写说明

本决定书采用填充式，分为三联：第一联是审批联，由承办审判人员写明被逮捕人的身份情况和决定逮捕的理由，提请院长审批决定；第二联是送交公安机关执行逮捕的正本；第三联是公安机关执行逮捕后答复人民法院的回执。

（四）法条链接

《刑事诉讼法》第 81 条。

四、取保候审决定书和解除取保候审决定书

（一）取保候审决定书和解除取保候审决定书的含义

取保候审决定书，是指人民法院依据《刑事诉讼法》的相关规定，对可以适用取保候审强制措施的被告人所制作的司法文书。

解除取保候审决定书，是指在取保候审的期限届满，或者发现被取保候审人不应当追究刑事责任而取消取保候审时，人民法院制作的司法文书。

（二）取保候审决定书和撤销取保候审决定书的文书样式

1. 取保候审决定书的文书样式

参考示例 5－24。

示例 5－24

××××人民法院

取保候审决定书（审批联）

（××××）××刑×字第××号

<table>
<tr><td colspan="2">案由</td><td colspan="6"></td></tr>
<tr><td rowspan="3">被告人</td><td>姓名</td><td></td><td>性别</td><td></td><td colspan="2">出生日期</td><td>年　月　日</td></tr>
<tr><td>文化程度</td><td colspan="2"></td><td>工作单位</td><td colspan="3"></td></tr>
<tr><td>住址</td><td colspan="6"></td></tr>
<tr><td rowspan="2">保证形式</td><td>缴纳保证金额数</td><td colspan="6"></td></tr>
<tr><td>保证人姓名住址</td><td colspan="2"></td><td colspan="2">与被告人关系</td><td colspan="2"></td></tr>
<tr><td colspan="2">执行机关</td><td colspan="2"></td><td colspan="2">取保候审期限</td><td colspan="2">个月</td></tr>
<tr><td colspan="2">取保候审原因</td><td colspan="6">经办人：
年　月　日</td></tr>
<tr><td colspan="2">领导审批</td><td colspan="6">批准人：
年　月　日</td></tr>
</table>

××××人民法院
取保候审决定书

（××××）××刑×字第××号

根据《中华人民共和国刑事诉讼法》第六十七条的规定，决定对本院正在审理的___________一案的被告人___________采取取保候审的强制措施。取保候审的期限为_____个月，在取保候审期间，被告人应当遵守以下规定：

（一）未经执行机关批准不得离开所居住的市、县；

（二）住址、工作单位和联系方式发生变动的，在二十四小时以内向执行机关报告；

（三）在传讯的时候及时到案；

（四）不得以任何形式干扰证人作证；

（五）不得毁灭、伪造证据或者串供。

如违反上述规定，依照《中华人民共和国刑事诉讼法》第七十一条的规定处理。

本决定由　　　　　　　　　　公安局执行。

本决定应当向被取保候审的被告人宣布，并由被告人在决定书上签名。

××××年××月××日

（院印）

向被告人宣布的时间：_____年_____月_____日_____时　　被告人签名：

保证书
（取保候审的保证人用）

_____人民法院：

我与被告人___________是___________关系。我愿作为被告人___________取保候审的保证人，履行《中华人民共和国刑事诉讼法》第七十条规定的以下义务：

（一）监督被保证人遵守《中华人民共和国刑事诉讼法》第七十一条的规定；

（二）发现被保证人可能发生或者已经发生违反《中华人民共和国刑事诉讼法》第七十一条规定的行为的，应当及时向执行机关报告。

被保证人有违反《中华人民共和国刑事诉讼法》第七十一条规定的行为，保证人未履行保证义务的，对保证人处以罚款，构成犯罪的，依法追究刑事责任。

保证人：

××××年××月××日

2. 解除取保候审决定书的文书样式

××××人民法院

解除取保候审决定书（审批联）

（××××）××刑×字第××号

<table>
<tr><td colspan="2">案　　由</td><td colspan="5"></td></tr>
<tr><td rowspan="3">被告人</td><td>姓　名</td><td></td><td>性别</td><td></td><td>出生日期</td><td>年　月　日</td></tr>
<tr><td>文化程度</td><td colspan="2"></td><td>工作单位</td><td colspan="2"></td></tr>
<tr><td>住址</td><td colspan="5"></td></tr>
<tr><td rowspan="2">保证形式</td><td>缴纳保证金额数</td><td colspan="5"></td></tr>
<tr><td>保证人姓名住址</td><td colspan="2"></td><td colspan="2">与被告人关系</td><td></td></tr>
<tr><td colspan="2">执行逮捕机关</td><td colspan="2"></td><td colspan="2">取保候审期限</td><td>____个月</td></tr>
<tr><td colspan="2">解除取保候审原因</td><td colspan="5">经办人：
年　月　日</td></tr>
<tr><td colspan="2">领导审批</td><td colspan="5">批准人：
年　月　日</td></tr>
<tr><td colspan="7">（本联存卷）　　　　　　　　　　　　　　（第一联）</td></tr>
</table>

××××人民法院

解除取保候审决定书（副本）

（××××）××刑×字第××号

本院于____年____月____日决定对被告人____此案采取取保候审的强制措施，现因____，本院决定对被告人____取保候审的强制措施予以解除。

××××年××月××日

（院印）

向被告人宣布的时间：____年____月____日　　　　被告人签名：

（第二联）

（三）取保候审决定书和解除取保候审决定书的填写说明

采用填充式，分为三联：第一联是审批联，由承办审判人员填写被告人、具保人的有关情况及取保候审的原因/解除取保候审的原因，送领导审批；第二联是副本，送交被告人所在单位或者当地公安派出所、基层组织；第三联是向被告人、具保人宣布的正本。宣布时，应告知被告人在取保候审期间必须随传随到，不得逃避审判；宣布后，由被告人和具保人签名或盖章。

（四）法条链接

《刑事诉讼法》第67条至第73条。

五、送达回证

与民事案件相同。

六、换押票和提押票

（一）换押票

1. 换押票的含义

换押票，是在受理刑事公诉案件后，将已由人民检察院羁押的犯罪嫌疑人转换为人民法院羁押时，向看守所办理换押手续的司法文书。

2. 换押票的文书样式

参考示例5-25。

示例 5-25

××××人民法院
换押票
（公诉案件用）

（××××）××刑×字第××号

______看守所：

你所羁押犯罪嫌疑人______（性别______，______年______月______日出生），______人民检察院指控其犯______罪，向本院提起公诉，经审查，我院已依法受理，请予换押。

审判员：
书记员：
××××年××月××日
（院印）

附注：

本联送交看守所

换押票（回执）

______人民法院：

根据你院______年______月______日（　　）刑______字第______号换押票，我所已将羁押的犯罪嫌疑人换押。

看守所所长：
××××年××月××日
（看守所印章）

附注：

本联由看守所填写，加盖看守所印章后，退回法院存卷。

3. 换押票的填写说明

换押票为二联填充式，一联送羁押犯罪嫌疑人的看守所，另一联是回执，由看守所填写并加盖公章后退回人民法院。换押票中有关栏目的内容要填写清楚，如果有需要说明的问题，可在“附注”栏说明。

（二）提押票

1. 提押票的含义

提押票，是对刑事案件中被羁押的犯罪嫌疑人，人民法院依法向看守所提押时使用的司法文书。

2. 提押票的文书样式

参考示例 5－26。

示例 5－26

××××人民法院
提押票
（刑事案件用）

（××××）××刑×字第××号

______看守所：

下列被告人一名，请准予提押。

审判员

书记员　　　　　　　　　　______年______月______日

被告人姓名	性别	出生日期	出生地
		年　月　日	
提出事由	提出时间及执行法警	换押时间和看守所值班民警	
	年　月　日　时　分 执行法警	年　月　日　时　分 值班民警	
	年　月　日　时　分 执行法警	年　月　日　时　分 值班民警	
	年　月　日　时　分 执行法警	年　月　日　时　分 值班民警	
	年　月　日　时　分 执行法警	年　月　日　时　分 值班民警	
备注：			

3. 提押票的填写说明

提押票为二联填充式，一联是存根，另一联是提押案犯时使用的正本，有关内容应按格式栏目准确填写，并加盖法院印章。

七、暂押犯罪嫌疑人释放通知书

（一）暂押犯罪嫌疑人释放通知书的含义

暂押犯罪嫌疑人释放通知书，是人民法院在审理刑事案件的过程中，对已经逮捕关押的犯罪嫌疑人，发现其是不应逮捕或因故应变更强制措施的，或者判决其无罪或免除刑罚处罚的，或者判处有期徒刑缓刑、拘役缓刑或管制等不需要在监内执行的刑罚后，通知羁押单位释放其出监的司法文书。

（二）暂押犯罪嫌疑人释放通知书的文书样式

参考示例5-27。

示例 5-27

××××人民法院
释放通知书

（××××）××刑×字第××号

________：

本院羁押在你所的被告人________，性别______，______年______月______日出生，______族，________人，现因________，决定予以释放，请即执行，并发给释放证明书。

××××年××月××日
（院印）

××××人民法院
释放通知书

（ ） 刑 字第 号

________：

本院羁押在你所的被告人________，性别______，______年______月______日出生，______族，________人，现因________，决定予以释放，请即执行，并发给释放证明书。

××××年××月××日
（院印）

（此联交羁押单位）

××××人民法院
释放通知书（回执）

（××××）××刑×字第××号

______人民法院：

根据你院（ ）（ ）刑______字第______号释放通知书，我所已于______年______月______日将释放，并已发给证明书。

××××年××月××日
（公章）

（此联由羁押单位填写并加盖公章后退回法院）

（三）暂押犯罪嫌疑人释放通知书的填写说明

暂押犯罪嫌疑人释放通知书分为三联，第一联是存稿，第二联是正文，第三联是回执。第一、二联的主要内容相同，填写其正文部分的要求是：填写被羁押人的姓名、性别、出生年月日、民族、籍贯；写明释放原因；希请予以释放并发给释放证明。第三联回执，由羁押单位填写、加盖公章，退回法院。

（四）法条链接

《刑事诉讼法》第94条、第260条、第265条。

第四节　行政审判庭书记员工作常用司法文书

一、行政诉讼受理案件通知书

（一）行政诉讼受理案件通知书的含义

行政诉讼受理案件通知书，是指人民法院对符合行政诉讼法定条件的起诉决定立案审理后，将受理决定及有关事项告知起诉人的司法文书。

（二）行政诉讼受理案件通知书的文书样式

参考示例5-28。

示例 5-28

××××人民法院
受理通知书

（××××）××××字第××号

×××：

你诉×××（被告）×××（案由）一案的起诉状已收到，本院已决定受理。现将有关事项通知如下：

一、当事人在诉讼过程中，有权行使法律规定的诉讼权利，同时必须遵守诉讼秩序，履行诉讼义务。

二、如需委托代理人代为诉讼，应向本院递交由委托人签名或盖章的授权委托书。授权委托书应当载明委托事项和委托权限。

三、应在接到本受理通知书的次日起24小时内，向本院预交案件受理费人民币______元，如未预交，又不提出缓交、减交、免交申请或者提出申请未获批准的，按自动撤诉处理，本院开户银行：　　　　　　账号：

××××年××月××日

（院印）

（三）行政诉讼受理案件通知书的填写说明

填写本通知书正文部分的要求是：

（1）写明其诉××单位××（案由）一案的起诉状已收到，本院决定受理。

(2) 分别写明应告的有关事项，一般有如下三项：

第一项交代诉讼权利义务；

第二项告知原告需委托诉讼代理人时应递交授权委托书；

第三项告知原告预交案件受理费的金额、时间以及本院的开户银行和账号。

3. 法条链接

《行政诉讼法》第12条、第13条、第51条、第102条。

《民事诉讼法》第118条、第126条。

二、行政案件应诉通知书

(一) 行政事件应诉通知书的含义

行政案件应诉通知书，是人民法院在受理行政案件后，通知被诉行政机关应诉的司法文书。

(二) 行政案件应诉通知书的文书样式

参考示例5-29。

示例 5-29

××××人民法院
应诉通知书
(供通知被告和被上诉人使用)

(××××) ××××字第××号

×××：

本院已受理×××（原告或者上诉人的姓名或名称）诉你方×××（案由）纠纷一案，现发送×诉状副本一份，并将有关事项通知如下：

一、当事人在诉讼过程中，有权依法行使法律规定的诉讼权利，同时必须遵守诉讼秩序，履行诉讼义务。

二、你方应当在收到×诉状之日起十五日内向本院提交答辩状一式×份。

三、法人或者其他组织参加诉讼的，应当提交法人或者其他组织资格证明以及法定代表人身份证明书或者负责人身份证明书。自然人参加诉讼的，应当提交身份证明。

四、需要委托代理人代为诉讼的，应当提交由委托人签名或者盖章的授权委托书，授权委托书应当按照法律的规定载明委托事项和权限。

××××年××月××日

(院印)

(三) 行政案件应诉通知书的填写说明

根据规定，填写本通知书正文部分的要求是：

(1) 写明原告的姓名或名称及对被告起诉的案件，现发送起诉状副本通知被告应诉。

(2) 分项写明应诉的有关事项，一般有如下四项：

第一项告知应诉过程中的诉讼权利义务；

第二项告知向本院移送据以作出行政处理决定的有关材料和期限，并提出答辩状；

第三项告知被告人须提交的身份证明材料；

第四项告知被告委托代理人应提交授权委托书。

（四）法条链接

《民事诉讼法》第125条、第268条。

三、拘留决定书和提前解除拘留决定书

（一）拘留决定书

1. 拘留决定书的含义

拘留决定书，是人民法院依法办理民事案件（含经济纠纷案件，下同）和行政案件中，对有严重妨害民事诉讼和行政诉讼的行为人，依法采取拘留强制措施所制作的司法文书。

2. 拘留决定书的文书样式

参考示例5-30。

示例 5-30

××××人民法院

拘留决定书

（××××）×××司惩××号

被拘留人：×××，……（写明姓名等基本信息）

本院在审理/执行（××××）××号（写明当事人及案由）一案中，查明……（写明被拘留人妨害民事诉讼行为的事实和予以罚款的理由）。

依照《中华人民共和国民事诉讼法》第×条第×款第×项规定，决定如下：

对××拘留××日。

如不服本决定，可以在收到决定书之日起三日内，口头或者书面向××××人民法院（写明上一级人民法院名称）申请复议一次。复议期间，不停止本决定的执行。

××××年××月××日

（院印）

3. 拘留决定书的填写说明

拘留决定书的内容和写法如下：

（1）首部。标题写“××××人民法院拘留决定书”，其下另起一行写案号（××××）×××字第××号，再另起一行写被拘留人的姓名、性别、出生年月日、民族、籍贯、职业、住址等。

（2）正文。这是决定书的主体部分。内容包括：1）查明认定的被拘留人妨害民事诉讼或者妨害行政诉讼的事实，行为的时间、地点、情况和后果等；2）阐明必须予以拘留的理由，并引用相应的法律条款；3）写明拘留的期限。

（3）尾部。要交代复议事项，表述为：“如不服本判决，可以在收到决定书之日起三日内，口头或者书面向××××人民法院申请复议一次。复议期间，不停止决定的执行。”

最后，写明决定日期，加盖法院印章。

4. 法条链接

《行政诉讼法》第 59 条、第 96 条。

《民事诉讼法》第 110 条至第 117 条。

（二）提前解除拘留决定书

1. 提前解除拘留决定书的含义

提前解除拘留决定书，根据《民事诉讼法》第 115 条，在拘留期间，被拘留人承认并改正错误的，人民法院可以决定提前解除拘留。决定提前解除拘留，应当制作提前解除拘留决定书。

2. 提前拘留决定书的文书样式

参考示例 5－31。

示例 5－31

××××人民法院
提前解除拘留决定书

（××××）×××司惩××号

被拘留人：×××，……（写明姓名等基本信息）

因××妨害民事/行政诉讼，本院于××××年××月××日作出（××××）×××司惩××号拘留决定书，决定对××拘留××日，已交由公安机关执行。在拘留期间，被拘留人×××……（写明承认并改正错误的事实以及提前解除拘留的理由）。

依照《中华人民共和国民事诉讼法》第一百一十五条第三款决定如下：

提前解除对××的拘留。

本决定一经作出即生效。

××××年××月××日
（院印）

3. 提前解除拘留决定书的填写说明

提前解除拘留决定书的内容和写法如下：

（1）首部，与拘留决定的写法基本相同，但标题应写为“提前解除拘留决定书”。

（2）正文部分，要简述被拘留人在拘留期间承认并改正错误的事实。对妨害民事诉讼的被拘留人，提前解除拘留的，在引用《民事诉讼法》第 115 条后，写“决定提前解除对×××的拘留”。对妨害行政诉讼的被拘留人，提前解除拘留的，因行政诉讼法中没有相应的条款可以引用，故可以直接写：“据此，本院决定提前解除对×××的拘留”。

（3）尾部，写明决定日期，加盖法院印章。

4. 法条链接

《民事诉讼法》第 115 条。

四、罚款决定书

（一）罚款决定书的含义

罚款决定书，是人民法院在办理民事案件和行政案件中，对有严重妨害民事诉讼和行政诉讼的行为人，依法予以罚款时制作的司法文书。

（二）罚款决定书的文书样式

参考示例5-32。

示例 5-32

××××人民法院
罚款决定书

（××××）×××司惩××号

被罚款人：×××，……（写明姓名或者名称等基本信息）

本院在审理/执行（××××）××号（写明当事人及案由）一案中，查明……（写明被罚款人妨害民事诉讼行为的事实和予以罚款的理由）。

依照《中华人民共和国民事诉讼法》第×条第×款第×项规定，决定如下：

对××罚款……元，限于××××年××月××日前交纳。

如不服本决定，可以在收到决定书之日起三日内，口头或者书面向××××人民法院（写明上一级人民法院名称）申请复议一次。复议期间，不停止本决定的执行。

××××年××月××日

（院印）

（三）罚款决定书的填写说明

本决定书的结构和写法，与拘留决定书基本相同。首部的标题为“罚款决定书”，写明案号、被罚款人的姓名或名称及其他基本情况。被罚款的主体可以是自然人，也可以是法人或者其他组织。正文部分，要写明被罚款人妨害民事诉讼或行政诉讼的事实和应当予以罚款的理由，引用相应的法律条款决定“对×××罚款×××元，限于××××年××月××日前交纳”。尾部，写明决定日期，加盖法院印章。

（四）法条链接

《行政诉讼法》第59条、第96条。

五、行政案件参加诉讼通知书

（一）行政案件参加诉讼通知书的含义

行政案件参加诉讼通知书，是人民法院在受理行政案件之后，对没有参加起诉或没有被诉而又符合条件、必须共同进行诉讼的当事人和法律上有利害关系的第三人等，依法通知其参加诉讼的司法文书。

（二）行政案件参加诉讼通知书的文书样式

参考示例5-33。

示例 5-33

××××人民法院
参加诉讼通知书

（××××）××××字第××号

×××：

本院受理×××（起诉人）诉×××（被告）×××（案由）一案后，发现你与本案的处理存在法律上的利害关系，依据《中华人民共和国行政诉讼法》第二十九条之规定，通知你作为本案第三人参加诉讼，现将有关参加诉讼事项通知如下：

一、当事人在诉讼过程中，有权行使法律规定的诉讼权利，同时必须遵守诉讼秩序，履行诉讼义务。

二、自然人参加诉讼的，应当在接到本通知书之日起十日内提交身份证明。法人或者其他组织参加诉讼的，应在接到本通知书之日起十日内，提交法人或者其他组织资格证明以及法定代表人身份证明书或者负责人身份证明书。

三、如需委托代理人代为诉讼，应向本院递交由委托人签名或盖章的授权委托书。授权委托书应当载明委托事项和委托权限。

××××年××月××日

（院印）

（三）行政案件参加诉讼通知书的填写说明

填写本通知书正文部分的要求如下：

（1）写明案件的原、被告的姓名或名称和案由。

（2）写明被通知参加诉讼的当事人或第三方的姓名或名称及缘由和法律根据。

（3）写明参加诉讼人的诉讼称谓。

（四）法条链接

《行政诉讼法》第 29 条。

【引例解答】

在本章的引例中，书记员小王用错了文书形式，对于判决书中的文字错误应该使用裁定书来加以纠正而不是使用决定书。

【本章小结】

本章涉及的司法文书比较多，为了方便大家使用，我们进行了民事、刑事、行政司法文书的划分，而其中存在一定的相互重叠的部分。大家在学习时首先要注意第一节中关于人民法院司法文书的总体讲述部分，司法文书使用制作的总体规范是具有共性的内容，需要认真掌握。对于各种文书具体的格式，在实践中各人民法院的样式会存在差异，具体运用时在遵循总体规范的基础上稍加变通即可。

【课后思考题】

1. 人民法院司法文书在制作和使用中有哪些要注意的事项？

2. 书记员小王要跟法官去银行查封一家公司的存款，请问他应该使用什么文书，应注意哪些问题？

3. 案件当事人赵某认为主审法官张某与对方当事人是同学，有利害关系，向人民法院提出了回避申请。法院对赵某申请回避的答复，请问应该使用什么文书，是通知书、裁定书、决定书还是判决书呢？

第六章　人民法院笔录类文书制作

☆你所说的话不一定正确，但我誓死捍卫你说话的权利。

——（英）伏尔泰

☆司法解决纠纷的过程，本质上讲是寻找事实、寻找法律的过程。

——最高人民法院院长　周强

【本章提要】

笔录制作是书记员最核心的工作任务。《人民法院组织法》第49条："人民法院的书记员负责法庭审理记录等审判辅助事务。"

人民法院通过书记员笔录制作工作，将人民法院的整个诉讼活动最终以笔录的形式定格，成为日后裁判的依据，上级人民法院、检察院以及社会各界监督、检查法院工作的重要凭证。因此，从某种意义讲书记员笔录制作完成的效果如何，将直接影响法官乃至整个法院的审判质量、效果与社会声誉。本章将讲授各类笔录的制作规范和具体要求，使同学们能够掌握这项重要的工作。

【能力目标】

1. 掌握人民法院笔录类文书的特征。
2. 掌握刑事、民事、行政案件通用笔录的制作规范和具体要求。
3. 了解人工智能语音识别技术，有效适应"智慧法院"建设要求。

【学习建议】

1. 笔录制作要以扎实的速录技能为基础，保证同步反映全部庭审活动的真实情况。

2. 注意总结典型案件记录要点，为准确记录做好充分准备。

3. 2016年3月，国家提出继续深化司法公开，依托现代人工智能，加快建设"智慧法院"。人工智能语音识别技术的应用，为当今书记员的笔录制作工作提供了极大的便利，了解人工智能语音识别技术的应用，做高效、规范的新时代书记员。

【引例】

小孟是某法院刑事审判庭的书记员，在准备一起强奸案件的庭审笔录时，小孟直接套用之前的模板，将被告人李某性别男记成女，本案为不公开审理案件，小孟的笔录上还记录着“公开开庭审理”。事后，小孟非常自责，那么如何才能做好笔录制作这项工作呢？

第一节 人民法院笔录类文书制作概述

一、人民法院笔录类文书的概念及特征

（一）人民法院笔录类文书的概念

人民法院笔录类文书是人民法院依照法定程序，以文字形式如实记录诉讼活动或非诉讼活动的文书，主要包括庭审笔录、评议笔录、庭前会议笔录等，是法官裁判的重要依据，也是诉讼文书和案卷材料不可或缺的重要组成部分。

（二）人民法院笔录类文书的特征

1. 制作主体的特定性

人民法院笔录类文书的制作主体是书记员。《民事诉讼法》第147条规定，书记员应当将法庭审理的全部活动记入笔录，由审判人员和书记员签名。法庭笔录应当当庭宣读，也可以告知当事人和其他诉讼参与人当庭或者在五日内阅读。当事人和其他诉讼参与人认为对自己的陈述记录有遗漏或者差错的，有权申请补正。如果不予补正，应当将申请记录在案。法庭笔录由当事人和其他诉讼参与人签名或者盖章。拒绝签名盖章的，记明情况附卷。《刑事诉讼法》第207条规定，法庭审判的全部活动，应当由书记员写成笔录，经审判长审阅后，由审判长和书记员签名。法庭笔录中的证人证言部分，应当当庭宣读或者交给证人阅读。证人在承认没有错误后，应当签名或者盖章。法庭笔录应当交给当事人阅读或者向他宣读。当事人认为记载有遗漏或者差错的，可以请求补充或者改正。当事人承认没有错误后，应当签名或者盖章。

2. 笔录制作的规范性

人民法院笔录类文书是法院诉讼文书的一部分，应当严格遵守《法院诉讼文书样式（试行）》的规定。笔录内容不论是一般填充还是根据案件诉讼活动记录、拟制，都应当力求规范化、样式化、标准化，不能随意更改和简略。

审判笔录制作应当用规范的汉语语言文字的形式表现。根据刑事诉讼法、民事诉讼法、行政诉讼法的规定，在少数民族聚居或者多民族共同居住的地区，人民法院应当用当地民族通用的语言、文字形式表现。此外，其他的诸如速记法、拼音文字均不得作为正式的笔录形式出现。因此，需要注意的是，依据2017年《最高人民法院庭审录音录像的若干规定》第8条的规定，适用简易程序审理的民事案件的庭审录音录像，经当事人同意，可以替代法庭笔录。

3. 笔录制作的八字准则

书记员制作人民法院笔录类文书须符合八字准则，即准确、全面、高效、整洁。

（1）准确。准确即要求书记员制作笔录必须以事实为根据，实事求是地反映法官的各项审判活动、程序、顺序和具体内容，笔录制作不得主观臆断、遗漏、缺项。同时，书记员制作的审判笔录从版面、格式、段落，到每个段落的字、词、句都要清晰易辨。

（2）全面。全面即要求书记员制作审判笔录应完整地反映法官审理案件的各项活动以及不同活动的具体内容，特别是涉及案件事实和法律适用的关键问题和细节，都应全面记录，切不可随意取舍。

（3）高效。高效即要求书记员制作审判笔录的节奏要与法官审判活动节奏同步，记录法官审判活动的各项内容同法官审理案件活动的各项内容同步；完成各项相关辅助审判活动的时间与法官审结案件的审限要求同步，以保证法官各项审判活动顺利、如期、保质完成。

（4）整洁。整洁即要求书记员制作笔录时，应保证各项审判活动的每份记录材料都必须清晰、整洁；印制并对外送达的各种法律文书必须齐全、整洁；形成案卷的卷宗外观必须规范、整洁，符合归档要求。

近年来，全国各地法院系统都在不断加快“智慧法院”建设步伐，不断深化信息化的应用。其中，智能语音庭审系统、合议庭评议音字转换智能系统的推广应用，作为推进数据法院、智慧法院建设的重要举措之一，也为书记员的笔录制作工作提供了极大的便利。根据杭州西湖区人民法院反馈的数据来看，智能庭审语音识别系统可以同步记录庭中法官和诉讼参与人说的话，并出现在大屏幕上，迟延不超过300毫秒，可以不时进行自动纠错。甚至，智能语音系统还能“学习方言”，人工智能ET具备智能语音交互、图像/视频识别、交通预测、情感分析等技能。即便对于带口音的当事人，人工智能ET也能快速学习，并精确解读。法庭里，用人工智能语音识别技术把语言实时转化成文字，直接在电脑上生成庭审笔录，法院审判全程留痕，书记员只需要检查校对即可。

二、人民法院笔录类文书的作用

（一）人民法院笔录类文书制作是人民法院行使审判权的具体表现形式之一

书记员制作笔录是人民法院行使审判权的具体表现形式之一。法官通过书记员的记录工作辅助其审判职权的发挥，同时庭审笔录的制作也是法官裁判的客观依据，没有笔录制作，审判活动无法进行，人民法院的审判权也无法实现。因此，法院笔录制作是审判工作的重要组成部分，书记员笔录在审判工作中具有特定的作用和意义，不可轻视。

（二）人民法院笔录类文书是人民法院进行审判活动的基础

人民法院行使国家审判权解决刑事、民事、行政等案件的争议、定分止争。人民法院行使审判权是靠法律裁判文书体现的，法律裁判文书的制作基础是证据和法律，而认定证据、适用法律的各项审判活动都以各种书记员的笔录为基础，都要通过笔录的形式记载反映。因此，书记员的笔录制作工作是人民法院重要的、基础性的工作，是人民法院进行审判活动的基础。

（三）人民法院笔录类文书是诉讼证据或证据的重要表现形式之一

法院笔录是诉讼证据或证据的重要表现形式之一。一方面，根据《刑事诉讼法》《民事诉讼法》《行政诉讼法》关于证据种类的规定，有些法院笔录本身就是证据，比如勘验笔录。另一方面，有些笔录本身虽然不是证据，但也是证据的重要表现形式，比如，证人证言往往通过调查笔录来表现。

（四）人民法院笔录类文书是检验审判工作质量的重要依据

书记员通过各种笔录的制作最终将各类审判活动以静态形式分别进行定格、定位，并通过案件卷宗形式完整表现出来。由于上级法院检查与评价下级法院乃至法官审判活动的质量、效果，以及领导机关、社会监督法院工作，通常都是通过法院审理案件的静态形式载体即案件的卷宗进行，因此，法院书记员笔录质量的好坏将直接影响法官乃至整个法院的审判质量以及社会公信力，成为检验人民法院审判工作质量的重要依据。

需要说明的是，最高人民法院《关于进一步推进案件繁简分流优化司法资源配置的若干意见》（法发〔2016〕21号）第11条提出："推行庭审记录方式改革。积极开发利用智能语音识别技术，实现庭审语音同步转化为文字并生成法庭笔录。落实庭审活动全程录音录像的要求，探索使用庭审录音录像简化或者替代书记员法庭记录。"这对书记员庭审记录工作的改变提供了制度依据和技术导向，将极大提升书记员庭审记录工作的效率和品质。

第二节　刑事、民事和行政审判笔录的制作

一、刑事、民事和行政通用审判笔录的制作

在我国的刑事、民事和行政案件的诉讼活动中，一些司法诉讼程序是相同的，比如：庭前会议、庭审、调解、合议庭评议、审判委员会评议以及宣判，这些诉讼程序无论是在刑事审判、民事审判或是行政审判的过程中都有可能适用。那么，记录这些诉讼活动的法院笔录也就有了通用的诉讼文书格式。

（一）准备庭笔录

1. 准备庭笔录的含义

准备庭笔录是指书记员根据准备庭（即由承办案件的法官或人民陪审员组成）所进行的诉讼活动而实时制作的笔录。准备庭笔录的制作要点包括具体案件能否开庭审理、审判技巧的确定以及可能发生的突发事件的处理。

2. 准备庭笔录的格式

准备庭笔录的格式一般由标题、首部、正文、尾部四部分组成。主要内容包括准备庭的开庭时间、准备庭的组成人员、书记员、准备庭笔录的正文、尾部。民事、行政案件用"准备庭笔录"见示例6-1，刑事案件用"准备庭笔录"见示例6-2。

示例6-1

准备庭笔录（民事、行政案件用）

本院于______年______月______日由审判员××担任审判长与审判员张三、人民陪审员李四组成准备庭，书记员××担任记录。

审判长：原告××与被告××劳动争议纠纷一案，本院受理后，经审查主体资格合法，建议公开开庭审理。

张三：同意。

李四：同意。

决议：

一、本院定于××年×月×日×时×分在本院×室公开开庭审理。

二、提前三日下传票，传唤当事人准时到庭。

三、提前三日发布公告。

审　判　长：
审　判　员：
人民陪审员：
书　记　员：

示例 6－2

准备庭笔录（刑事案件用）

本院于______年______月______日由审判员（庭长、院长）______担任审判长与______、______组成合议庭。书记员______担任记录。审查了控告________________一案。

审判长：介绍案情

被告人______________自然情况及公诉机关指控的犯罪事实详见起诉书副本。（略）

经审查，公诉机关已将该案的证据目录、证人名单及主要证据的复印件送交我院，我认为本案可以审理。

______：均同意审判长的意见。

准备庭决定：

1. 本案定于______年______月______日______午______时______分在本院______号楼审判庭公开（不公开）开庭审理；

2. 本案由本院______担任审判长，与______、______依法组成合议庭，书记员______担任记录；

3. 即日向被告送达起诉状副本；

4. 发公告（注：不公开审理的无此项）；

5. 开庭前三日通知公诉人、诉讼参与人开庭时间、地点。

审　判　长：
审　判　员：
人民陪审员：
年　月　日
书记员：

（二）庭前会议笔录

庭前会议不是法庭审理前的必经程序，它是人民法院在法庭审理前根据案件的复杂程度或者其他需要，召集相关人员了解事实与证据情况，听取双方的意见，整理争议焦点，为庭审安排进行的准备活动。庭前会议可以采用视频会议等方式进行。庭前会议情况应当制作笔录，由参会人员核对后签名。

1. 民事案件、行政案件庭前会议笔录制作

根据案件具体情况，民事案件、行政案件庭前会议笔录制作可以包括下列内容：(1) 通知参会人员情况；(2) 核实参会人员情况；(3) 明确原告的诉讼请求和被告的答辩意见；(4) 审查处理当事人增加、变更诉讼请求的申请和提出的反诉，以及第三人提出的与本案有关的诉讼请求；(5) 根据当事人的申请决定调查收集证据，委托鉴定，要求当事人提供证据，进行勘验，进行证据保全；(6) 组织交换证据；(7) 归纳争议焦点；(8) 进行调解。

2. 刑事案件庭前会议笔录制作

人民法院适用普通程序审理刑事案件，对于证据材料较多、案情疑难复杂、社会影响重大或者控辩双方对事实证据存在较大争议等情形的，可以决定在开庭审理前召开庭前会议。控辩双方可以申请人民法院召开庭前会议。申请召开庭前会议的，应当说明需要处理的事项。人民法院经审查认为有必要的，应当决定召开庭前会议；决定不召开庭前会议的，应当告知申请人。被告人及其辩护人在开庭审理前申请排除非法证据，并依照法律规定提供相关线索或者材料的，人民法院应当召开庭前会议。

刑事案件庭前会议笔录主要包括下列内容：(1) 通知参会人员情况；(2) 核实参会人员情况；(3) 是否对案件管辖有异议；(4) 是否申请有关人员回避；(5) 是否申请不公开审理；(6) 是否申请排除非法证据；(7) 是否申请提供新的证据材料；(8) 是否申请重新鉴定或者勘验；(9) 是否申请调取在侦查、审查起诉期间公安机关、人民检察院收集但未随案移送的证明被告人无罪或者罪轻的证据材料；(10) 是否申请向证人或有关单位、个人收集、调取证据材料；(11) 是否申请证人、鉴定人、侦查人员、有专门知识的人出庭，是否对出庭人员名单有异议；(12) 与审判相关的其他问题。

(三) 法庭审理笔录

1. 法庭审理笔录的含义

法庭审理笔录也称庭审笔录，是指书记员对于在庭审过程中审判人员以及诉讼参与人的诉讼行为所实时制作的笔录。法庭审理笔录是审判笔录体系中的最基本表现形式，是考核书记员记录水平与能力最主要的载体，因而也是从审判实体到审判程序、从记录形式到记录内容、从记录效率到记录耐力等方面对书记员压力最大、要求最严格的笔录。

2. 法庭审理笔录的格式

法庭审理笔录的格式一般由标题、首部、正文、尾部四部分组成。主要内容包括：开庭时间；开庭地点；是否公开审理；旁听人数；合议庭组成人员、书记员；审判长（员）宣布开庭审理该案；法庭审理笔录的正文；尾部。(参见示例 6－3)

示例 6－3

法庭审理笔录（第　次）

（各类案件通用）

时间：______年______月______日______时______分至______时______分。

地点：

是否公开审理：

旁听人数：
审判长：
审判员：
审判员（人民陪审员）：
书记员：
审判长（员）宣布开庭审理____________一案。
书记员宣布法庭纪律

审判长宣布开庭：
（法庭审理笔录的正文）
?
:
?
:

合议庭成员签字：
书记员签字：

经验提示6-1

制作高质量的法庭审理笔录，要求书记员必须养成提前阅卷的习惯。一方面，提前阅卷可以保证书记员能够排除疑难字词的障碍，做到有备无患，防止出现诸如将“调解”写成“调节”，将“诉讼中止”写成“诉讼终止”，将“公私财物”写成“公司财务”，将判决赔偿的金额50 000元写成50 000万元的失职行为。另一方面，提前阅卷可以保证书记员在庭审记录的过程中理清审理思路、抓住庭审要点，其中刑事案件、民事案件、行政案件的庭审笔录制作要点如下：

刑事案件庭审笔录的制作。刑事审判庭的书记员通过预先阅读案卷来掌握以下几个方面：合议庭成员在审理中的具体分工；明确起诉书指控的犯罪事实部分的重点和罪行、量刑方面的要点；了解控辩双方拟当庭宣读、出示的证人书面证词、物证和其他证据的目录；分析庭审中可能出现的问题及法官欲采取的措施等方面的情况。此外，鉴于刑事自诉案件的自身特点，书记员在刑事自诉案件中还应注意：(1) 当事人称谓上的不同，在自诉案件中称自诉人、被告人；(2) 自诉人提出附带民事诉讼的，应记明自诉人提出附带民事诉讼的依据、具体内容及理由；(3) 被告人的答辩；(4) 被告人提起反诉的，要记明提出反诉的事实、理由、依据。若当事人双方自行和解或者撤回自诉的，应当记明情况附卷，并由自诉人、被告人双方签名、盖章，可以同时要求自诉人具写撤回起诉书。

民事案件庭审笔录的制作。民事审判庭的书记员通过预先阅读案件来掌握以下几个方面：(1) 正确记录民事案件当事人和其他诉讼参与人的称谓。民事案件当事人和其他诉讼参与人的称谓不同于刑事案件，在一审、二审等不同的程序中也各不相同，记录时要注意加以区分，避免混淆；(2) 明确原告提出的诉讼请求和被告方的答辩意见；(3) 明确案件的争议焦点；(4) 明确双方的举证责任；(5) 了解原、被告双方拟当庭宣读、出示的证人书面证词、物证和其他证据的目录等。

行政案件庭审笔录的制作。行政审判庭的书记员通过预先阅读案件来掌握以下几个方面：(1) 明确案件的争议焦点；(2) 明确双方的举证责任；(3) 明确原告提出的诉讼请求和被告方的答辩意见；(4) 被告认为自己的行政行为合法的实体要件和程序要件。

经验提示6-2

开庭时，审判长依法核对当事人是否到庭，宣布案由，宣布合议庭的组成人员、书记员、公诉人、辩护人、诉讼代理人、鉴定人和翻译人员名单，告知当事人诉讼权利和义务，是否申请回避等，均应记入笔录。此外，在审理刑事案件过程中，可能会涉及核查被告人认罪认罚适用情况，包括：被告人是否自愿认罪认罚，签订认罪认罚具结书时律师或者值班律师是否在场等情况，书记员均应记入笔录。

经验提示6-3

对于召开过庭前会议的刑事案件，在开庭审理时，在公诉人宣读起诉书后，法庭应当宣布庭前会议报告，说明庭前会议的基本情况、与审判相关问题的处理结果、控辩双方的争议焦点以及就相关事项达成的一致意见等。因此，书记员对于此类案件庭审笔录准备时，可以与审判人员提前沟通，在庭审笔录中提前做好相关准备。

经验提示6-4

法庭调查阶段的记录一定要准确、具体。对审判长（员）的询问，要记清要点和关键性问话。若遇到多名诉讼当事人的案件，对每个人的问答要分别记明。此外，在法庭核对有关证据的过程中，如出示书证、物证的，宣读证据材料的，应记明出示书证、物证的名称，证据材料的证明要点和出处；控、辩双方对证据、证人提出的质证意见、辩护意见要重点记清。证人证言的说法变化，被告人对证据的意见都应完整、翔实地记录。

经验提示6-5

书记员应当将法庭审理的全部活动记入笔录，由审判人员和书记员签名。法庭笔录应当当庭宣读，也可以告知当事人和其他诉讼参与人当庭或者在五日内阅读。当事人和其他诉讼参与人认为对自己的陈述记录有遗漏或者差错的，有权申请补正。如果不予补正，应当将申请记录在案。法庭笔录由当事人和其他诉讼参与人签名或者盖章。拒绝签名盖章的，记明情况附卷。

经验提示6-6

制作好的庭审笔录，需要书记员与审判长（员）密切配合、达成默契。这里，需要书记员一方面注意审判长（员）开庭审理时一般采用的做法、思考方式，另一方面注意掌握审判长（员）的庭审提纲、庭审要点和重点，明确哪些内容应当详尽、具体，哪些内容可以简略，做到庭审记录时得心应手。

经验提示6-7

法庭审理笔录是审判活动中的关键环节，在各种笔录中是要求最高的，做好法庭审理笔录不仅需要较为扎实的法律知识和文字基本功，而且开庭审理时更要全神贯注，通过听觉、视觉、思维等活动将庭审情况及时、准确地反映到记录上，要观察敏锐，快速反应，做到听准、看准、记准，制作法庭审理笔录时切忌分心走神，影响工作。

经验提示 6-8

在庭审过程中，如有诉讼参与人违反法庭秩序和规则，被法官制止、警告或依法采取措施的情况，以及法庭审理过程中发生的意外情况和反常情况，均应记入法庭审理笔录。

(三) 调解笔录

1. 调解笔录的含义

调解笔录是书记员在主审法官依据查明的案件事实，就案件双方当事人争议的实体权利与义务内容，依法对双方当事人进行协调和解时制作的笔录。

2. 调解笔录的格式

调解笔录的内容主要包括：调解时间、地点；审判员、书记员签名；被邀协助调解人员姓名、工作单位或职务；调解的经过和结果；当事人签名或盖章。（参见示例 6-4）

示例 6-4

调解笔录

（各类调解案件通用）

时间：______年______月______日______时______分至______时______分。

地点：

审判人员：

书记员：

被邀协助调解人员：

调解经过和结果：

（首先核对当事人，宣布案由，告知诉讼权利和义务等。）

当事人签名或盖章：

经验提示 6-9

调解笔录普遍适用于民事审判的过程中，是民事案件结案的重要法定形式。在刑事审判中，调解笔录仅仅适用于刑事自诉案件中的告诉才处理的案件，以及被害人有证据证明的轻微刑事案件，其他案件均不得进行调解。在行政审判中，调解的适用范围更小，仅仅适用于赔偿诉讼，即行政赔偿调解笔录。书记员在记录行政赔偿调解笔录时应根据行政诉讼的特点分别记清双方当事人的具体调解条件、意见。行政诉讼调解中，原告可以放弃或处分自己请求赔偿的权利，被告行政机关在一定范围内一定程度上也有处分权，笔录应对双方当事人的调解意见根据不同情况准确记录。

经验提示 6-10

关于调解内容的记录可以有两种形式：一是在开庭审理中法庭辩论结束前进行的法庭调解，应记入法庭审理笔录，不适用法律诉讼文书样式规定的调解笔录格式；二是根据我国法律有关婚姻制度的规定，人民法院审理离婚案件，应当进行调解，必须制作调解笔录。

经验提示 6-11

由于调解书具有法律效力，所以当事人达成调解协议的内容应当如实、具体、准确地记录，重点记录当事人提出的调解条件、达成协议的事项以及执行方式，以便当事人自觉履行或人民法院强制执行。

（四）合议庭评议笔录

1. 合议庭评议笔录的含义

合议庭评议笔录是指在审判长宣布休庭后，合议庭根据已经查明的事实、证据和有关的法律规定进行评议时所作的文字记载。评议笔录是审判笔录中的永久性保密笔录，除本院院长、主管院长、合议庭成员外，其他任何机关、组织和个人未经院长、主管院长批准均不得调取或查阅。由于合议庭评议案件的内容与如何认定案件性质、如何裁判案件休戚相关，因此，对笔录制作的要求也相对较高，要求客观、全面、真实、原貌。

2. 合议庭评议笔录的格式

合议庭评议笔录由标题、首部、正文、尾部四部分组成，具体内容包括评议时间、评议地点、合议庭成员名单、审判长、案件主审人、书记员、评议案由、评议内容，评议笔录结尾处由合议庭成员分别签名。（参见示例 6－5）

示例 6－5

合议庭评议笔录
（各类案件通用）

时间：______年______月______日______时______分至______时______分。
地点：
合议庭成员：
审判长：
案件主审人：
书记员：
评议：____________一案。
记录如下：

合议庭成员签名：

经验提示 6－12

合议庭评议笔录应如实记录合议庭组成人员评议意见。如果意见有分歧，应该按照多数人的意见作出决定，但少数人的意见应写入笔录，不可省略，评议笔录由合议庭组成人员审阅确认无误后签名。刑事、民事和行政案件合议庭评议笔录的记录要点如下：

刑事案件合议庭评议笔录记录要点包括：合议庭成员对案件事实、证据、性质的认定和适用法律的评议意见，附带民事诉讼的处理意见。此外，二审案件评议时还应注意记明对一审判决、裁定的意见、理由和根据。

民事案件合议庭评议笔录记录要点包括：负有举证责任一方举证是否充分、证据能否被采信及是否具有证明力、证据之间能否形成一个完整的证据链条；案件事实的确认；适用法律的意见。此外，二审案件评议时还应注意记明对一审判决、裁定的意见、理由和根据。

行政案件的合议庭评议笔录记录要点包括：合议庭评议被诉具体行政行为的合法性或者显失公平的行政处罚行为的合理性。具体包括：被诉具体行政行为的执法主体是否合法、执法依据是否合法、执法程序是否合法、事实认定是否正确。此外，对于赔偿诉讼案件，需要重点记录对于原告方因为违法的行政行为所受到的损害程度的证据的认定。

经验提示 6-13

针对重大、疑难、复杂而且存在法律适用标准不统一的民事、刑事、行政案件，合议庭可以将案件法律适用问题提交各自的专业法官会议研究讨论，专业法官会议的讨论意见供合议庭复议时参考，采纳与否由合议庭决定，书记员应当制作讨论记录，并入卷备查。

（五）审判委员会讨论案件笔录

1. 审判委员会讨论案件笔录的含义

审判委员会讨论案件笔录是人民法院审判委员会讨论决定重大、疑难、复杂案件的法律适用问题时所作的笔录。审判委员会评议实行全程留痕，录音、录像，作出会议记录。书记员在制作该笔录时应如实记录审判委员会委员讨论案件时发表的意见，所有参加讨论和表决的委员应当在审判委员会会议记录上签名。

2. 审判委员会讨论案件笔录的格式

审判委员会讨论案件笔录格式由标题、首部、正文、尾部四部分组成，其具体内容包括：讨论案件的时间、地点；会议主持人；出席委员、列席人员姓名、单位、职务；案件主审人、记录人；讨论案由；正文内容。（参见示例 6-6）

示例 6-6

审判委员会讨论案件笔录

（第______次会议）

（各类案件通用）

时间：______年______月______日______时______分至______时______分。

地点：

会议主持人：

出席委员：

列席人员：

案件主审人：

记录人：

讨论________________一案。

记录如下：

审判委员会委员（签名）

记录人（签名）

（六）调查笔录

1. 调查笔录的含义

刑事案件的调查笔录是指人民法院根据《刑事诉讼法》第 196 条的规定，在办理刑事案件过程中，为查明案情和核实证据，依法向了解情况的人进行调查、询问时所作的文字记载。其主要作用是：首先，有的调查笔录能证明一定事实的存在，可作为定罪量刑、分清是非的重要证据；其次，有的调查笔录能提供有价值的情况，可作为分析判断案情的重要参考材料，有利于迅速、准确地查明案件的全部情况。因此，必须认真制作调查笔录。

民事案件调查笔录是指人民法院在审理民事案件中，调查收集证据时制作的笔录。依据《民事诉讼法》第 130 条的规定，人民法院派出人员进行调查时，应当向被调查人出示证件。调查笔录经被调查人校阅后，由被调查人、调查人签名或者盖章。

行政审判调查笔录是指人民法院审理行政案件过程中，为核实已有证据的真实性、关联性、合法性而依法调取证据时制作的笔录。《行政诉讼法》第 86 条规定：人民法院对上诉案件，应当组成合议庭，开庭审理。经过阅卷、调查和询问当事人，对没有提出新的事实、证据或者理由，合议庭认为不需要开庭审理的，也可以不开庭审理。

2. 调查笔录的格式

虽然调查笔录的内涵因为适用案件性质的不同而各有特色，但调查笔录的格式是统一的，一般由标题、首部、正文、尾部四部分组成。具体包括：调查时间；调查地点；调查人和记录人签名；被调查人应写明姓名、性别、出生年月日、民族、籍贯、文化程度、职业或工作单位和职务、住址；被调查人如果是证人或其他人时，询问证人或者其他有关人员的笔录中应写明与当事人的关系；询问证人时，还应当告知证人应如实地提供证言，如有意作伪证或者隐匿证据，要负法律责任；正文内容；尾部应由被调查人、调查人和记录人签名或盖章。

（七）勘验检查笔录

1. 勘验检查笔录的含义

刑事诉讼法规定勘验检查笔录是刑事诉讼的证据之一。依据《刑事诉讼法》第 196 条的规定，法庭审理过程中，合议庭对证据有疑问的，可以宣布休庭，对证据进行调查核实。人民法院调查核实证据，可以进行勘验、检查。勘验检查笔录是审理刑事案件时书记员制作的对刑事案件现场及有关场所、物品、痕迹等进行勘验、检查的笔录。

2. 勘验检查笔录的格式

根据最高人民法院制定的法院诉讼文书相关规定，刑事、民事、行政案件具有通用的勘验笔录样式，具体内容包括：勘验时间；天气情况，勘验地址和场所；勘验人；记录人；在场当事人或其成年家属；被邀参加人；勘验对象；勘验情况和结果；勘验人、记录人、当事人或其成年家属和被邀参加人等分别签名或盖章。（参见示例 6－7）

示例 6－7

勘验检查笔录

（各类案件通用）

时间：______年______月______日______时______分至______时______分。

天气情况：

勘验地址和场所：

勘验人：

记录人：

在场当事人或其成年家属：

被邀参加人：

勘验对象：

勘验情况和结果：

经验提示 6－14

第一，记录勘验笔录时，如果当事人或其成年家属拒不到场，应将情况记入笔录。第二，被邀参加人是指人民法院邀请的当地基层组织或者有关单位的人员，笔录中应写明被邀参加人的姓名、性别、工作单位和职业等。第三，勘验情况和过程是勘验笔录的重点部分，应当尽可能地具体记录。如勘验的具体地点、位置环境、现场内部、中心部位的地形、物品；现场的走道、门窗、楼梯、家具陈设、物品放置有无损坏、损坏的程度，作为被损害对象的人、物所受害的具体情况，有无血迹，损害的具体尺寸；有无现场提供的物证等。需要现场照相、绘制现场图的还应照相和绘图。第四，勘验笔录的记录顺序一般应与实际勘验的顺序相一致，避免记载混乱，发生遗漏和不必要的重复。第五，勘验笔录的制作应当力求准确、恰当、简练，不能含糊其词、模棱两可。第六，财产笔录应把财产名称、特征、规格、数量记清，财产比较多的情况下，可通过清点编号记载。第七，绘制现场图应力求方法准确，比例恰当，图样清楚、规范，线条清晰。绘制现场方位图、现场全貌图、现场局部图，必要时可绘制立体图。第八，现场照片也是勘验笔录的重要附件和组成部分，在勘验笔录中起着其他形式无法替代的作用。因此，现场照相必须做到影像清晰、逼真，主题突出，使人看后一目了然。现场照相一般可按勘验的目的和要求，分别采用防伪照相、概览照相、中心照相、细目照相等方法，现场照片顺序编排，应先方位照片，后全貌照片，再中心照片，最后细目照片，依次粘贴在规定的纸片上，层层展开，环环相扣，最后装卷时与勘验笔录附在一起。

（八）宣判笔录

1. 宣判笔录的含义

宣判笔录是书记员在主审法官向案件当事人宣布案件裁判结果，并告知案件宣判后当事人享有的相关诉讼权利与义务时制作的笔录。宣判笔录的制作，标志着案件本级诉讼程序的结束。

宣判包括当庭宣判和定期宣判两种：当庭宣判的无须另外制作宣判笔录，可在法庭审理笔录中宣判阶段继续记录；定期宣判的，应单独制作宣判笔录。

2. 宣判笔录的格式

宣判（定期）笔录由标题、首部、正文、尾部四部分组成，具体内容包括：宣判时间；宣判地点；旁听人数；审判长、书记员签名；到庭的公诉人；到庭的当事人和其他诉讼参与人；正文内容；签名。（参见示例 6－8）

示例 6－8

宣判笔录

（各类案件通用）

时间：______年______月______日______时______分至______时______分。

地点：

旁听人数：

审判长（员）：

书记员：

到庭的公诉人：

到庭的当事人和其他诉讼参与人：

宣读______人民法院（　　）字第______号判决书，并告知有关事项。宣判后当事人的表示：

经验提示 6－15

一审宣判后，应告知被告人上诉权利、上诉期限以及上诉审法院，询问被告是否上诉，并将被告人回答的情况如实记入笔录。如果是当庭宣告判决的，记录时应有宣布的判决主文，其他内容则可省略。此外，根据《民事诉讼法》第148条的规定，人民法院对公开审理或者不公开审理的案件，一律公开宣告判决。当庭宣判的，应当在十日内发送判决书；定期宣判的，宣判后立即发给判决书。宣告判决时，必须告知当事人上诉权利、上诉期限和上诉的法院。宣告离婚判决，必须告知当事人在判决发生法律效力前不得另行结婚。

二、刑事审判特有笔录的制作

刑事公诉案件是指依法由享有刑事追诉权的国家专门机关，代表国家和公众向法院起诉，要求审判机关追究被告人刑事责任的案件。刑事公诉案件中的特有笔录包括：送达起诉书副本笔录；讯问笔录；验明正身笔录；执行死刑笔录。

（一）送达起诉书副本笔录

1. 送达起诉书副本笔录的含义

送达起诉书副本笔录是人民法院审理刑事公诉案件向被告人送达人民检察院起诉书副本时使用的笔录。

2. 送达起诉书副本笔录的格式

送达起诉书副本笔录由标题、首部、正文、尾部四部分组成，其主要内容为：送达时间，送达地点，送达人、记录人签名；送达人核对被告人基本情况，何时被逮捕以及被告人的回答；送达人告知被告人人民检察院提起公诉的罪名，送达起诉书副本后告知开庭时除被告人自己行使辩护权外，还可以委托律师等辩护人辩护，并记录送达人和被告人是否委托辩护人的回答；如果被告人是属于人民法院应当为被告人指定辩护人的，也应当向被告人说明；如果被告人没有委托辩护人，人民法院可以为其指定辩护人，并注意提前通知其代理人出庭。（参见示例6－9）

示例 6－9

送达起诉书副本笔录

时间：______年______月______日______时

地点：

送达人：

记录人：

送达人核对被告人身份：

被告人：

？你何时被拘留？何时被逮捕？

：

告知：__________人民检察院以你犯有_____罪提起公诉，我院已经受理。现将_____检察院_____字（ ）第_____号起诉书副本向你送达。我院即将开庭审理。开庭时，除你自己行使辩护权外，还可委托律师等辩护人为你辩护。

？你委托辩护人吗？

：

？你对起诉书指控的犯罪事实及认定罪名有无异议？

：

被告人：

审判员：

书记员：

经验提示 6-16

笔录中核对被告人姓名的字和音都要准确无误，有曾用名、绰号都要一一记全。

经验提示 6-17

核对被告人身份主要核对以下内容：姓名、性别、出生年月日、民族、籍贯、文化程度、捕前住址、职业。核对被告人的出生年月日要按公历的年月日。

经验提示 6-18

如果记载中有遗漏或者差错，被告人可以提出补正，在每篇末尾和改动处应由被告人签名、按指印。如果笔录出现多页，请被告人在每页都签字、按指印。

经验提示 6-19

庭审笔录、裁判文书等材料的页码最好采用“第几页/共几页”的形式，因为这样能够直观地反映出每一页在整体中的位置。日后当事人拿着复印件过来，也方便验证其真实性。

（二）讯问笔录

1. 讯问笔录的含义

讯问笔录是各级人民法院审理刑事案件中讯问被告人时使用的一种笔录，其是认定被告人罪与非罪、罪重与罪轻、认罪与悔罪的重要依据之一，是被告人供述的主要表现形式，同时还是诉讼活动过程内容的记载和反映。研究案件、总结审判经验、检查案件质量都离不开讯问笔录。

2. 讯问笔录的格式

讯问笔录一般由标题、首部、正文、尾部四部分组成。具体内容包括：讯问刑事被告人的时间、地点；审判人员、书记员签名；由审判人员核对被告人姓名、性别、出生年月

日、民族、籍贯等；讯问的正文内容；被告人的签名、盖章。（参见示例 6 - 10）

示例 6 - 10

讯问笔录（第　次）
（提讯刑事被告人用）

时间：______年______月______日______时______分至______时______分。
地点：
审判员：
书记员：
审判人员核对被告人姓名、性别、出生年月日、民族、籍贯等。
（讯问的正文内容）
？
：
？
：

被告人：

经验提示 6 - 20

笔录应当由被告人核对，对于没有阅读能力的，应当向其宣读。记载有遗留或者差错，被告人可以提出补充或者改正，也可由讯问人在笔录末尾附注说明，每篇笔录的改动之处应由被告人签名、按手印。

（三）验明正身笔录

1. 验明正身笔录的含义

根据《中华人民共和国刑事诉讼法》第 263 条相关规定，指挥执行的审判人员，对罪犯应当验明正身，讯问有无遗言、信札，然后交付执行人员执行死刑。执行死刑后，在场书记员应当写成笔录。交付执行的人民法院应当将执行死刑情况报告最高人民法院。

2. 验明正身笔录的格式

验明正身笔录由标题、首部、正文、尾部四部分组成。其具体内容包括以下几项：案由；死刑罪犯姓名；验明正身的时间、地点；指挥执行的审判人员、书记员、临场监督人；由审判人员核对死刑罪犯的姓名、性别、出生年月日、民族、籍贯、住址等死刑罪犯的回答；由审判人员核对犯罪事实及死刑犯的回答；由审判人员询问死刑犯有何遗言和信札及被告的回答；笔录的结尾处由指挥执行的审判人员、书记员签名。（参见示例 6 - 11）

示例 6 - 11

验明正身笔录
（执行犯罪死刑用）

案由：
死刑罪犯姓名：
时间：______年______月______日______时______分至______时______分。

地点：

指挥执行的审判人员：

书记员：

临场监督人：__________人民检察院

核对死刑罪犯的姓名、性别、出生年月日、民族、籍贯、住址等。

答：

核对犯罪事实：

答：

问：你有何遗言和信札，还有什么话要说的？

答：

审判员（签名）

书记员（签名）

经验提示 6-21

第一，对于验明正身笔录要完整记录，不能因为即将对罪犯执行死刑而对笔录内容随意省略。第二，对死刑罪犯的遗言、信札等内容要记录清楚、完整，并依法办理。死刑犯的遗言、信札往往涉及债务清偿、财产继承、家庭嘱托等内容，一定要记录完整并将遗书、遗言等交给罪犯家属，同时复制存卷备查，涉及案件线索等问题时，应当抄送有关机关。

（四）执行死刑笔录

1. 执行死刑笔录的含义

执行死刑笔录是指人民法院在奉命依法对罪犯执行死刑时，将执行死刑现场的有关情况予以记录的文字材料。执行死刑笔录是了解检查执行死刑情况的文字凭据，应入卷备查。

2. 执行死刑笔录的格式

参见示例6-12。

示例 6-12

执行死刑笔录

（刑事案件用）

案由：

死刑罪犯姓名：

执行地点：

执行时间：______年______月______日______时______分。

天气：

指挥执行的审判人员：

临场监督人：__________人民检察院

执行人：

执行死刑情况：

法医（或检验人）验明毙命情况：

指挥执行的审判人员：（签名）

临场监督人：（签名）

法医或检验人：（签名）

书记员：（签名）

死刑罪犯______照

执行死刑前照片	
执行死刑后照片	
备注	

经验提示 6-22

第一，采用枪决执行死刑的，主要应证明几枪毙命，弹丸出入口的位置和方向，以及验尸情况等；采用注射方法执行死刑的，主要应记明注射的药物名称和剂量、注射位置方向，以及验尸情况；采用枪决、注射以外的其他方法执行死刑的，还应记明何时报请最高人民法院批准采用这种方法。第二，执行死刑笔录有附件：死刑罪犯的照片，照片包括执行前照片和执行后照片及备注等内容。

三、民事案件、行政案件口头起诉笔录的制作

口头起诉笔录是指民事案件、行政案件起诉人因书写起诉状确有困难的，可以口头起诉，由人民法院记入笔录，出具注明日期的书面凭证，并告知对方当事人的笔录。

（一）民事案件口头起诉笔录的内容

民事案件口头起诉笔录的制作应当记明下列事项：（1）当事人的姓名、性别、年龄、民族、职业、工作单位和住所，法人或者其他组织的名称、住所和法定代表人或者主要负责人的姓名、职务；（2）诉讼请求和所根据的事实与理由；（3）证据和证据来源，证人姓名和住所。

（二）行政案件口头起诉笔录的内容

行政案件口头起诉笔录的制作应当记明下列事项：（1）当事人的姓名、性别、年龄、民族、职业、工作单位和住所，法人或者其他组织的名称、住所和法定代表人或者主要负责人的姓名、职务；（2）明确的被告人信息；（3）有具体的诉讼请求和事实根据；（4）证据和证据来源，证人姓名和住所。

第三节　人民法院常见案件庭审笔录的制作

本节选取司法实践中常见刑事、民事、行政典型案件庭审笔录范例，为学生初步掌握庭审笔录制作要领提供参考，进而促进学生形成举一反三的能力，胜任庭审笔录的制作工作，成为法官裁判案件的得力助手。

一、常见刑事案件笔录的制作

（一）盗窃案件

1. 盗窃罪的含义

盗窃罪是指以非法占有为目的，盗窃公私财物数额较大或者多次盗窃、入户盗窃、携带凶器盗窃、扒窃公私财物的行为。

2. 案例及庭审记录

（1）案情简介。被告人吴某某于2019年2月12日11时许，至被害人辛某在海滨市大兴区西红门镇的居住地，趁辛某外出之际，用事先偷配好的钥匙打开房门，盗走壁橱内的字画40余幅（经鉴定价值24.3万元）、金箔饰品三件和灵璧石茶具一套。北辰区人民检察院指控被告人吴某某犯盗窃罪，提起公诉。

（2）笔录见示例6-13。

示例 6-13

法庭审理笔录

时间：××××年×月×日下午×时×分至×时×分。

地点：北辰区人民法院×号法庭

是否公开审理：公开

旁听人数：______人

审判长：高×

审判员：郑×、解×

书记员：郝×

书记员：请被告人、辩护人进入法庭。

书记员：宣布法庭纪律。

根据《中华人民共和国人民法院法庭规则》规定，旁听人员必须遵守下列纪律：

第一，诉讼参与人应当遵守法庭规则，维护法庭秩序，不得喧哗、吵闹发言，陈述和辩论，须经审判长许可。

第二，旁听人员必须遵守下列纪律：（1）不得录音、录像和摄像；（2）不得随意走动和进入审判区；（3）不得发言、提问；（4）不得鼓掌、喧哗、哄闹和实施其他妨害审判活动的行为。

第三，对于违反法庭规则的人，审判长可以口头警告、训诫，也可以没收录音、录像和摄影器材，责令退出法庭或者经院长批准予以罚款、拘留。

第四，对哄闹、冲击法庭，侮辱、诽谤、威胁、殴打审判人员等严重扰乱法庭秩序的人，依法追究刑事责任；情节较轻的，予以罚款、拘留。

第五，对违反法庭规则的人采取强制措施，由司法警察执行。

书记员：请审判长、审判员入庭。

书记员：报告审判长，被告人吴某某已传到候审。诉讼参与人均已到庭，开庭工作就绪，可以开庭。

审判长：请坐下。传被告人吴某某到庭。解除械具。

审判长：北辰区人民法院刑事审判庭现在开庭。被告人姓名？

被告人：吴某某。

审判长：你的身份证号码是不是××××××××××××××××××？

被告人：是的。

审判长：是否有别名？

被告人：没有。

审判长：你的出生年月日？

被告人：1995 年 1 月 28 日。

审判长：出生地？

被告人：河北省。

审判长：住址？

被告人：河北省××县××乡××村××号。

审判长：文化程度？

被告人：初中文化。

审判长：民族？

被告人：汉族。

审判长：职业？

被告人：农民。

审判长：以前是否受过法律处分或行政处罚？

被告人：没有。

审判长：你是 2019 年 7 月 4 日被公安机关拘留，在 7 月 30 日被逮捕的，因为涉嫌盗窃罪，是不是？

被告人：是的。

审判长：收到北辰区人民检察院起诉书副本和本院的开庭传票了吗？起诉书距离开庭时间超过十天了吧？传票超过三天了，对吧。

被告人：收到了，是的。

审判长：××市北辰区人民法院刑事审判庭，根据《中华人民共和国刑事诉讼法》第一百八十三条的规定，本院依法组成合议庭，公开审理海滨市北辰区人民检察院提起公诉的附带民事诉讼原告人提起告诉的被告人吴某某涉嫌盗窃一案。该案适用普通程序，本合议庭由审判员高×担任审判长，与审判员郑×、解×组成。书记员郝×担任法庭记录。北辰区人民检察院指派代理检察员赵×出庭支持公诉。受被告人委托，海滨市中坤律师事务所指派申××律师担任被告人的辩护人。根据《中华人民共和国刑事诉讼法》第一百九十条的规定，当事人及法定代理人在法庭审理中依法享有申请回避权，即认为审判人员、公诉人、书记员、鉴定人、翻译人员有《中华人民共和国刑事诉讼法》第二十九条规定的回避申请情形的，不能公正审理的，可以申请回避。被告人听清了吗？是否申请回避？

被告人：听清了，不申请。

审判长：辩护人是否申请回避？

辩护人：没有。

审判长：根据《中华人民共和国刑事诉讼法》第一百九十七条的规定，当事人和辩护人、诉讼代理人有权申请通知新的证人到庭，调取新的物证，申请重新鉴定或勘验。根据《刑事诉讼法》第一百九十八条的规定，被告人除享有上述权利，还有自行辩护的权利、最后陈述的权利。被告人吴某某你听清了吗？

被告人：听清了。

审判长：现在开始法庭调查。首先由公诉人宣读起诉书。

公诉人：宣读起诉书（略）。

审判长：被告人吴某某，公诉人宣读的起诉书与你收到的起诉书副本内容一致吗？是否有异议？

被告人：一致。

审判长：你有没有什么意见？

被告人：没有。

审判长：辩护人有没有意见？

辩护人：没有。

审判长：请公诉人进行讯问。

公诉人：被告人你当庭表示认罪认罚。那就请如实回答公诉人的讯问，听清楚了吗？

被告人：听清楚了。

公诉人：你和辛某怎么结成这种怨恨了？

被告人：当时他和我借钱，后来一直也没有还，就产生怨恨了。

公诉人：你拿的钥匙是怎么来的？

被告人：是我和他在一起居住的时候我自己配的。

公诉人：什么时候？

被告人：2018年的6月份一直到10月份，我和他一直在一起居住。

公诉人：后来拿走了多少东西？知道你拿的东西是谁的吗？

被告人：我是拿布裹着的，我也不知道拿了什么东西。东西是谁的我不知道。

公诉人：你拿的东西怎么处理的？

被告人：我拿东西以后，就放在家里了，然后一直也没有动过，我就放在我朋友周某家了。直到被抓了以后，这个东西也是从我朋友那里拿过来的。

公诉人：你为什么要到辛某家偷字画？

被告人：就是想报复他。

公诉人：那他家里有很多财物，你为什么要偷字画呢？

被告人：我没有想别的东西，就是知道字画在什么地方。

公诉人：你为什么要把字画放在你朋友周某家呢？

被告人：今年我出了一点事，我怕别人拿走，就放在他家里了。

公诉人：你有没有委托你朋友去拍卖？

被告人：没有。

公诉人：你在辛某家里有没有发现其他的东西？

被告人：就是一个包，装画的旅行包。

公诉人：案发的时候你实际年龄是多大？

被告人：24 岁。

审判长：辩护人对被告人进行询问。

辩护人：你当时拿他钥匙就是为了偷辛某的东西吗？

被告人：不是，当时我和他在一起住，他知道我配了他房门的钥匙。

辩护人：你在羁押期间有揭发检举他人犯罪的事实，你说一下这个事实。

被告人：我揭发了一个重伤的，当时我和检察院说了，就是有一个指使的人。

审判长：被告人吴某某，现在法庭向你询问几个问题。你和辛某在一起住时住在哪里？

被告人：一开始的时候是住在印刷学院的教学楼，后来又住在另外一个地方，再后来就住在我作案的地方。

审判长：那辛某的妻子呢？他为什么不和自己的妻子一起住，而是和你在一起住？

被告人：因为当时辛某说愿意和我一起住。

审判长：你懂字画吗？

被告人：不懂。

审判长：你为什么要拿这些字画呢？

被告人：当时就是脑袋蒙了拿的。

审判长：你知道辛某和他的妻子喜欢吗？

被告人：他们喜欢，我只是知道辛某的妻子是画画的。

审判长：鉴于被告人在当庭的陈述与在公安机关的陈述不一致，公诉人就这方面的证据再向法庭宣读一下。

公诉人：宣读公安机关笔录（略）。

审判长：下面控辩双方进行举证质证，首先由公诉人向法庭出示证据。

公诉人：预审卷第一卷第 46～50 页，被告人吴某某的供述。

审判长：被告人你在公安机关的陈述与你在当庭说的不一样，你哪份说的是实话？

被告人：我说的都是实话，只是公安机关的民警询问我之后，没有让我看笔录，就让我签字了。

审判长：辩护人对这份证据有意见吗？

辩护人：没有。

审判长：公诉人继续举证。

公诉人：预审卷第二卷第 43～47 页，辛某的证言。

审判长：被告人对证据有意见吗？

被告人：没有意见。

审判长：辩护人对证据有意见吗？

辩护人：没有。

审判长：公诉人继续举证。

公诉人：预审卷第二卷第 55～58 页，辛某的证言。

审判长：被告人对证据有意见吗?

被告人：没有。

审判长：辩护人对证据有意见吗?

辩护人：没有。

审判长：公诉人继续举证。

公诉人：预审卷第二卷第 59～60 页，刘某的证言。

审判长：被告人对证据有意见吗?

被告人：没有。

审判长：辩护人对证据有意见吗?

辩护人：没有。

审判长：公诉人继续举证。

公诉人：预审卷第二卷第 64～66 页，周某的证言。

审判长：被告人对证据有意见吗?

被告人：当时我不是因为欠钱，是因为我被绑架，别人和我要钱。

审判长：辩护人对证据有意见吗?

辩护人：没有。

审判长：公诉人继续举证。

公诉人：预审卷第三卷第 9～15 页、第二卷第 9～38 页，价格鉴定结论书及照片（出示）。

审判长：被告人对证据有意见吗?

被告人：我认为作的价有点高。

审判长：你有什么依据认为这个作价高了?

被告人：我没有依据，我也不知道这些东西值多少钱。

审判长：辩护人对证据有意见吗?

辩护人：没有。

审判长：公诉人继续举证。

公诉人：预审卷第一卷第 11～16 页，扣押、发还物品文件清单。

审判长：被告人对证据有意见吗?

被告人：没有。

审判长：辩护人对证据有意见吗?

辩护人：没有。

审判长：公诉人继续举证。

公诉人：预审卷第一卷第 9 页、第 18 页，搜查笔录及照片（出示）。

审判长：被告人对证据有意见吗?

被告人：没有。

审判长：辩护人对证据有意见吗?

辩护人：没有。

审判长：公诉人继续举证。

公诉人：预审卷补充材料，工作说明两份。

审判长：被告人对证据有意见吗？

被告人：那些东西我都放在家里了，如果家里没有的话就没有了，别的我没有意见。

审判长：辩护人对证据有意见吗？

辩护人：没有。

审判长：公诉人继续举证。

公诉人：预审卷第二卷第7～8页，到案经过；第一卷第64页，被告人的身份证明。

审判长：被告人对证据有意见吗？

被告人：没有。

审判长：辩护人有意见吗？

辩护人：没有。

审判长：公诉人还有证据向法庭提供吗？

公诉人：没有。

审判长：被告人你有证据向法庭提供吗？

被告人：没有。

审判长：被告人是否申请通知新的证人到庭，调取新的物证，申请重新鉴定或勘验？

被告人：没有。

审判长：辩护人是否有上述申请？

辩护人：没有。

审判长：法庭调查结束，对被告人不持异议的证据本庭作为定案依据予以确认，对被告人持异议的，待合议庭评议后确认。下面开始法庭辩论，首先由公诉人发表公诉意见。

公诉人：我受北辰区人民检察院的指派，代表本院，以国家公诉人的身份，出席法庭支持公诉。被告人吴某某无视国法，以非法占有为目的，盗窃他人财物，数额特别巨大，其行为触犯了《中华人民共和国刑法》第二百六十四条的规定，犯罪事实清楚，证据确实充分，应以盗窃罪追究其刑事责任。请合议庭依据被告人的当庭表现依法判处。

审判长：被告人现在发表你自行辩护的意见。

被告人：首先，请允许我给我的家人道一声平安，在看守所的这段时间，我认识到自己行为的错误，在公安机关及政府的教育下，我变得更加守信。我最听不惯的是别人在我背后说我的闲话，我只是想报复一下被害人，没有意识到自己犯了法。我争取出去之后做一个合法的公民，希望法庭给我一次机会。

审判长：辩护人发表辩护意见。

辩护人：首先，我对公诉方指控被告人盗窃罪没有异议，以及盗窃财物的所涉数额也没有异议，但是被告人有以下从轻情节。第一，被告人在事发以后，态度表现良好，此次为初犯，且能够向公安机关如实供述自己的罪行，认罪态度良好。第二，被告人的父亲退赔了被告人盗窃的所有财物，减少了被害人的损失。第三，被告人配被害人的钥匙，因为二人长期在一起，只是在2018年因为一点小事发生了一点矛盾，这说明被告人只是临时起意，主观恶性较小。第四，被告人在被羁押期间能够积极地检举揭发，表明其认罪态度良好。另外，因为被告人犯罪时年龄较小，其不懂法律的结果造成盗窃数额巨大，现在其本人已经认识到自己行为的严重性。综上所述，请求法庭对被告人减轻处罚。

审判长：公诉人还有什么新的意见?

公诉人：针对被告人配钥匙的目的进行一下答辩，通过被害人的证言与被害人妻子的证言，证实案发地点只有被害人夫妇二人居住，在被告人配钥匙之后，其并没有告诉被害人配钥匙的目的，且被害人夫妇二人并不知道这一情节。

审判长：被告人你有新的意见吗?

被告人：我是白天在那里居住，晚上他们在那里居住，我坚持自己的意见。

审判长：辩护人还有新的意见吗?

辩护人：没有。

审判长：法庭辩论结束，被告人作最后陈述。

被告人：没有。

审判长：休庭，宣判日期另定，被告人签完笔录带离法庭。

审判长：×××

审判员：×××

书记员：×××

(3) 本案记录要点。

本案庭审记录的要点主要包括：犯罪时主观认识、盗窃的手段、盗窃财物的数量及价值，以上要点是法官判定被告人的行为是否构成盗窃罪以及如何量刑的重要依据。

3. 盗窃案件庭审笔录记录要点小结

(1) 被告人犯罪时的年龄。

刑事审判中，通常情况下认定被告人的年龄与案件处理没有多大关系，但是涉及未成年人犯罪的案件时，年龄的准确认定则具有重要的法律意义。《刑法》第十七条规定："已满十六周岁的人犯罪，应当负刑事责任。已满十四周岁不满十六周岁的人，犯故意杀人、故意伤害致人重伤或者死亡、强奸、抢劫、贩卖毒品、放火、爆炸、投毒罪的，应负刑事责任。已满十四周岁不满十八周岁的人犯罪，应当从轻或者减轻处罚。"因此，在盗窃案件中，犯罪嫌疑人若未达到刑事责任年龄则不需要承担刑事责任，可以责令他的家长或者监护人加以管教；在必要的时候，也可以由政府收容教养。若实施盗窃犯罪时年龄还处在十六周岁到不满十八周岁之间，还应当从轻或者减轻处罚。因此，书记员在记录庭审信息之时应准确记录被告人的出生日期或与此有关的鉴定意见、证人证言等相关证据信息，必须精确到"年、月、日"，有些案件甚至精确到"时、分"。

(2) 盗窃财物的主观方面。

盗窃罪只能由直接故意构成，间接故意、过失不构成盗窃罪。犯罪分子必须具有非法占有公共财物或他人财物的目的，且要认识到财物"数额较大"。如果其主观没有非法占有他人财物的目的，仅是擅自借用其物，用完即还的，或误将数额较大的财物错认为是价值低廉的财物而窃取的，则不构成盗窃罪。

(3) 盗窃财物的客观方面。

盗窃财物的客观方面包括：盗窃财物的数量以及盗窃手段。对于盗窃财物的数量，盗窃公私财物数额较大，是法定的构成盗窃罪的重要条件。盗窃财物的数额大小、性质，可以表明行为的社会危害性大小，是区别罪与非罪、衡量罪轻罪重的重要标志之一。因此，在记录盗窃财物时，必须明确、具体。所谓明确，就是指将盗窃财物情况准确、清晰地记录下来，盗窃财物是货币的，应写明是人民币或何种外币、数量、金额；盗窃财物是有价证券的，应写明有价证券的种类，比如：股票、支票、汇票、提单、基金证券以及其他有价证券；盗窃财物是存折时，应写明是活期存折还是定期存折等；盗窃物品的，应记明物品的名称、型号、新旧程度等，有的还应写明产地、规格、特殊性能或价值，而不能用“物品一宗”“等等”或其他不明确的词语。所谓具体，就是指将盗窃财物的数量、金额准确无误地记录下来。量词一定要用国家标准计量单位，如粮食应用“千克”，线、管等应用“米”“厘米”，货币应用该种货币的单位，除非无法确定数量的情况，应绝对避免用“一宗”“若干”“一群”等不确定数词。而对于盗窃的手段，盗窃罪要求在行为方式必须是平和手段，是指手段不可对人身有暴力、胁迫的性质，这是盗窃罪区别于其他侵犯财产罪的主要标志。因此，对于被告人盗窃的手段，亦应重点、详细记录，包括：是撬门破锁或是掏兜割包，是冒充找人还是顺手牵羊，用的是什么作案工具等，都应明确地记录下来。这些对于案件的定性都有重要意义。

经验提示 6-23

关于盗窃罪的相关情节认定，参见《关于办理盗窃刑事案件适用法律若干问题的解释》（法释〔2013〕8号）。

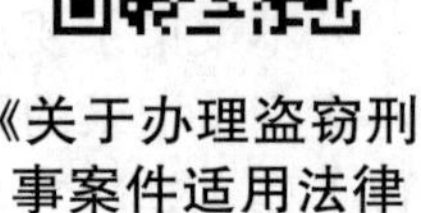
《关于办理盗窃刑事案件适用法律若干问题的解释》

对于上述的犯罪情节，对案件的裁判具有重要影响，书记员均应详细、准确记录。

（4）关于共同盗窃犯罪。

若涉及共同犯罪，则必须根据每个人在共同犯罪中的地位和作用，确认主犯、从犯、胁从犯、教唆犯，从而对他们分别定罪量刑。因此，书记员在记录共同盗窃犯罪案件时，应特别注意记录每个人在犯罪中的地位和作用，谁起了组织、领导作用，谁提出的计划，谁提供的作案工具，谋划的经过、各自的分工，谁参与了哪一次作案，等等，这些均应重点记录，否则会严重影响案件审判的顺利进行。

（二）抢劫案件

1. 抢劫罪的含义

抢劫罪，是指以非法占有为目的，以暴力、胁迫或者其他方法，强行劫取公私财物的行为。其中，入户抢劫的、在公共交通工具上抢劫的、抢劫银行或者其他金融机构的、多次抢劫或者抢劫数额巨大的、抢劫致人重伤或死亡的、冒充军警人员抢劫的、持枪抢劫的、抢劫军用物资或者抢险、救灾、救济物资的，处十年以上有期徒刑、无期徒刑或者死刑，并处罚金或者没收财产。

2. 典型抢劫案例及庭审记录示例

（1）案情介绍。2019年4月26日19时许，被告人秦某在东山区一饭店门前，以“打车”为由，将被害人韩某某骗至101国道大灰厂路口，采取衣服勒颈的手段，抢劫韩某某人民币1 005元。秦某因嫌钱少又胁迫韩某某一起抢劫。于是，秦某又以“打车”为由，将被害人赵某某骗至101国道大灰厂路口。因韩某某及时提醒赵某某，两人驾车逃走，后又返回与赶来的警察一起将被告人秦某抓获。

（2）庭审笔录见示例 6-14。

示例 6-14

法庭审理笔录

时间：××××年×月×日下午×时×分至×时×分。

地点：东山区人民法院×号法庭

是否公开审理：公开

旁听人数：______人

审判长：施×

人民陪审员：伍×、刘××

书记员：刁×

书记员：请被告人、辩护人进入法庭。

书记员：依据《中华人民共和国人民法院法庭规则》的相关规定，宣布法庭纪律。（略）

审判长：提被告人秦某到庭。

审判长：海滨市东山区人民法院刑事审判庭现在开庭。被告人，你的姓名（别名）、出生年月日、民族、出生地、文化程度、职业、住址、户籍所在地派出所。

被告：秦某，男，32 岁（1987 年 10 月 17 日出生），汉族，出生地海滨市，小学文化，农民，住海滨市东山区区斋堂镇马栏村××院×号。

审判长：你的身份证号码是××××××××××××××××××？

被告：是的。

审判长：以前是否受过法律处分及处分的时间、地点？

被告：2014 年 12 月因抢劫罪被判处有期徒刑三年，2017 年 9 月 5 日释放。

审判长：何时因何原因被羁押、被逮捕？

被告：2019 年 4 月 27 日因涉嫌抢劫罪被羁押，同年 4 月 30 日被逮捕。

审判长：收到人民检察院的起诉书副本了吗？收到的日期是十日之前是吗？

被告：是的。

审判长：何时收到的？

被告：2019 年 7 月 18 日。

审判长：根据《中华人民共和国刑事诉讼法》第一百八十八条的规定，本庭依法公开开庭审理海滨市东山区人民检察院提起公诉的被告人秦某抢劫一案。本合议庭由代理审判员施×担任审判长和人民陪审员伍×、刘××共同组成，书记员刁×担任法庭记录。海滨市东山区人民检察院代理检察员庄×出庭支持公诉。根据我国《刑事诉讼法》第一百九十条的规定，被告人在法庭审理中依法享有申请回避权，即认为合议庭组成人员、公诉人、书记员与本案有利害关系，不能公正审理此案的，可以申请换他人审理。被告人秦某是否听清？是否申请回避？

被告：听清了。不申请。

审判长：根据《刑事诉讼法》第一百九十七条的规定，被告人、辩护人有权申请通知新的证人到庭、调取新的物证、申请重新鉴定或勘验。根据《刑事诉讼法》第一百九十八条的规定，被告人除享有上述权利外，还有自行辩护的权利和最后陈述的权利。被告人秦某是否听清？

被告：听清了。

审判长：现在开始法庭调查。首先由公诉人宣读起诉书。

公诉人：宣读京门检刑诉字（2019）第××号起诉书：被告人秦某涉嫌抢劫一案，经海滨市公安局东山区分局侦查终结，移送本院审查起诉，经依法审查，现查明，2019 年 4 月 26 日 19 时许，被告人秦某在海滨市东山区河滩饭店门前，以“打车”为由，将被害人韩某某骗至 101 国道大灰厂路口，采取衣服勒颈的手段，抢劫韩某某人民币 1 005 元。后又胁迫被害人韩某某与其到东山区永定镇冯村悦五洲饭店门口共同实施抢劫。秦某以“打车”为由，将被害人赵某某骗至 101 国道大灰厂路口，因被害人韩某某未与其实施抢劫行为及被害人赵某某警觉，被告人秦某实施抢劫未能得逞。上述犯罪事实清楚，证据确实、充分，足以认定。本院认为，被告人秦某以暴力手段抢劫他人财物，其行为触犯了《中华人民共和国刑法》第二百六十三条之规定，应当以抢劫罪追究其刑事责任。被告人秦某在被判处有期徒刑三年刑罚执行完毕后不足五年内又实施了应当判处有期徒刑以上刑罚的行为，根据《中华人民共和国刑法》第六十五条第一款之规定，系累犯，应当从重处罚。根据《中华人民共和国刑事诉讼法》第一百七十六条之规定，提起公诉，请依法判处。

审判长：被告人秦某，公诉人宣读的起诉书与你收到的起诉书副本内容一致吗？

被告：一致。

审判长：你对起诉书指控你的犯罪事实及罪名有意见吗？

被告：没有。

审判长：你是否自愿认罪？

被告：我认罪。

审判长：你是否还有需要补充的？

被告：没有。

审判长：下面由公诉人对被告人秦某进行讯问。

公诉人：被告人秦某，你应如实回答公诉人提问，听清了吗？

被告：听清了。

公诉人：你对起诉书指控的事实有意见吗？

被告：没有。

公诉人：你是哪天实施的抢劫行为？

被告：2019 年 4 月 26 日。

公诉人：当时你在什么地方打的被害人韩某某的车？

被告：在河滩。

公诉人：为什么要抢劫韩某某？

被告：他比较瘦小。

公诉人：在什么地方抢劫的？

被告：101 国道大灰厂路口。

公诉人：怎么实施抢劫的？

被告：用衣服勒他的脖子。

公诉人：你都抢了什么东西？

被告：抢了 1 005 元。

公诉人：你在抢劫的过程中说什么了吗？

被告：让他和我一起去抢劫。

公诉人：为什么要让他和你一起去实施抢劫？

被告：当时喝酒了，脑袋混乱。

公诉人：你为什么胁迫被害人和你一起抢劫？

被告：两个人好抢一点。

公诉人：你当时怎么和他说一起去抢劫的？

被告：因为抢的钱太少。

公诉人：你还有什么行为吗？

被告：想不起来了。

公诉人：第一次被害人同意和你一起抢劫了吗？

被告：他没有表示。

公诉人：第二次抢劫，你们是在什么地方打的车？

被告：东山区永定镇。

公诉人：上车后你坐在什么地方？

被告：车的后座，韩某某也坐在后座。

公诉人：你和韩某某说怎么实施抢劫了吗？

被告：我让他拿我衣服勒第二辆车司机的脖子，我再实施抢劫。

公诉人：被害人有什么表示？

被告：韩某某没有任何表示。

公诉人：你是在什么地方实施的第二次抢劫的？

被告：101 国道。

公诉人：你怎么实施抢劫的？

被告：我说去方便，然后下车了。

公诉人：你下车前和第一个被害人说什么了吗？

被告：没有。

公诉人：你下车之后呢？

被告：我要开副驾驶的车门，第二辆车的司机拿了一把四十公分的刀，我害怕就跑到旁边的树林里，他们走了之后，我打了一辆车回河滩了。

公诉人：你怎么被抓的？

被告：在冯村派出所被第二个被害人的车截住了。

公诉人：你第二次抢了什么东西？

被告：什么都没有抢到。

公诉人：你胁迫第一个司机让他和你一起抢劫，他有什么行为？

被告：我不知道。

公诉人：这次你抢到什么东西了吗？

被告：没有。

公诉人：讯问完毕。

审判长：被告人秦某，第一个被害人开的什么车？

被告：银灰色的夏利。

审判长：你当时和被害人说什么了吗？

被告：没有。

审判长：你从车里拿出什么东西了吗？

被告：拿出一把螺丝刀威胁司机。

审判长：你抢劫的钱都是什么面值的？

被告：有100元的，50元的，还有10元，5元的。我把钱装在上衣的口袋里了，当时我穿的是一件蓝格的上衣。

审判长：你胁迫第一个被害人和你一起实施抢劫，当时他说什么了吗？

被告：他什么都没有说。

审判长：第二个被害人开的是什么车？

被告：夏利。

审判长：当时第二个被害人的车停在哪里？

被告：永定镇冯村悦五洲饭店门口。

审判长：你和第一个被害人上车之后，你是穿着衣服还是手里拿着衣服？

被告：想不起来了。

审判长：你把衣服交给第一个被害人让他在实施第二次抢劫的时候勒第二个被害人的脖子，是吗？

被告：是。

审判长：你和第一个被害人说了这些以后，他有什么表示？

被告：他没有说话。

审判长：你认为第一个被害人同意和你一起抢劫吗？

被告：同意。

审判长：当你打开副驾驶门之后，第二个被害人察觉后拿出一把刀，你说什么了吗？

被告：我就跑了。

审判长：你抢劫第一个被害人用的螺丝刀呢？

被告：没了。

审判长：为什么要进行抢劫？

被告：家里打电话说孩子有病，我手里没有钱，着急回家。

审判长：现在知道你这是什么行为了吗？

被告：知道，抢劫。

审判长：你过去因为抢劫罪被判过刑，为什么不吸取教训？

被告：因为孩子生病，我着急。

审判长：你的衣服呢？

被告：在第二个被害人的车上。

审判长：你抢劫的钱呢？

被告：被起获了。

审判长：还有什么要说的吗？

被告：没有。

审判长：现在由控辩双方举证、质证。首先由公诉人就起诉书指控的犯罪事实向法庭提供证据，并说明证据来源及要说明的问题。

公诉人：宣读被害人韩某某的陈述（内容略），证实被告人抢劫的经过。

审判长：被告人对此份证据有无异议？

被告：没有。

审判长：公诉人可继续举证。

公诉人：宣读被害人赵某某的陈述（内容略），证实被告人抢劫的经过。

审判长：被告人对此份证据有无异议？

被告：没有。

审判长：公诉人可继续举证。

公诉人：宣读辨认笔录（内容略），证实被害人辨认出被告人秦某为实施抢劫的人。

审判长：被告人对此份证据有无异议？

被告：没有。

审判长：公诉人可继续举证。

公诉人：宣读公安分局出具的工作说明两份（内容略），证实未找到被告人秦某的作案工具改锥和被告人逃跑时候乘坐的出租车的司机。

审判长：被告人对此份证据有无异议？

被告：没有。

审判长：公诉人可继续举证。

公诉人：宣读公安分局出具的起获说明两份（内容略），证实起获被告人秦某作案时用的蓝色带格夹克衫一件及抢劫的人民币1 005元。

审判长：被告人对此份证据有无异议？

被告：没有。

审判长：公诉人可继续举证。

公诉人：宣读扣押发还物品清单（内容略），证实被告人秦某抢劫的1 005元已起获并发还被害人韩某某。

审判长：被告人对此份证据有无异议？

被告：没有。

审判长：公诉人可继续举证。

公诉人：宣读释放证明（内容略），证实被告人秦某刑满释放的时间。

审判长：被告人对此份证据有无异议？

被告：没有。

审判长：公诉人可继续举证。

公诉人：出示物证及现场照片，证实案发现场情况。

审判长：请法警向被告人出示物证及现场照片（法警向被告人出示）。

请法警向合议庭出示物证及现场照片（法警向合议庭出示）。

公诉人可就出示的物证及现场照片向被告人进行讯问。

公诉人：被告人秦某，刚才向你出示的物证你看清了吗？

被告：看清了。

公诉人：这是你当时勒被害人脖子用的衣服吗？

被告：是。

公诉人：这是案发现场吗？

被告：是。

公诉人：讯问完毕。

审判长：被告人秦某，刚才向你出示的物证你看清了吗？

被告：看清了。

审判长：照片所示的衣服是你的吗？

被告：是。

审判长：照片所示的现场是案发现场吗？

被告：是。

审判长：你对出示的物证及现场照片有无异议？

被告：没有。

审判长：公诉人继续举证。

公诉人：举证完毕。

审判长：被告人秦某是否有证据向法庭提供？

被告：没有。

审判长：被告人秦某是否申请通知新的证人到庭、调取新的物证、申请重新鉴定或勘验？

被告：不申请。

审判长：法庭调查结束，现在开始法庭辩论。首先由公诉人发表公诉意见。（法庭辩论阶段，书记员应着重记明公诉人意见以及被告人及其辩护人的辩论意见，作为法官量刑的依据之一）

公诉人：（一）被告人秦某犯抢劫罪的事实清楚，证据确实、充分，足以认定，被告人秦某以暴力手段抢劫他人财物，其行为已构成抢劫罪，应依法追究其刑事责任。（二）被告人秦某在被判处有期徒刑三年刑罚执行完毕后不足五年内又实施了应当判处有期徒刑以上刑罚的行为，系累犯，应当从重处罚。（三）被告人秦某在庭审过程中认罪态度还是不错的，请合议庭在量刑时予以考虑。

审判长：被告人秦某自行辩护。

被告：没有。

审判长：公诉人还有无新的辩论意见？

公诉人：没有。

审判长：被告人还有无新的辩论意见？

被告：没有。

审判长：法庭辩论结束。被告人作最后陈述。被告人秦某作最后陈述意见。

被告：没有。

审判长：下面合议庭评议，择日宣判。当庭宣读的被害人陈述、辨认笔录等证据，休庭后提交法庭。

现在休庭，把被告人秦某带出法庭，送回海滨市东山区看守所继续羁押。

审判长：

审判员：

书记员：

(3) 本案庭审记录的要点包括：被告人犯罪的主观目的、实施准备与手段、犯罪结果等，这些要点是法官裁判被告人是否构成抢劫罪以及如何量刑的重要依据。

3. 抢劫案件庭审笔录记录要点小结

(1) 抢劫的故意。

本罪侵犯的法益包括财产权和人身权，只能由直接故意构成，其故意的内容包含两个方面，一是非法占有公私财物的故意，二是侵犯人身权利的故意，否则将不构成抢劫罪或构成其他犯罪。书记员在记录时对被告人故意的两个方面都应记录。

(2) 抢劫的准备。

抢劫犯罪大部分都是有准备的犯罪，尤其是共同抢劫。犯罪分子为实施抢劫所做的准备往往能够证明抢劫的故意，如购买凶器、密谋计划、商讨分工等。

(3) 抢劫的手段。

行为人必须具有对公私财物的所有者、保管者或者守护者当场使用暴力、胁迫或者其他对人身实施强制的方法，立即抢走财物或迫使被害人当场交出财物的行为。这种当场对被害人身体实施强制的犯罪手段，是抢劫罪的本质特征，也是它区别于盗窃罪、诈骗罪、抢夺罪和敲诈勒索罪的最显著的特点。因此，在抢劫案件的定性上，作案的手段起着关键性的作用。

所谓暴力，是指犯罪分子对被害人身体实施袭击或者使用其他强暴手段，如殴打、伤害、捆绑、禁闭等，足以危及其身体健康或者生命安全，致使被害人不能抗拒，任其当即抢走财物，或者被迫立即交出财物。

所谓胁迫，是指犯罪分子以立即实施暴力相威胁，实行精神强制，使被害人产生恐惧而不敢抗拒，被迫当场交出财物。这种胁迫的特点包括：以立即实施暴力相威胁，当面向被害人发出，如遇抗拒，会立即转为暴力劫取财物。

所谓其他方法，是指除了暴力或者胁迫方法之外，犯罪分子对被害人施加某种力量，如用酒灌醉、用药物麻醉等方法，使被害人不知抗拒或丧失反抗能力，而当场掠走其财物。

书记员制作抢劫案件的笔录，必须把抢劫的手段作为重点内容详细记录。

(4) 抢劫结果。

主要包括两个方面：一是犯罪分子抢走的公私财物情况；二是犯罪分子对被害人的人身伤害情况。作案结果对于确定抢劫罪的既遂与未遂有重大意义。抢劫罪侵犯的是复杂客体，也称为双重客体，即不仅侵犯公私财产所有权，同时也侵犯了被害人的人身权利，并且往往造成人身伤亡。这种行为的最终目的是抢劫财物，所以财产所有权是主要客体。一般抢劫罪（没有致人重伤），应以是否抢得财物为既遂与未遂的标准。但如果抢劫行为致人重伤或死亡或者发生了其他严重情节，无论是否抢到财物，都属于抢劫既遂。

经验提示 6-24

《关于审理抢劫刑事案件适用法律若干问题的指导意见》

关于抢劫犯罪部分加重处罚情节的认定，请参见《关于审理抢劫刑事案件适用法律若干问题的指导意见》（法发〔2016〕2号）。

（三）故意伤害案件

1. 故意伤害罪的含义

故意伤害是指故意非法伤害他人身体的行为。故意伤害罪是侵犯公民人身权利中最常见的一种犯罪。

2. 典型伤害案例及庭审记录要点

（1）案情简介。犯罪嫌疑人范某某于2019年10月13日23时许，在海滨市山谷区山谷镇上纸寨村租房处，让其女友王某（女，22岁，山谷区人）替其送欠款，遭王某拒绝后两人发生口角，范某某遂用暖瓶盖将汽油泼在王某身上并引燃，致王某面部、颈部、躯干、四肢及全身多处烧伤。经法医鉴定，王某的人体损伤程度为重伤。

（2）庭审笔录见示例6-15。

示例 6-15

法庭审理笔录

时间：××××年×月×日下午×时×分至×时×分。

地点：山谷区人民法院×号法庭

是否公开审理：公开

旁听人数：______人

审判长：石×

审判员：赵永×

人民陪审员：张×

书记员：计×

书记员：请被告人、辩护人进入法庭。

书记员：宣布法庭纪律。（略）

审判长：提被告人范某某到庭，海滨市山谷区人民法院刑事审判庭现在开庭。

审判长：查明被告人范某某身份。

被告人：范某某，男，23岁，汉族，初中文化。（住址略）

审判长：你以前是否受过法律处分或者行政处罚？

被告人：没有。

审判长：被采取强制措施的时间及原因？

被告人：2019年12月27日因犯故意伤害罪被刑事拘留，2020年1月9日被逮捕。

审判长：收到山谷区人民检察院起诉书副本及附带民事起诉状了吗？

被告人：均收到了。

审判长：查明附带民事诉讼原告人及诉讼代理人身份。

被害人：王某，女，22岁，汉族，中专文化，居民。（住址略）

诉讼代理人：杜某，女，系被害人之母。

审判长：根据《中华人民共和国刑事诉讼法》第一百八十八条的规定，本庭依法公开审理山谷区人民检察院提起公诉的及附带民事诉讼原告人王某提起诉讼的被告人范某某故意伤害一案，本合议庭由本院审判员石×担任审判长与代理审判员赵永×、人民陪审员张×组成，书记员计×担任法庭记录，海滨市山谷区人民检察院指派代理检察员邹×出庭支持公诉，被告人范某某及附带民事诉讼原告人王某的诉讼代理人杜某到庭参加诉讼。

审判长：现在宣布当事人在法庭审理中享有的诉讼权利。

1. 当事人在法庭审理中依法享有申请回避权。

2. 有权申请通知新的证人到庭、调取新的物证、申请重新鉴定或者勘验。

3. 有自行辩护的权利。

4. 有最后陈述的权利。

5. 当事人双方有调解、和解的权利。

审判长：被告人你听清了吗？是否申请回避？

被告人：我听清了，不申请回避。

审判长：附带民事诉讼原告人的诉讼代理人你申请回避吗？

诉讼代理人：不申请回避。

审判长：现在进行法庭调查，首先由公诉人宣读起诉书。

公诉人：被告人范某某涉嫌故意伤害一案，经海滨市公安局山谷分局侦查终结，移送本院审查起诉。经依法审查现查明，被告人范某某于2019年10月13日23时许，在海滨市山谷区山谷镇上纸寨村租房处，让其女友王某（女，22岁，山谷区人）替其送欠款，遭王某拒绝后两人发生口角，范某某遂用暖瓶盖将汽油泼在王某身上并引燃，致王某面部、颈部、躯干、四肢及全身多处烧伤。经法医鉴定，王某的人体损伤程度为重伤。被告人范某某于2019年12月27日被公安机关查获。上述犯罪事实清楚，证据确实、充分，足以认定。本院认为，被告人范某某目无国法，故意伤害他人身体，其行为触犯了《中华人民共和国刑法》第二百三十四条第二款之规定，已构成故意伤害罪。为了维护社会秩序，保护公民的人身权利不受侵犯，依据《中华人民共和国刑事诉讼法》第一百七十六条之规定，提起公诉，请依法惩处。

审判长：被告人范某某，公诉人宣读的起诉书与你收到的起诉书副本内容一致吗？你是否认罪？

被告人：一致，我认罪。

审判长：被告人范某某，下面就起诉书指控你的犯罪事实进行供述，首先由公诉人对被告人进行讯问。

公诉人：被告人范某某，你以前在公安机关和检察机关的供述属实吗？

被告人：属实。

公诉人：你在案发前与王某是什么关系？

被告人：我们是男女朋友关系。

公诉人：在2019年10月13日，王某是什么时间到你的租房处的？

被告人：我记不清楚了。

公诉人：后来你们之间发生什么事情了吗？

被告人：因为我租车欠车主的钱，当天晚上11点多钟，我把钱给王某让王某去还钱。

公诉人：你自己为什么不去还钱？

被告人：因为我害怕。

公诉人：王某身上的伤是你烧的吗？

被告人：是我用汽油烧的。

公诉人：汽油是哪来的？

被告人：汽油是我从我的摩托车的油箱里倒的，后来放在暖壶盖里泼在王某身上的。

公诉人：火是怎么着起来的？

被告人：我把汽油泼在王某身上后，用打火机点着了。

公诉人：王某身上着火后，你是怎么做的？

被告人：我看到王某身上着火后，我就脱她的衣服，后来我打了120，救护车来了以后，我和王某一起去的医院。

公诉人：对被告人的讯问完毕。

审判长：被告人你以前是干什么的？

被告人：我以前在郑州当消防兵，2014年退役的。我右手在训练时受过伤，有残疾。

审判长：附带民事诉讼原告人的诉讼代理人有什么要问的吗？

诉讼代理人：没有。

审判长：下面由控辩双方举证质证，首先由公诉人出示相关证据。

公诉人：宣读被害人王某于2019年10月31日所作的陈述节录。2019年10月12日下午，范某某给我打了几次电话，他说让我去把欠人家的钱帮他送过去，我不同意。10月13日早晨6点，他给我打电话说“今天你下班后过来，你要是不过来，我就去你公司找你，后果自负”。晚上下班后我就去范某某租房那里找他了，我说我不帮，他就叫我走了，我刚走一段他就追我来了，并拿瓦片砸我还说“你走可以，给我两万块钱”。他给一个人打电话说给他送钱去，之后他让我去建设街给打电话那人送钱，我不去，他就从暖瓶上拿下盖子，从摩托车里抽出汽油，走过来把汽油泼到我前胸上，之后就用打火机把我身上的汽油点着了，我赶紧脱上衣，他也帮我救火，我让他帮我打120，他就打120叫救护车，我叫他打电话把我妈妈找来，他把这事告诉我妈了，过了一会救护车来了，范某某就跟我一起去医院了，之后就转右安门医院来了。

审判长：被告人对此有无异议？

被告人：没有。

公诉人：宣读证人杜某（女，49岁，系被害人之母）在2019年10月30日的证言节录。2019年10月13日晚上11点，我接到女儿的电话说她被汽油烧了，叫我赶紧去医院，当时她没说是谁烧的，后来我到医院时，我女儿已经坐上救护车说转右安门医院了，我们就跟着去右安门医院了，做完手术后，她说是范某某用汽油把她给烧的。

审判长：被告人对此有无异议？

被告人：没有。

公诉人：宣读证人纪微（右安门医院医生）在2019年10月14日的证言节录。2016年10月14日凌晨3点左右王某来我们医院，由李冬海大夫和我主管。她是烧伤38%，中度吸入性损伤，创伤主要分布在面、颈、躯干、双大腿（此部分涉及伤害的故意，犯罪的手段、工具，犯罪后的行为）。

审判长：被告人对此有无异议？

被告人：没有。

公诉人：宣读证人孙洪在2019年10月14日的陈述节录。10月13日晚上12点多钟，我接到王某给我打的电话说她被烧伤，在区医院，之后我跟我媳妇赶到区医院给王某办了转院手续。她说是被范某某从摩托车里抽出的汽油烧伤的。

审判长：被告人对此有无异议？

被告人：没有。

公诉人：宣读证人何方在2019年11月8日的陈述节录。10月13日那天晚上，我10点多回到租房处，到屋里躺下后听见范某某和他对象吵架，吵了挺长时间后不吵了，大约夜里12点，我听见王某好像从屋子里跑到院子里，当时院子里有亮光，好像被什么东西烧着了，她喊“那外地小子赶紧出来”。一会我听见范某某也到院子里，后来房东也过来了，王某说赶紧打120，给我妈打电话，好像是范某某打了120，后来范某某把王某送走了。

审判长：被告人对此有无异议？

被告人：没有。

公诉人：宣读证人唐立业在2019年12月27日所作证言节录。当天晚上大约在11点半，我听到有人喊救命，我看见院门那有一个人身上着火了，我就赶紧从我屋里拿着盆子去救这人身上的火，当时她脸已经被烧黑了，头发被烧没了，上半身衣服被烧坏。她让我掏她口袋的手机，我把手机拿出来帮她拨通了120和她家的电话，过了一会救护车来了，范某某跟这女的一起上医院了。

审判长：被告人对此有无异议？

被告人：没有。

公诉人：宣读证人白浩在2019年11月8日所作证言节录。那天晚上12点左右，我在前院听见后院有人喊救命，当时这小伙的对象身上披着一件棉袄，右胳膊被烧坏了，我问这女的你这是怎么弄的，这女的说是被那小伙用汽油烧的，之后这女的让这小伙给她们家拨电话，电话通后她说“您现在赶紧上医院，我让他烧了”。当时这小伙也在旁边，我就赶紧让这小伙把他对象送医院，他就把他对象送医院了。

审判长：被告人对此有无异议？

被告人：没有。

公诉人：宣读鉴定结论书，被鉴定人王某，右安门医院烧伤科诊断报告单显示：(1) 烧伤40%浅Ⅱ°，18%深Ⅱ°，14%深Ⅲ°全身多处；(2) 中度吸入性损伤。被鉴定人王某被烧伤后致面部、颈部、躯干、四肢及全身多处烧伤，参照《人体重伤鉴定标准》第八十二条之相关规定，其损伤程度属重伤（故意伤害的程度，或称情节）。

审判长：被告人对此有无异议？

被告人：没有。

公诉人：宣读法大科学技术研究所鉴定结论书。证明被鉴定人王某的伤残程度为八级。

审判长：被告人对此有无异议？

被告人：没有。

公诉人：出示现场照片。

审判长：被告人对此有无异议？

被告人：没有。

公诉人：宣读到案经过。

审判长：被告人对此有无异议？

被告人：没有。

公诉人：宣读户口证明。

审判长：被告人对此有无异议？

被告人：没有。

公诉人：证据出示完毕。

审判长：以上证据经当庭质证，双方均无异议，本庭确认有效。

审判长：被告人范某某是否申请通知新的证人到庭，调取新的物证，申请重新鉴定或勘验？

被告人：没有上述申请。

审判长：现在开始民事部分法庭调查（此处也涉及故意伤害的程度，或称情节）。由原告人的诉讼代理人讲一下诉讼请求。

诉讼代理人：诉讼请求：(1) 追究被告人刑事责任；(2) 判令被告赔偿原告医疗费56 097.31元、误工费10 190元、护理费11 602.5元、交通费1 200元、住院伙食补助费1 230元、营养费1 970元、后续治疗费40 000元、残疾赔偿金119 868元、被扶养人生活费24 244元、精神损害抚慰金20 000元。

审判长：你的附带民事诉状有变化吗？

诉讼代理人：有变化，以我法庭读的这份为准。

审判长：被告人你有意见吗？

被告人：没有。

审判长：出示医疗费等相关费用单据。

审判长：被告人你对此有无异议？

被告人：没有。

审判长：你同意赔偿吗？

被告人：我同意赔偿。但是我现在没有钱。

审判长：鉴于被告人没有能力赔偿，本庭不再调解，将同刑事部分一并判决。

审判长：法庭调查结束，进行法庭辩论，首先由公诉人发表公诉意见。

公诉人：通过法庭调查，被告人范某某犯故意伤害罪的事实清楚，证据确实充分，罪名成立，提请山谷区人民法院依照《中华人民共和国刑法》第二百三十四条第二款之规定予以惩处。通过今天的庭审被告人范某某认罪态度较好，希望在量刑时予以考虑，希望被告人范某某通过今天的庭审吸取教训，今后做一名守法公民。

审判长：被告人范某某，你有什么为自己辩护的吗？

被告人：没有。

审判长：诉讼代理人可以就民事赔偿部分发表意见。

诉讼代理人：没有。

审判长：被告人你就民事赔偿部分还有什么意见吗？

被告人：没有。

审判长：法庭辩论结束，进行最后陈述。被告人范某某你最后有什么要说的吗？

被告人：我愿意赔偿被害人的一切医疗费用，请求法官对我从轻处罚。

审判长：现在休庭十分钟，合议庭评议后宣判。

审判长：现在继续开庭，现在宣判。

审判长：本院认为，被告人范某某故意伤害他人身体，致人重伤，其行为已构成故意伤害罪，应依法惩处。被告人范某某的伤害行为给附带民事诉讼原告人王某造成的医疗费、误工费、护理费、残疾赔偿金等经济损失，应依法赔偿。依照《中华人民共和国刑法》第二百三十四条第二款、第五十六条第一款、第五十五条第一款、第三十六条第一款及《中华人民共和国民法通则》第一百一十九条之规定，判决如下：

被告人范某某犯故意伤害罪，判处有期徒刑九年，剥夺政治权利一年（刑期从判决执行之日起计算，判决执行以前先行羁押的，羁押一日折抵刑期一日，即自2019年12月27日起至2028年12月26日止）。

被告人范某某赔偿附带民事诉讼原告人王某各项经济损失共计267 010元（限判决生效后10日内付清）。

审判长：被告人范某某，刚才宣读的判决书的内容是否听清，有无意见？

被告人：听清了，没有意见。

审判长：你上诉吗？

被告人：不上诉。

审判长：诉讼代理人有意见吗？

诉讼代理人：没有。

审判长：现在闭庭。

审判长：
审判员：
书记员：

3. 伤害案件庭审笔录记录要点小结

（1）伤害的故意。

故意伤害罪在主观上既可以是直接故意，也可以是间接故意。故意伤害罪的认定，在司法实务中容易产生故意伤害致死与故意杀人、故意伤害致人重伤与故意杀人未遂致人重伤、故意伤害致死与过失杀人的界限问题，明确犯罪嫌疑人的主观情况是解决问题的关键，即通过考察客观证据材料，比如是否打击要害部位、是否使用凶器、是否有节制地实施伤害行为等，以此辨明犯罪嫌疑人对死亡结果产生的心理状态。因此，书记员应配合审判人员在对有关问题调查或询问时，把能够说明问题的事项准确记录。

（2）犯罪的过程。

犯罪的过程不但能说明犯罪情节的轻重，而且还是判断犯罪故意内容的重要依据，比如：伤害的手段、工具，打击的部位、强度，引起的后果，造成的影响等。尤其是在故意伤害致死与直接故意杀人的定性上有争议时，关键看犯罪故意的内容是伤害还是杀人，但是要查明这一点，不能只看犯罪分子的口供，也不能只从行为和结果的某一方面来认定，法官应当全面研究案件的客观方面。因此，书记员在制作故意伤害案件笔录时，必须详细记录犯罪过程。

（3）犯罪的情节。

故意伤害罪的情节对于该罪的量刑幅度影响很大，因此，对于伤害的情节尤其是以下法定情节，要详细记录：致人重伤，情节恶劣，例如动机恶劣、手段残忍、重伤多人、累犯等；故意伤害致人死亡；对检举、揭发、拘捕犯罪分子和制止犯罪行为的国家工作人员和公民行凶伤害。

（4）被害人是否有过错。

被害人的过错可以作为对被告人从轻处罚的情节。因此，应记录清楚。

（5）伤害引起的经济损失。

故意伤害案件往往是刑事附带民事案件，对于被害人因为受害而直接遭受的经济损失，主要包括：医疗费、因误工减少的收入、残疾者生活补助费等费用；造成死亡的，还包括丧葬费、死者生前抚养的人必要的生活费。对有关的情况应记录清楚。

经验提示 6-25

做好刑事案件庭审笔录的“课前功课”可以起到事半功倍的效果。第一，做好刑事案件庭审笔录的模板。在庭审记录中一些程序性内容是相对固定的，比如：庭审笔录的首部，以及从审判长宣布开庭审理到法庭调查之前就属于这类情况，书记员应在开庭前提前做好准备，在庭审过程中若出现特殊情况添加即可，这可极大提高庭审记录效率。第二，注意归纳总结刑事案件笔录制作中共同的记录要点，比如前文在盗窃案当中提到的刑事责任年龄问题，还有现在较为常见常用的认罪认罚制度的适用等问题，这些共性要点也可以提前准备以在笔录中备用。第三，为模板填色，实践中笔录模板为我们提升庭审记录效率提供了极大的帮助，但同时也可能因为模板的使用，使得一些在庭审中实际并未涉及的内容而被误填入笔录中，造成笔录记录不准确，建议大家为模板内容更换字体颜色，以区分模板与实时记录内容，方便事后检查、核对，减小模板的负面效应。

二、常见民事案件笔录的制作

民事案件，是平等主体当事人之间的人身关系、财产关系的纠纷。民事案件笔录应掌握以下几点共同内容：一是纠纷的起因、发展、后果、争执焦点、是非责任和处理意见；二是诉讼各方有关案件事实的陈述、证据提供、质证和庭审中各方的言行等；三是与案件事实认定、实体处理和程序改变等有关的指示、意见过程情况。

（一）离婚案件笔录实例及制作要点

1. 离婚的含义

离婚是指夫妻双方依照法律规定解除合同婚姻关系的行为。离婚案件是民事诉讼中最常见的案件，它的主要特征是，原告要求解除其与被告的婚姻关系，并请求法院对子女的抚养、共同财产的分割、债务承担等问题一并作出处理。

2. 典型离婚案例及庭审记录示例

（1）案情简介。

董某起诉其丈夫张某要求离婚，这已经是他们第五次诉讼离婚了。他们之间感情是否破裂，家庭财产如何分割，未成年的孩子归谁抚养，法庭将对此展开调查。

（2）本案庭审笔录见示例6-16。

示例 6-16

法庭审理笔录

（省略时间、地点、审判人员、书记员信息，省略宣布法庭纪律部分。）

审判长：依据《中华人民共和国民事诉讼法》第一百三十四条，本院依法公开审理原告董某起诉被告张某离婚纠纷一案。现在宣布开庭。

审判长：现在核对当事人信息。原告董某，1973年4月15日出生，汉族，住白塔区北上金域16号楼7单元8层3号。对吗？

原告：对。

审判长：被告张某，1972年8月21日出生，汉族，现住址沈河区荣兴路77号荔香花园3号楼2单元4楼。对吗？

被告：对。

审判长：本案审判长王某，即我本人，书记员李某，负责记录。告知一下相关诉讼权利，依据《中华人民共和国民事诉讼法》第四十九条相关规定，当事人有权委托代理人，提出回避申请，收集、提供证据，进行辩论，请求调解，提起上诉，申请执行。当事人可以查阅本案有关材料，并可以复制本案有关材料和法律文书。查阅、复制本案有关材料的范围和办法由最高人民法院规定。当事人必须依法行使诉讼权利，遵守诉讼秩序，履行发生法律效力的判决书、裁定书和调解书。以上权利义务是否听清？

原告：听清了。

被告：听清了。

审判长：下面进行法庭调查，首先由原告宣读起诉状或口头陈述诉讼请求、案件事实及理由。

原告：要求离婚，孩子归被告抚养，要求被告支付我搬出三年在外租房住的损失，内容详见起诉状。

审判长：被告进行答辩。

被告：我不同意与原告离婚，我认为夫妻感情没有破裂，但是原告这是第五次起诉，要是法院判决离婚，孩子我抚养不了，要求判给原告。

审判长：根据刚才诉讼当事人的起诉、答辩、陈述，本庭归纳本案争议的焦点为：（1）夫妻感情是否破裂；（2）孩子归谁抚养；（3）是否给原告适当补偿。双（各）方当事人对此有无补充？

双方：没有。

审判长：原告对自己的诉讼请求负有以下方面的举证义务：（1）夫妻感情确已破裂；（2）孩子归谁抚养；（3）是否给原告适当补偿。

被告对自己的诉讼主张负有以下方面的举证义务：（1）夫妻感情没有破裂；（2）孩子归谁抚养；（3）是否给原告适当补偿。

下面进入法庭举证质证阶段。首先由原告向法庭举证。

原告：举证身份证复印件、人口登记表复印件、结婚证原件、低保领取证复印件；在外租房租金收条复印件。

审判长：被告有无异议？

被告：低保是我个人的，她在外租房不是我造成的，是她不回家，别的没有异议。

审判长：对于原告出示的这份证据，被告没有异议，本院给予确认。

原告继续举证：我退保了，中国平安人寿保险股份有限公司批单一份。

审判长：被告有无异议？

被告：有异议，我认为应该比此数额多。

审判长：对于原告出示的这份证据，被告有异议，本院另定。

下面由被告举证。

被告：举证身份证复印件、残疾证复印件、欠条复印件、单位证明、孩子入学通知书、原告交纳保险单据的复印件。

审判长：原告对被告提供的证据有无异议？

原告：孩子上学我不清楚，交学费的事我不知道，借条6 000元是他同学写的，我不认可，我不知道借这笔钱干什么；他是自己下岗的，不是单位不要他，保险不是我办的，是我父亲给我买的，我已经退保了刚才证据已经出示了；另外，他的残疾证是假的，是为了办理低保而办理的，但是我现在拿不出证据证明；对其他证据没有异议。

审判长：被告还有无其他证据向法庭提供？

被告：户口本丢了，我还有一张孩子上金融学校交纳的学费收据。

审判长：原告有无异议？

原告：对该证据真实性无异议，但是孩子交纳学费的事情我不清楚。

审判长：对于被告出示的这份证据，原告没有异议，本院予以确认。

法院给你们孩子做的笔录，双方认真看一下，原、被告有什么要说的？

原告：我没有住房，也没有工作，没法养孩子。

被告：我同意孩子的意见。

审判长：下面由法庭就本案相关事实进行询问。原告，讲一下婚姻基础及子女情况。

原告：1998年10月份经人介绍相识，1999年5月24日登记结婚，婚后生一男孩（2000年4月17日出生），婚后初期夫妻感情尚可，后因性格不合产生矛盾，导致感情彻底破裂，故于2018年8月29日第五次起诉来院。

审判长：被告，原告讲的是否属实？

被告：相识、登记、子女情况均属实，我想和她和好，但我找她，她不回家，我不同意离婚。

审判长：原告，分居时间？

原告：从2013年8月26日我搬离家在外居住至今。

审判长：被告，原告讲的分居时间是否属实？

被告：不属实，这期间她回家两次。

审判长：原告，讲一下家庭财产情况。

原告：彩电一台，冰箱一台，摩托车一台，笔记本电脑一台。

审判长：被告，原告讲的是否属实？

被告：属实。另外，家里头还有烤箱一个、打蛋机一个、电线300多米。

审判长：原告，被告说的这些有没有？

原告：有，都让我卖了，我出来时一分钱没有，所以就卖了。

审判长：原告，有无存款、股票、有价证券？

原告：没有。

审判长：被告，有无存款、股票、有价证券？

被告：没有。

审判长：原告，有无债权、债务？

原告：没有。

审判长：被告，有无债权、债务？

被告：没有债权，有债务6 000元钱，是孩子上学借的。

审判长：原告对被告所述是否属实？

原告：不属实，我当时净身出户离开的家，现在他和我要孩子的学费我不同意给，家里原来有钱，没有债务。

审判长：原告，讲一下住房情况。

原告：没有我们名下的住房。

审判长：被告，原告讲的是否属实？

被告：原告所述属实。

审判长：原告讲一下离婚主张。

原告：要求与被告离婚，孩子归被告抚养，我每月给付子女抚养费800元。

审判长：被告讲一下主张。

被告：不同意与原告离婚，感情没有破裂，这已经是原告第五次起诉离婚了，如果法院判决离婚，我不同意抚养孩子，我没有经济能力。

审判长：原告对事实部分还有无补充？

原告：没有。

审判长：被告，对事实部分还有无补充？

被告：没有。

审判长：下面进行法庭辩论。法庭辩论主要围绕法庭调查时当事人争议的事实和根据事实应如何适用法律问题进行辩论，不要再次重复案件事实和理由。辩论顺序为原告及委托代理人发言，被告发言。现在由原告发言。

审判长：首先由原告进行法庭辩论。

原告：夫妻感情已破裂，要求离婚，坚持我上述的诉讼请求。

审判长：接下来由被告进行法庭辩论。

被告：因我们夫妻感情并没有破裂，不同意与原告离婚，原告离开家三年里，孩子的所有费用都是我个人承担，虽然没有证据证明，但是她也应承担。

审判长：现在法庭辩论结束，进入最后陈述阶段。原告最后陈述。

原告：坚持上述诉讼请求。

审判长：被告最后陈述。

被告：我不同意离婚，如果法院判决离婚，我不同意抚养孩子。

审判长：原告是否同意调解？

原告：不同意调解。

审判长：被告是否同意调解?

被告：同意。

审判长：鉴于双方当事人争议较大，本庭不再进行调解，双方认真阅笔录无误后签字，原、被告是否听清?

原告：听清了。

被告：听清了。

审判长：原、被告还有无其他意见?

双方：没有。

审判长：本案定于2018年11月3日上午9时在203室宣判，逾期不到将视为送达，双方是否听清?

双方：听清了。

审判长：请双方阅读笔录，如无误，请在笔录上签字。

3. 离婚案件庭审笔录要点小结

（1）婚姻基础。婚姻基础与夫妻双方感情如何虽然没有必然的联系，但对于判断夫妻感情是否确已破裂，也有一定的参考作用。无论案件的结果如何，婚姻基础都应当记录清楚，尤其是不合法婚姻基础（包办婚姻、买卖婚姻、胁迫婚姻等），与夫妻双方没有感情或感情破裂有直接或重要关系，书记员均应准确记录。

（2）结婚日期，即双方婚姻登记日期。这是具有法律意义的日期。婚姻登记日期，是区分婚前财产与婚后财产、个人债务与夫妻债务的时间界限。

（3）子女状况。对于已具备完全民事行为能力的子女，因不涉及抚养权问题可简要记录，只记录其姓名、性别、已成年即可。但对于未成年子女，应全面记录其出生日期以及姓名、性别、健康状况、成长环境、主要抚养人、父母双方的抚养能力和抚养条件等。这对于保护未成年人合法权益，确定适宜的抚养人提供重要依据。

（4）婚后感情及主要纠纷情况。依据《民法典》的相关规定，夫妻感情确已破裂是准予离婚的法定条件，也是离婚案件庭审笔录记录的重点内容。“不幸的婚姻各有各的不幸”，从实践来看，主要有如下几种情况：一方患有法定禁止结婚的疾病，或有生理缺陷，或其他原因不能发生性行为；婚姻基础不好，婚后又未建立起夫妻感情；婚前隐瞒了精神病，婚后经久治不愈，或婚后患精神病久治不愈；一方欺骗对方，或者在结婚登记时弄虚作假，骗取结婚证的；双方办理结婚登记后，未同居生活，无和好可能的；因感情不和而分居，或者经人民法院判决不准离婚后又分居的；一方与他人通奸、非法同居，及经教育仍无悔改表现；一方有违法行为；一方好逸恶劳、有赌博等恶习，不履行家庭义务；一方有违法、犯罪行为；一方下落不明；夫妻之间及家庭中有虐待、遗弃行为。以上是审判实践中经常遇到的认定夫妻感情确已破裂的事实，书记员在庭审笔录中应注意准确记录。

（5）家庭财产情况。家庭财产是指家庭成员的共同财产和各自所有的财产。它主要包括：夫妻共同财产、夫妻双方个人财产、子女的财产、父母或家庭其他个人财产、整个家庭共有财产。处理离婚案件，只能分割夫妻共同财产，对其他家庭成员的财产、夫妻个人的财产不能分割；对全体家庭成员共同的财产，应先分家析产，分出属于夫妻一方或双方的财产，然后再依法分割。因此，对于离婚案件中的家庭财产，一方面对其本身要记录清楚，包括名称、规格、属于、新旧、特点、价格等。另一方面要将财物的所有者记录清楚，以便确认财产是否属夫妻共同财产，或属一方的个人财产。

离婚案件中对共同财产分割也包括对债务的承担。依据《最高人民法院关于审理涉及夫妻债务纠纷案件适用法律有关问题的解释》的相关规定，夫妻双方共同签字或者夫妻一方事后追认等共同意思表示所负的债务，应当认定为夫妻共同债务。此外，夫妻一方在婚姻关系存续期间以个人名义为家庭日常生活需要所负的债务，债权人以属于夫妻共同债务为由主张权利的，人民法院应予支持。

（二）合同案件笔录实例及制作要点

1. 合同纠纷的含义

合同纠纷案件是指因合同的生效、解释、履行、变更、终止等行为而引起的合同当事人的所有争议。

2. 典型合同纠纷案例及庭审笔录示例

（1）案情简介。2007 年 11 月 26 日，原告深圳××公司（以下简称深圳公司）与被告北京××公司（以下简称北京公司）签署《北京奥运场馆××交通图》纪念金银砖版产品合作开发协议。双方约定由深圳公司负责在中国国内独家生产和发行代理《北京奥运场馆××交通图》纪念金银砖版产品，深圳公司须向北京公司支付价款 440 万元。协议签订三日后，深圳公司便依照协议的约定，将其公司账户内的 200 万元汇入北京公司账户内。此后，深圳公司得知，北京公司并没有获得北京奥组委和中国地图出版社制售《北京奥运场馆××交通图》金银砖版产品的合法授权，奥运纪念产品无法销售经营。深圳公司遂将北京公司诉至法院，要求返还交付的全部款项。

（2）本案庭审笔录见示例 6－17。

示例 6－17

法庭审理笔录

（省略时间、地点、审判人员、书记员信息，省略宣布法庭纪律、核对当事人、告知当事人诉讼权利义务部分。）

书记员：报告审判员，当事人已经全部到庭，庭审工作已经准备就绪，可以开庭。

审判员：根据《中华人民共和国民事诉讼法》第一百二十条的规定，今天公开审理原告深圳××公司诉被告北京××公司合同纠纷一案，现在宣布开庭。

首先进行法庭调查。先由原告方陈述案件的事实、理由和诉讼请求。陈述应当围绕案件事实、诉讼请求等与本案有直接关系的内容进行，避免陈述与本案无关的内容。一方陈述时，对方不得打断发言。

原告委托代理人：诉讼请求：1. 请求依法判令被告返还款项计 200 万元；2. 请求判令被告支付 200 万元自 2007 年 11 月 30 日至实际给付之日的利息（截至 2008 年 6 月 30 日利息为 77 745 元）；3. 请求被告承担本案的诉讼费用。

原告委托代理人：事实及理由为，2007 年 11 月 26 日，北京××公司以北京奥组委和中国地图出版社委托其为出版《北京奥运场馆××交通图》纪念金银砖版产品合法授权机构为由，与深圳××公司签署《北京奥运场馆××交通图》纪念金银砖版产品合作开发协议。

双方在合作开发协议中约定，北京××公司授权深圳××公司为《北京奥运场馆××交通图》纪念金银砖版产品在中国国内独家生产和发行代理，合同期间北京××公司有义务不再与除深圳××公司外的第三人合作，并负责为《北京奥运场馆××交通图》纪念金银砖版产品提供书号和审图号以及整体设计。深圳××公司应向北京××公司支付人民币440万元作为《北京奥运场馆××交通图》纪念金银砖版产品独家生产销售许可费用。其中，协议签订后三日内支付200万元，在纪念金银砖版产品设计双方确认通过审批三日内支付100万元；另在该纪念金银砖版产品开始销售后一个月内付清余款140万元。双方另对《北京奥运场馆××交通图》纪念金银砖版发行销售、合同终止及违约责任作出了明确的约定。

原告委托代理人：2007年11月29日，深圳××公司履行了合作开发协议中支付第一笔《北京奥运场馆××交通图》纪念金银砖版产品独家生产销售许可费用的约定，将200万人民币汇入北京××公司账户内。但是北京××公司收取合同款项后却没有也没有能力履行合作开发协议的义务（纠纷出现），没有向深圳××公司提供任何《北京奥运场馆××交通图》纪念金银砖版产品的授权文件、书号及审图号。

事后我公司得知，北京奥组委和中国地图出版社于2008年1月11日发出严正声明：所谓"《北京奥运场馆××交通图》金银砖版"，并非北京奥组委和中国地图出版社正式批准、认可或委托第三方制售的产品，更非北京奥运会特许商品和中国地图出版社正式出版物。因此，北京××公司根本没有制售所谓"《北京奥运场馆××交通图》金银砖版产品"的合法授权。

原告委托代理人：依合作开发协议约定如甲方无法提供《北京奥运场馆××交通图》纪念金银砖版产品的授权文件，或提供书号和审图号，或甲方提供授权文件不合法，或甲方提供授权文件使用受限，使奥运地图金银砖版无法发行销售，本协议应当终止，甲方应退还乙方所支付的全部费用。

原告认为北京××公司在根本没有履行合同能力的情况下与其签署合作协议，违反了合同法的诚实信用原则，明显具有欺诈性，后被告在仍不具备履行能力下收受对方合同履行款，拒不履行也无法履行合同义务，属严重违约致使合同目的不能实现，应当依据合同第4条第1款返还原告交付的全部款项。现原告依据我国相关法律法规向贵院提起诉讼，请求贵院支持原告的诉讼请求，以维护原告的合法权益。

审判员：原告起诉的诉讼请求有三项：一是被告返还200万元；二是支付2007年11月30日至实际付清之日的利息；三是诉讼费由被告负担。

原告委托代理人：是。

审判员：原告第二项诉讼请求是按什么利率计算的？

原告委托代理人：银行一年期的同期存款利息。

审判员：下面由被告进行答辩，在答辩中应讲明理由。

被告委托代理人：根据原告的起诉答辩如下，首先不同意原告的诉讼请求。(1)原告诉状中称，被告没有合法授权，明显具有欺诈性，与事实不符。2007年11月26日，原告深圳××公司与北京××公司签订《北京奥运场馆××交通图》纪念金银砖版产品合作开发协议是在中国地图出版社授权北京××公司有权独家或第三方公司合作研发、设计、制作和发行礼品地图的情况下签订的（有授权书为证），不存在欺诈性的问题。至于其他授

权文件或提供书号和审图号以及出现该合作开发协议无法履行的情况将如何处理，原、被告双方均有约定。合作开发协议第4条第1款规定："如甲方（指北京××公司）无法提供《北京奥运场馆××交通图》纪念金银砖版产品的授权文件，或提供书号和审图号，或甲方提供授权文件不合法，或甲方提供授权文件使用受限，使奥运地图金银砖版无法发行销售，本协议应当终止，甲方应退还乙方（指深圳××公司）所支付的全部费用"，该合作开发协议还规定："本协议如因北京奥组委的规划调整导致本协议无法实施，双方需另行协商修改协议或终止协议。"双方的合作开发协议未能完全履行是因为北京奥组委的规划调整以及双方约定的情形出现，并非北京××公司有意欺诈，所以说原告所说被告具有明显欺诈不成立。（2）本案情形应当终止诉讼，本案涉案金额（独家生产销售许可费）200万元人民币已被北京××公司原实际掌控人丁×挪作他用。丁×因涉嫌职务侵占于2008年6月28日被××县公安局依法逮捕，该案现未审结。根据《中华人民共和国民事诉讼法》第一百三十六条第五款"本案必须以另一案的审理结果为依据，而另一案尚未审结的"的规定，以及司法实践掌握的"民事服从刑事"的原则，本案应当中止诉讼，等待丁× 涉嫌职务侵占一案的审理结果。（诉讼中止申请书于2008年9月23日提交法庭）（3）原告的损失应当由侵权行为人承担。犯罪嫌疑人丁×是北京××公司的实际掌控人，由于丁× 的行为，致使本案原告深圳××公司遭受经济损失。北京××公司是有责任的，但由于丁×与北京××公司有约定，该债务由丁×个人偿还，而事实上丁×才是侵犯原告财产权的侵权行为人，原告的损失应当由丁×承担。因此北京××公司不同意偿还此笔债务，况且北京××公司一直没有经营，没有收入，没有任何款项，无能力偿还此款，因此不同意原告的诉讼请求。请法院依法判决。

审判员：被告称，丁×因职务侵占，被××县公安局已逮捕，法庭经查，丁×涉嫌职务侵占是被告与广州市××广告有限公司签订合同后汇款到丁×个人账户产生的纠纷，与本案无关。本案继续审理，被告听清楚了吗？

被告委托代理人、被告代理人：听清楚了。

审判员：根据《中华人民共和国民事诉讼法》的规定，当事人对自己提出的主张有责任提供证据。举证应当围绕法庭调查的重点进行，举证应客观真实，不得举伪证，下面进行举证和质证。请原告出示证据并简要说明要证明的内容。

原告委托代理人：证据一，《北京奥运场馆×交通图》纪念金银砖版产品合作协议，被告授权原告独家生产，发行代理上述产品。

证据二，授权书，证明被告与深圳××公司签署了2007年11月26日合作开发协议。

证据三，中国工商银行网上银行电子回单，证明原告给被告汇款200万元。2007年11月29日北京××公司收到深圳××公司的第一笔款额。

证据四，奥组委的声明，所谓的《北京奥运场馆××交通图》金银砖版并非北京奥组委和中国地图出版社正式批准、认可或委托第三方制售的产品。

审判员：请法警将上述证据交由被告质证并由被告发表质证意见。

被告委托代理人：对原告方提交的证据一，合作开发协议没有异议，请注意一下原告提供的，该开发合作协议第4条的规定，本合同如果终止和违约的条件，双方都有约定，另外一条在合作开发协议最后一页，有明确约定本协议如因北京奥组委的规则调整导致本协议无法实施需另行修改协议。对证据二授权书没有异议，对证据三汇款200万元没有异议。对证据四声明真实性不存在异议，不同意原告的证明目的，《北京奥运场馆××交通图》金银砖版并非北京奥组委和中国地图出版社正式批准、认可或委托第三方制售的产品，我们是有授权的，待会我们会举证证明。

审判员：法警将上述证据从被告处交还本庭。下面由被告出示证据，并简要说明要证明的内容。

被告委托代理人：我们主要证明被告有合法授权，不具有欺诈性（质证意见）。证据一，关于同意中国地图出版社出版《北京奥运场馆××交通图》的函，第 29 届奥运会组委会法律事务部奥组委第×号复印件，原件在中国地图出版社，证明目的，奥组委同意出版《北京奥运场馆××交通图》，原、被告合同是在主合同基础上签发的，是合法的；证据二，授权书，北京××公司是北京奥运场馆独家研发设计机构，有合法授权；证据三，合作开发协议，证明具有合法协议书；证据四，授权书，北京××公司是《北京奥运场馆××交通图》唯一广告代理商；证据五，总代理合同；证据六，发行授权书；证据七，《北京奥运场馆××交通图》；证据八，《北京奥运场馆××交通图》并行协议；证据九，礼品地图协议；证据十，环境篇；证据十一，场馆篇；证据十二，检测申请。以上证据证明不存在欺诈行为，双方协议之所以没有履行是因为北京奥组委的规划调整以及双方约定的情形出现，并非北京××公司有意欺诈，并没有欺诈行为。

审判员：请法警将被告证据交由原告质证并由原告发表质证意见。

原告委托代理人：对证据一，出版的《北京奥运场馆××交通图》并不是金银砖版地图，与本案事实无关，授权的是奥运场馆交通图，所提供的证据上面没有金银砖版的授权。对证据二、三、四，也都是《北京奥运场馆××交通图》，提供的仍然是交通图授权，并非金银砖版产品的授权，与本案无关。

原告委托代理人：对发行授权书，中国地图出版社的授权仅仅针对奥运交通图，并非是金银砖版授权，对一至六期开发协议，也是交通图的授权而没有金银砖版的授权。对发行协议，同上质证意见。《北京奥运场馆××交通图》礼品地图协议，它涉及的内容是《北京奥运场馆××交通图》一至六期的地图，与本案协议无关。检测申请，与本案无关。

审判员：请法警将被告证据从原告处交还本庭。

审判员：下面我问双方几个问题，请客观公正回答，双方签订《北京奥运场馆××交通图》合作协议是真实意思，签订协议时，被告是否已取得奥组委、中国地图出版社的授权？

被告委托代理人：证据一中明确写明了内容，同意出版奥运交通图并同意使用奥运会会徽。一系列证据材料是在交通图的基础上发行，金银砖版合作协议签订时，没有拿到授权文件。

原告委托代理人：被告签合同时没有金银砖版的授权文件。

审判员：现在是否有授权？

原告委托代理人：没有金银砖版授权。

被告委托代理人：没有。

审判员：双方签订的协议中没有约定被告取得授权文件的时间，第 4 条的约定怎么理解？

原告委托代理人：这是一个违约责任约定方法，如果合同不能履行的话合同终止。

被告委托代理人：原告的理解是片面的，无法提供，不是有了才无法提供，如果拿不到这个文件，或者提供的书号审图号，授权不合法，使奥运地图金银砖版无法销售，本合同应当终止，退还费用。

审判员：被告称丁×是被告实际掌控人是否有证据证明？

被告委托代理人：我们公司跟丁×之间没有书面约定。

审判员：双方对事实有无补充。

原告委托代理人：没有。

被告委托代理人：没有。

审判员：本案经过当事人当庭陈述、举证、质证及法庭对证据的审查确认，事实已经基本查清，法庭调查结束，下面进行法庭辩论，围绕被告是否应承担责任发表辩论意见。首先由原告方发表辩论意见。

原告委托代理人：该合作协议违反了我国强制性的规定，应当属无效协议，根据2001年发布的《奥林匹克知识产权保护》第六条的规定，根据组委会或奥组委授权批准才能使用，本案中，被告没有取得授权，协议应属无效。当被告提供没有授权或无法提供该金银砖版产品授权文件提供的书号或审图号的话该授权文件不合法，行为受限，使奥运产品无法发行的，应当退还乙方的全部费用。另外关于制造费用承担问题，由于丁×所签订的协议都是以被告名称所签订的，丁×是被告公司的掌权人，对外签署的协议都应当由公司承担民事责任，因此该民事责任理应由被告承担。

审判员：下面由被告方发表辩论意见。

被告委托代理人：同我们的答辩意见。我们认为协议是有效的，原告说应该有奥组委的授权，我们提供的第一份证据有奥组委的授权，也已经出示了，另一个就是双方协议当中第 4 条明确约定这个情形出现，合同就不再履行了，双方对这个情形是预知的，双方决定是要合作的，以前的行为也是双方的真实意思表示，原告所说欺诈性行为是不存在的，刚才所提交的证据也一一说明了有合法性，我们认为有直接的关系。礼品地图是总的，金银砖版是衍生产品，我们有合法的授权，也有可能出现双方约定的情形，如果说合同无效有责任，是双方都有责任，双方签订本协议的目的真实性是没有问题的。

审判员：双方有无相互辩论，已经发表过的辩论意见不要重复。

原告委托代理人：没有。

被告委托代理人：没有新的辩论意见。

审判员：法庭辩论结束，双方当事人发表最后陈述意见。

原告委托代理人：坚持诉讼请求。

被告委托代理人：坚持答辩和代理意见，不同意原告的诉讼请求。

审判员：人民法院审理民事案件应当根据合法、自愿的原则对案件进行调解。双方当事人可以在法庭的主持下进行调解，也可以自行进行和解。现在休庭十分钟，双方可以在私下交换一下意见，休庭（敲槌）。

审判员：继续开庭，由于双方不同意调解，本庭今天不做调解工作。现在宣判（全体起立）。

审判员：经审理查明，2007 年 11 月 26 日，原告深圳××公司与被告北京××公司签订《北京奥运场馆××交通图》纪念金银砖版产品合作开发协议，约定了被告北京××公司负责为《北京奥运场馆××交通图》纪念金银砖版产品提供书号和审图号及整体设计，原告深圳××公司负责生产、发行和销售，并负担所有的运营费用；被告授权原告在中国国内独家生产和发行代理，原告应当按照约定生产发行不超过总价值人民币叁亿元的上述产品；本协议签订后，原告深圳××公司应向被告北京××公司支付440万元作为独家生产销售许可费用（其中协议签订3日内付200万元，产品通过审批3日内付100万元，开始销售1个月内付140万元）；如被告不能提供书号和审图号或提供授权文件不合法，或提供的授权文件使用受限，使上述产品无法发行销售，本协议终止，被告应退还原告支付的全部费用等内容。2007年11月29日，原告深圳××公司按双方协议约定的账号为被告北京××公司汇款200万元。被告至今未能提供《北京奥运场馆××交通图》纪念金银砖版产品授权文件、书号和审图号。

审判员：本院认为，原告深圳××公司与被告北京××公司签订的《北京奥运场馆××交通图》纪念金银砖版产品合作开发协议，是双方当事人的真实意思表示，应为有效协议。原告深圳××公司依协议约定向被告北京××公司汇款200万元后，被告北京××公司未能在合理的期间内提供合法的授权文件，导致双方合作未能实际履行。按双方签订的合作协议第四条规定，该协议应终止。双方权利义务终止后，被告北京××公司应当遵循诚实信用原则，返还原告深圳××公司已给付的200万元及相应的利息损失。故原告深圳××公司要求被告北京××公司返还200万元及利息损失的诉讼请求，理由正当，本院予以支持。对于被告北京××公司提出的200万元实际在丁×掌控中，且公司与其有约定，由丁×负责返还的主张，不符合法律规定，本院不予支持。据此，本院为保护当事人的合法权益，维护社会正常经济秩序。依照《中华人民共和国合同法》第九十一条第七项、第九十二条、第一百零七条的规定，判决如下。

审判员：1. 被告北京××公司于本判决生效后十日内返还原告深圳××公司人民币二百万元。

2. 被告北京××公司于本判决生效后十日内给付原告深圳××公司利息损失（自二〇〇七年十一月三十日至付清之日按中国人民银行规定的同期一年期定期存款利率计算）。

如果被告北京××公司未按本判决指定的期间履行给付金钱义务的，应当依照《中华人民共和国民事诉讼法》第二百二十九条之规定，加倍支付迟延履行期间的债务利息。

案件受理费一万一千七百一十一元，由被告北京××公司负担（本判决生效后七日内缴纳）。

如不服本判决，可在判决书送达之日起十五日内，向本院递交上诉状，并按对方当事人的人数提出副本，上诉于北京市第二中级人民法院。

审判员：双方听清楚了判决内容了吗？是否同意判决？

原告委托代理人：同意。

被告委托代理人：回去跟领导汇报。

审判员：判决书在闭庭后十日内送达双方当事人。双方核对庭审笔录无误后签字。现在闭庭。

3. 合同纠纷案件庭审笔录要点小结

（1）合同签订的时间、地点、背景及主要条款。合同签订时间，是合同的一个主要事实，必须记录清楚。依据《民事诉讼法》的规定，合同签订地不是法院取得管辖权的依

据，但如果双方当事人约定由合同签订地法院管辖的话，那么，签订地在何处就必须明确。至于合同签订的背景，因为有时会与合同是否是当事人真实的意思表示，是否受欺诈、胁迫而签订等有关，所以，也应记录在案。

合同的主要条款是纠纷案件的记录重点之一，合同的主要条款包括：标的（指货物、劳务、工程项目等）；标的数量和质量；价款或者酬金；履行的期限、地点和方式；违约责任等。其中，双方有争议的地方或对合同的变更特别要记录清楚。尤其是口头合同，没有书面依据，就要依靠书记员将双方对合同内容的叙述及实际履行记下来，如果记录有误，就影响判决。比如，数字上多一个零或少一个零就相差甚远；履行方式是送货还是自提则涉及合同纠纷的管辖法院（在没有约定交货地点的情况下，送货制，货物送达地为合同履行地，该地法院有管辖权；提货制，提货地为合同履行地，该地法院有管辖权）；价款中是否包含运费，有时也是确定运输方式是否为代办托运的依据，从而影响到合同履行地的确定；另外，是定金还是预付款会产生不同的违约责任等等，这些常常是争议的焦点。

（2）当事人履行合同的情况，这是记录的又一重点。合同纠纷多因履行而产生，因此对各方当事人的合同履行情况，包括数目、质量及履行的时间、地点、方式等都应作出详尽的记录。实际履行也经常改变合同的约定，如果记录不清，就会影响对事实的认定。比如：建筑工程承包合同，何时动工、何时竣工、何时验收、何时交付、何时使用等都是必须记录准确的，这些常常牵涉到工期的长短，是否按时交付、是否提前进驻而最终影响到违约责任的确认和损失的承担。

（3）当事人纠纷产生的原因、经过和后果。这一内容主要涉及违约责任的承担及责任的大小。纠纷的产生是因一方的违约或双方互有违约，谁违约在先，违约的原因及各自的违约行为发生后，双方各自采取了什么措施，是必须记录的，这些往往是与合同的履行结合在一起，在记录中应予注意，纠纷的后果是指损失的情况，也是引起诉讼的直接原因，损失情况必须有相关的证据材料证实，因而应简要而不失重点地记录，当事人对损失的主张是否有证据也可以注明。

（4）涉及担保的情况。合同纠纷经常涉及担保。担保方式包括保证、抵押、质押、留置和定金。记录中要注意保证的责任形式（是一般保证还是连带责任保证）、保证的范围、抵押或质押的财产、担保的期限等。

（三）侵权案件笔录实例及制作要点

1. 侵权纠纷的概念

侵权纠纷是指因行为人的侵权行为造成他人财产或人身损害，受害人依法要求行为人承担赔偿责任的民事纠纷。侵权案件的情况非常复杂，在现实生活中，公民或法人的财产所有权以及与财产所有权有关的财产权、知识产权、人身权都有可能受到非法侵害，可以说侵权案件是民事案件中内容最多、情况最复杂的案件。

2. 典型侵权案例及庭审笔录示例

（1）案情简介。

原告陈某在起诉书中称，被告陈某与原告系姐弟关系。2017 年 11 月 10 日，原告回老家为父亲举办三周年祭日，原告儿子将其爷爷生前的案桌搬到了原告房内。被告发现案桌没有在父亲房内，就在 11 月 12 日专程回老家，翻墙入内，撬坏原告房内的门锁，砸坏了案桌两侧的木雕花。被告用粉笔在原告屋内的地面上写下辱骂原告和原告老伴的话语。2018 年清明节，原告回老家为父亲扫墓，发现东房山墙上又有辱骂原告和其老伴的话语。原告认为这是被告为在全村范围损害其名誉所实施的行为，因此诉至法院，要求被告赔偿精神损失 5 000 元，恢复原告名誉。

（2）庭审笔录见示例 6 - 18。

示例 6 - 18

法庭审理笔录

（省略开庭时间、地点、审判人员及书记员信息，省略宣布法庭纪律、核对当事人、告知当事人诉讼权利义务部分。）

审判员：下面进行法庭调查，法庭调查的重点是双方当事人争议的事实，当事人对自己提出的主张有责任提供证据，反驳对方的应讲明理由。首先由原告宣读起诉书或口头陈述事实，讲明具体诉讼请求和理由。

原告：诉讼请求是判令被告故意严重侵害了原告名誉权，要求被告赔偿原告精神损失费 5 000 元，恢复原告的名誉，涂掉所有辱骂原告的字迹，保证今后不再发生类似事情。

原告：事实及理由如下，我父母有两儿三女，我是长子，陈某是父母的大女儿。我儿子跟我说过，他爷爷生前告诉他，他爷爷的一条案桌给了他，我当即告诉儿子，老人留下的任何东西都不能要，即使留作纪念也不能要，我看见这些东西心里就难过，再说，你爷爷的话不可信，我和他分开过时，他们答应给我的都没有给我，现在要个案桌没有用。但儿子没有听我的话。2017 年 11 月 10 日，我们回顺义老家为父亲办三周年祭日，趁我去办事之际，我儿子背着我将他爷爷的案桌从父亲房内搬到同院我房内。2017 年 11 月 11 日被告也回顺义老家为父亲办三周年祭日。被告发现案桌没在父亲的房内，第二天，被告又专程回顺义老家，她趁我们不在，翻墙入院，撬坏我房内两道门锁，进入我的屋内，用斧子砸坏了案桌两侧的木雕花。租住我房的人听到声音前来问被告是怎么回事。被告说："我是老太太的大女儿，人没了，砸走两块木板当纪念。"她接着用粉笔在屋内地面上写下辱骂我和我老伴的话："吃里爬外认贼作父的逆子，专横跋扈的恶妇，罪恶滔天，决不饶恕。"租户告知我们后，我和家人回老家核实情况时，租户做了上述陈述。这就证明是被告所为，因被告是我父母的大女儿。我这里有租户的证言为证。被告在我屋内地面上写辱骂我和我老伴的话，我这里有照片为证。这次被告损害我的财物、辱骂我，我没有理她。

原告：2018 年清明节，我们回顺义老家为父亲扫墓。又发现我房临街的东房山墙墙面上，用黑油漆新写上了多句更恶毒辱骂我和我老伴的话。其中有"认贼作父的黑心逆子，毒辣凶狠的恶媳，你，你们会遭报应的，为独吞独占独霸家产虐待父母直至死亡，你们灭绝人性，丧尽天良，罪大恶极天理难容"等。临街的大铁门的门面上用刀刻画八个大字"罪大恶极，天理难容"。从字体和写的辱骂的类似相同的话来看，肯定又是被告所为，这些在黄村法庭关于财产案件的庭审中被告也承认这些事实。这是被告妄想达到在全村更大的范围内长久地损害我的名誉的目的。她也妄想从精神上更大地折磨我。上述事实有照片为证。综上所述，被告两次故意严重损害我的名誉，她辱骂我种种骂名纯属无中生有，造谣诬蔑，被告这么仇恨我，是因为她不知足，我没有满足也无法满足她无止境的欲望和无理要求，她才借我儿子搬走父亲案桌之事发泄她对我的仇恨，达到她妄想从精神上折磨我的目的。我对此非常气愤，被告太霸道了，太无法无天了。我只得用法律和证据追究被告故意严重损害我的名誉权的民事责任，让她赔偿我的精神损失。

审判员：原告，对起诉书的内容还有补充吗？

原告：没有。

审判员：下面由被告进行答辩。

被告：这个案桌根本不是他们的，他们说是我父亲给他们的。对方说的不是事实。对方就没有实话。我为什么砸这个案桌，对方没有证据证明这个案桌是对方的。这个案桌是我老叔的，我们不能继承。

审判员：被告，你在墙面地面上写的辱骂原告的话的情况属实吗？

被告：属实。这个我认可。我为什么这么写，因为这个案桌是我老叔的，是我父母给我老叔的。

审判员：被告，你为什么写辱骂原告的话？原因是什么？

被告：原告虐待我的父母致死。当时分家的时候分给原告西头的房子，就因为这个，原告两口子就跟我的父母生气。原告就想把我父母、弟弟和他们三方出资的房子独占。因为分家的事情，我父亲跟我母亲生气打架，冬天把她锁在屋内，不让吃饭，就是因为这个事情，父亲没有兑现跟原告的话，原告就记恨我父亲，就辱骂我的母亲，跟他们打架。

审判员：被告，你为什么写"认贼作父的黑心逆子"这些话？

被告：因为原告虐待我的父母。在我父亲有病的时候，向原告要生活费的时候，他们都不给。我父母生病都是他们给气的。在医院的时候，医生说我父母的病就是长期精神刺激造成的。还有原告要独占我父母的财产。

审判员：这些话都是什么时间写的？

被告：2017 年我父亲三周年过后。

审判员：现在这些字迹还有吗？

被告：可能还有。（侵权的持续时间，涉及损害程度）

审判员：被告，说一下你对原告诉讼请求的意见。

被告：我不认可侵犯了原告的名誉权，父母都让原告虐待致死，长期辱骂。

审判员：被告，你父母是什么时间去世的？

被告：我父亲是 2014 年去世的，我母亲是 2015 年去世的。

审判员：被告，对方要求你赔偿损失，什么意见？

被告：不同意。

审判员：被告，对方要求你把字迹涂抹掉，什么意见？

被告：不同意，除非对方向我赔礼道歉。

审判员：原告，被告所说你虐待父母的情况属实吗？

原告：这些事情发生的时候，被告不在场，原因不是被告所说的情况。我工作之后，我的所有工资都交给父母，我结婚之后，我母亲让我的妻子交纳伙食费，并把其他的钱都要交给他们。当时我妻子走了，我们对这个事情也没有思想准备。我没有虐待父母，我从始至终担负了我父亲的赡养义务，承担了母亲一半的赡养义务。我弟弟根本就不管。

审判员：原告，你和你的父母有矛盾吗？

原告：有，他们让我办所有的事情，我尽量给办，办不了我给解释原因。

审判员：下面进行举证质证，原告进行举证。

原告：证据一，被告写的辱骂我的字的照片8张，证明被告写的话的内容。证据二，案桌的照片，证明被告把这个案桌损坏了，是被告做的。证据三，起诉书，是我弟弟陈某2014年起诉另外四个子女的起诉书，证明当时我对我的父母尽到了赡养义务，尽到了我作为子女的义务。证据四，宣某的证言，他是我的租户，这个证言是2018年5月15日出的，证明是被告进屋并在地面上写辱骂我和我老伴的话。

审判员：被告进行质证。

被告：证据一没有异议，上面的字是我写的。证据二没有异议，案桌是我砸坏的，屋内的字迹也是我写的，但门锁不是我砸坏的。证据三属实，是陈某起诉我们的，但原告的证明内容不认可，确实是起诉过。这个法院立案了，但没有审理。证据四没有异议，认可。

审判员：被告进行举证。

被告：证据一，我母亲薛某的病例，证明我母亲的病是原告给气的。证据二，我妹妹陈某的证明5份，证明原告虐待我的父母，虐待致死。

审判员：被告还有其他的证据吗？

被告：没有了。

审判员：原告进行质证。

原告：证据一是我母亲的病例，证明内容不认可，生病不是我气的，我当时也不在家。证据二真实性有异议，是不是陈某写的不清楚，应该不是陈某的字迹。我认为是被告做的伪证。

审判员：被告，你说证明都是陈某写的，陈某到庭了吗？

被告：没有到庭，如果需要她到庭，可以让她到庭。

审判员：双方对事实还有补充吗？

原告：有，我母亲的病是跟我父亲生气打架得的，跟我没有关系。

审判员：被告还有补充吗？

被告：我母亲生病就是因为跟原告生气造成的。

审判员：双方还有补充吗？

原告：被告说我打我母亲，这个不是事实。我一辈子对得起我的父母。

审判员：法庭调查结束，对双方提交的证据，对方没有异议的，本院予以确认。下面进行法庭辩论。辩论焦点（法庭归纳辩论焦点）：被告写的字迹是否构成侵犯名誉权，被告是否应承担侵犯名誉权的责任。原告发表辩论意见。

原告：被告所说的情况都是谎言，很多事情被告都没有经历过。对方说我虐待父母，对方应该提交相应的证据。被告给我造成损失了，我有心脏病，我尽到我的责任了。

审判员：被告发表辩论意见。

被告：我认为我没有侵犯名誉权，这些都是事实，原告没有抚养父母，他就是要独占房产。原告就是虐待父母，长期辱骂父母。

审判员：双方还有其他的辩论意见吗？

原告：我认为被告的行为侵犯了我的名誉权，她在大街面上写辱骂我的话，侵犯了我的名誉权。

被告：我没有侵犯原告的名誉权。

审判员：法庭辩论结束，双方是否同意调解？

原告：不同意。

审判员：鉴于原告不同意调解，本院当庭不再做调解工作。下面进行最后陈述。

原告：坚持诉讼请求。

被告：坚持答辩意见。

审判员：休庭，双方当事人确认笔录无误后签字。

3. 侵权案件庭审笔录要点小结

(1) 侵权行为发生的时间、地点及背景。这些因素对于认定侵权行为具有一定意义。如当事人双方系邻居、平时不和，后因一件小事引起了斗殴。在这种情况下，如果背景不写清楚，就会使人对侵权行为的发生感到突然，找不到合理的解释。当然，对于背景的记录，不必过分详细，能说明问题即可。

(2) 侵权行为的经过及情节。这是侵权案件的核心内容。应当按照事件的发展过程，把侵权人、侵权手段、工具、后果及情节记录清楚，对于以不作为的方式表现出的侵权行为，同样应记录清楚。

(3) 侵权人的主观过错。除少数侵权案件不要求以侵权人的过错为成立要素外，一般侵权案件中，都要确认侵权人犯了主观过错，它包括两种情况：一是故意，即行为人明知自己的行为可能产生某种损害结果，仍然希望或放任这种结果的发生；二是过失，即行为人对自己行为的结果应当预见而没有预见，或已经预见却轻信能够避免。一般来说，行为人的故意或过失对于确定赔偿责任的大小没有多大意义，但在混合责任、共同责任或损害的发生主要是由受害人的过错引起的案件中，对于双方各自责任的承担，具有一定作用。

(4) 侵权行为造成的损害后果。损害后果主要包括财产方面的损害、人身健康方面的损害、人身精神方面的损害以及权利行使方面的损害。对于财产方面损害的记录，一定要准确、具体、清晰；如果是事后救济费用的，务必记明救济所必需。对于人身健康方面损害的记录，有法医鉴定的，以鉴定为准，无法医鉴定的，则客观、如实记录。对于人身精神方面损害的记录，重点放在受损害的事实上，如：名誉扫地、荣誉丧失、信用降低、精神上的痛苦、对工作和生活造成的不良影响等。对于权利行使方面损害的记录，重点放在那些合法的权利在行使时遇到的困难和阻力上。

（四）继承案件笔录实例及制作要点

1. 继承纠纷的概念

继承纠纷，是指公民死亡后有关其遗产继承相关问题产生的纠纷，包括：法定继承纠纷、遗嘱继承纠纷、遗赠纠纷、遗赠抚养协议纠纷等。

2. 典型继承案例及庭审笔录示例

(1) 案情简介。

被告简某原系原告赵某之子李某之妻，2016 年 9 月 21 日，原告赵某之子李某去世。李某生前留有两份遗嘱，一份经过公证，将其位于××县海德园的一套楼房留给其子李某某；一份自书遗嘱将除上述楼房以外的所有财产均留给了其妻简某。原告赵某认为，自己已 75 岁，且无生活来源，李某的遗产中应为自己留有必要的继承份额；同时提出，位于海德园的楼房是其所有的房屋拆迁置换所得，承包地虽是以李某的名义承包的，但实际上是赵某经营管理的，故诉于本院，要求继承李某承包地上的建筑物及树木、楼房及李某去世后的保险金。

（2）庭审笔录见示例 6－19。

示例 6－19

法庭审理笔录

（省略开庭地点、时间、审判人员、书记员信息，省略宣布法庭纪律、核对当事人、告知当事人诉讼权利义务部分。）

审判长：现在进行法庭调查，首先由原告赵某陈述起诉的事实理由和诉讼请求。

原告：原告之子、被告之夫李某因病于 2016 年 9 月去世，留有遗产，李某与被告简某于 2012 年再婚，生有一子取名李某某，现年 6 岁，李某与前妻有两个女儿，随前妻一起生活。我以李某名义，曾承包了本村土地五亩用于植树，又承包了四亩菜地，在承包五亩的土地内建猪舍 20 间，北正房 4 间，东西厢房各 2 间，厂棚 1 个，水塔 1 个，在承包田内栽杨树约 3 000 余棵，合款 30 000 余元，留有红砖 2 万块，合款 5 200 元。李某的个人保险金 5 万元，猪舍及房屋均系婚前财产，只有杨树为夫妻共同财产。

原告：还有冰箱一个、彩电一个、院墙、大泵一个、彩砖。

原告代理人：五亩土地实际上是八亩，是我们自己开垦的。

原告：我儿子入的保险，有保险金 5 万元。让被告简某取走了。

审判长：保险金指定受益人了吗？

原告：我不知道。另外，国家照顾我儿子发了 5 000 元钱。让被告简某取走了。

审判长：代理人补充一下。

原告代理人：我不清楚，有两个楼房，是拆迁得来的，我们把房子分给李某四间正房，厢房四间，还有南倒坐，共给了三套楼房，分给了原告的儿子和原告的儿子前妻穆某了。他们拆迁之前就离婚了，给穆某一套，属于原告的儿子的有二套。

审判长：这两套楼房现在在哪？

原告：海德庄园 5 号楼 601、602。被卖了一套。

审判长：什么时候卖的？

原告：我儿子生病的时候卖的，602 没卖。

审判长：还有其他补充的吗？

原告：没有。

原告代理人：不清楚了。

审判长：下面和原告核实几个问题，您老伴姓名、去世时间？

原告：我老伴叫李某某，三年前就去世了。

审判长：您生育子女情况、现在您和谁生活？

原告：我共生育五个子女，有两个儿子，还有三个女儿，都已经独立生活了，儿子李某已经去世了，女儿也死了一个，还有三个子女。我现在自己生活呢，地由别人给种呢，生活费子女们给点。除养老金之外没有其他收入。（涉及原告生活来源）

审判长：原告的具体诉讼请求？

原告：我要两块地。树木被告要也可以，按照法律规定给她可以。房子归我。保险金分为五份，我要五分之一。楼房我也要，要给我孙子，我可以不要，要给简某我就要。

审判长：被告对原告起诉的事实理由及诉讼请求进行答辩。

被告代理人：对原告陈述的两块地，被告认可，对于原告所说的这份地是原告承包的，我们不认可，原告和被告是分开居住的，而且地是以李某的名义进行承包的，原告作为家庭成员可能参与了劳动，我们认为应该一部分归简某所有，另一部分作为遗产。在2016年5月18日有一份遗嘱，遗嘱对两份承包地及树木建筑物等进行了处理，由被告受益，我们认为原告主张分割遗产有意见。

被告代理人：作为楼房，李某离婚时已经对楼房进行了分割，我们认为房子已经进行处分，不能作为遗产对待，602室可以作为遗产范围，但是在2016年5月12日，李某对602室进行了遗嘱处分，房子在2017年已经过户给李某某，我们认为应该尊重他的遗嘱。保险金的事实存在，但是5万元我们申请法庭进行调查，受益人是李某某和简某，所以不能作为遗产对待。砖之类的可以归原告所有。对其他财产不同意。

审判长：2008年8月25日李某和穆某离婚，对吗?

被告代理人：对。

审判长：简某又再婚了吗?

被告代理人：再婚了。

审判长：对当事人有争议的事实本庭归纳以下三点：一、争议的财产是否是李某去世时遗留的个人合法财产；二、公证遗嘱、自书遗嘱是否有效；三、原告赵某是否有生活来源?

审判长：针对第一个争议事项，争议的财产是否是李某去世时遗留的个人合法财产，首先由原告进行陈述并举证。

原告代理人：提供一份双井大队的证明，证明2007年承包土地两块，因李某和前妻离婚，无精力过多管理土地，因此由父母进行管理。提供一份交承包费票据。房子作为遗产，是原告母亲分给他们的。2002年原告拉的砖，由原告哥哥建房子使用了。

审判长：法警将原告提交的证据传递给被告进行质证，被告对原告提交的证据发表质证意见。

被告代理人：对双井村委员的证据，我们认为承包是以李某的名义进行承包，而且与原告又不是一起居住的，这份证据只是一种表面现象，由他父母进行管理，但是这种现象改变不了所有权的性质，我认为应该有一份合同证明所有权的性质。我们认为不能达到证明的目的，对承包费票据的真实性没有意见，但是被告认为，钱是由简某交纳的，只是落到原告手里。对原告提供的砖头的证明，我们认为与本案没有关系。

审判长：被告是否有证据提交?

被告代理人：没有。

被告代理人：因原告与被告原系婆媳，矛盾尖锐，证人不好给作证，为查清事实被告已提出申请，提供证人姓名，要求法院依法调查。

邢审判员：宣读调查笔录。(略)

审判长：原、被告对调查笔录有无异议?

原告：是不是事实我也不知道。

被告代理人：没有异议。

审判长：对本调查事项，待合议庭评议后确定。

审判长：下面进行第二争议事项的法庭调查：公证遗嘱、自书遗嘱是否有效？首先由被告陈述并提供证据。

被告代理人：提供公证遗嘱、自书遗嘱。自书遗嘱是2016年5月18日李某签字的遗嘱（略），公证书证明于2016年5月12日在××县十里堡镇双井村家内立下的前面的遗嘱。由公证员公证。海德楼房属于李某的产权份额，在李某去世后，由李某儿子继承。

审判长：法警将被告提供的证据递交给原告，原告进行质证，原告发表对证据的意见。

原告：第一，我儿子生病住院的时候，就是我伺候的，我儿子回家后要撞火车去，他为什么会这样？（质证意见）就是简某逼的，对经过公证的遗书认可，对自书的遗嘱不认可。

审判长：原告认为自书遗嘱是被胁迫情况下立的，有没有证据？

原告：没有。

审判长：对被告提供的公证遗嘱，原告提供不出反证，本庭认为公证遗嘱合法有效，予以确认，李某的自书遗嘱，原告对此有异议，但未提供反证。

审判长：下面进行第三事项的法庭调查：原告赵某是否有生活来源。首先由原告陈述。

原告：我不回答。

审判长：被告向法院申请调查原告是否有生活来源，我们和相关人员进行了调查，下面宣读调查笔录。

邢审判员：宣读2018年5月8日，本院对双井村会计李华的谈话笔录：略。郭英谈话笔录：略。

审判长：原告对李华、郭英陈述有无异议？

原告：有异议。

审判长：被告对李华、郭英陈述有无异议？

被告代理人：没有异议。

审判长：这份笔录是法院依职权调查的，笔录是否有效，有待于合议庭根据案情进行酌定。

审判长：下面恢复法庭调查，对遗嘱继承以外的铁棚子、水塔等，被告表示放弃，原告你是否要求这些东西？

原告：她给我我就要。

审判长：这是被告方提供的一份证据，我们到保险公司了解了一下李某的保险情况，受益人是李某某和简某。原告方有异议吗？

原告：对真实性没有异议。

被告：没有异议。

审判长：本庭对保险公司调查的证据当庭予以确认。

审判长：下面进行法庭小结，通过法庭调查、质证，此案原、被告均为第一顺序继承人，被继承人之女李秀某、李晓某认可李某遗嘱，对遗嘱未涉及的零星遗产表示放弃，本院准许，涉及的遗产有楼房一套，承包地上的树木、房屋、猪舍、院墙。争议的焦点有楼房权属问题、遗嘱效力问题、原告有无生活来源，法庭围绕争议的焦点问题进行辩论，首先由原告方发表辩论意见。

原告：和我法庭调查的意见一致。楼房我就给我孙子，但是房本我不能给，因为简某又生了一个孩子，土地被告要也行，1 500 元一亩给她。树我也要。保险金要五分之一。

审判长：被告方发表辩论意见。

被告代理人：对于楼房问题，原告也说，楼房已经公证了，原告说给她孙子也可以，但是不给产权证，我们认为产权证应该给他的监护人。对于承包地已经证明是被告结婚之后的财产，一半是遗产，一半是简某的，原告对自书遗嘱不认可，认为是被逼迫的，我们认为应该遵照遗嘱，保险金指定了受益人，不能作为遗产对待，我们认为，水塔和厂棚已经处理了，对保险金和楼房、土地，我们请求法院依法驳回原告的诉讼请求。

审判长：法庭辩论结束。下面恢复法庭调查，这是我们法院在现场照的照片，双方有无异议？

原告：没有。

被告代理人：没有。

审判长：对承包合同有无异议？

原告：没异议。

被告：没异议。

审判长：对承包合同法庭予以确认。

审判长：下面由当事人陈述最后意见，首先由原告方陈述最后意见。

原告：这两块地就是我以我儿子的名字进行承包的。

原告代理人：原告辛苦把儿子拉扯大，娶妻生子，为他们付出了一切，现在儿子去世了，就凭一份遗书，什么东西都是人家的，我们都是为人父母，我们以后怎么办？应该照顾老人。九亩土地以外的也算是原告的，是原告开垦的。

审判长：被告陈述最后意见。

被告：我们认为遗嘱是有效的，原告有无生活来源不影响对遗嘱的执行，我们要求法院对楼房、保险金和土地依法驳回原告的诉讼请求。

审判长：本案通过法庭调查，法庭辩论，人民法院审理民事案件，应根据合法、自愿的原则进行调解，我们希望双方当事人根据案件实际情况，本着实事求是的解决纠纷的原则，从团结和今后长远利益出发，在法庭主持下，双方相互谅解，达成一致意见。原、被告是否同意调解？

原告：同意调解。

被告：只是同意砖和水塔归原告所有，其他的不同意。

审判长：原告先说说你们的调解意见。

原告：我的意见是楼房给我孙子了，这两块地是我以我儿子名义进行承包的，简某都不知道这地是怎么弄的，归我，树不同意给被告，保险金也要求五分之一，对国家照顾的 5 000 元也要。

审判长：被告是否同意原告的调解意见？

被告：不同意。

审判长：因双方意见分歧较大，尽管法庭调解不能达成一致，原、被告双方放心，我们对争议的事情首先做到查清事实，并根据法律进行公正公开的判决，因双方分歧较大，本庭不再主持调解，双方当事人核对笔录无误后签字，现在休庭，本庭将择日判决。

书记员：宣布全体起立，请审判员退庭。

3. 继承案件庭审笔录要点小结

（1）被继承人死亡的时间、原因。被继承人死亡的时间在继承纠纷案件中具有十分重要的意义，该时间的确定直接关系到继承人及遗产的范围，因此，对这一事实必须记录明确具体。关于死亡时间的确定，一般应以医院死亡证明书注明的死亡时间为准；被宣告死亡的，以判决宣告之日为其死亡的日期，在记录上应写明年月日，个别案情应精确到时或分。被告人死亡的原因，一般也应记明，如果和案件有重要关系，如被继承人是因继承人谋害致死，死亡原因则应记录清楚、明确。

（2）各当事人与被继承人之间的身份关系。当事人与被继承人之间有无身份关系或何种身份关系，是直接关系到当事人是否享有继承权的根本问题，这一事实是法院必须查明和确认的，因此，记录时应多加注意，一定要明确、具体、规范。

（3）被继承人的主要遗产状况。继承纠纷案件，当事人主要是为遗产的归属发生争议，法院最后判决也必然要对遗产的归属作出决定，所以，对于遗产的记录，一定要明确具体。对于遗产的名称、规格、数量、新旧、特点、价格都要记清楚，必要时可用列表的形式记录，以便一目了然。有些案件涉及先析产后继承的问题，争议所涉及的财产中部分不属于遗产范围，在这种情况下，遗产的来源也要记录清楚。当然，被继承人的债务作为遗产的内容也应重点记录。

（4）纠纷发生的原因、经过及后果。这一部分总体来说不是案件的重要内容。但如果其中涉及影响案件处理的重要法律事实，则应记录清楚，如某个继承人放弃继承，某个继承人丧失继承权，享有继承份额的胎儿尚未出生等。

（5）被继承人有遗嘱的，对于立遗嘱的背景、内容应重点记录，包括立遗嘱的时间，代书遗嘱、打印遗嘱、录音录像遗嘱、危急情况下的口头遗嘱的在场见证人以及遗嘱的内容和经过（包括公证遗嘱的经过），因为根据我国继承法，遗嘱有效成立的条件是很严格的。

（6）有遗赠抚养协议的，应记明订立时的背景及协议的内容。

（五）房地产案件笔录实例及制作要点

1. 房地产纠纷含义

房地产纠纷指公民、法人或其他组织之间及他们相互之间基于房屋和土地的权利义务所发生的争议。司法实践中，主要有房屋产权、买卖、租赁、析产、继承、赠与、互易、典当、借用、抵押、拆迁、联建、装饰工程承揽、建筑承包、房屋侵权纠纷案件以及土地使用权出让、转让、侵权纠纷案件等。

2. 典型房地产案件及庭审笔录示例

（1）案情简介。

2018 年 5 月，案外人曹某到法院申诉称，2001 年自己购买李某、王某夫妻共有的房屋后赠与女儿、女婿。但是，2011 年王某与李某离婚时，仍将该房屋作为其夫妻共同财产请求分割，导致法院调解将房屋确认给李某所有。2018 年 2 月份，自己的女儿、女婿翻

建该房时，王某阻拦致使无法继续施工。随后，李某反而起诉自己的女儿、女婿，要求赔偿房屋损失。故此，请求法院对王某与李某离婚案件进行再审。

（2）庭审笔录见示例 6-20。

示例 6-20

法庭审理笔录

审判长：下面开始法庭调查。首先宣读再审裁定书（启动再审程序）。

北京市平谷区人民法院民事裁定书（2018）平民监字第×××××号

原审原告王某与原审被告李某离婚纠纷一案，本院于 2011 年 2 月 23 日作出（2011）平民初字第××号民事调解书，已经发生法律效力。本院院长提交审判委员会讨论认为，本案符合法律规定的再审条件，依照《中华人民共和国民事诉讼法》第一百九十九条、第二百条、第二百零六条的规定，裁定如下：

一、本案由本院另行组成合议庭进行再审；

二、再审期间，中止原调解书的执行。

院长李××

书记员郑××

二〇一八年五月二十六日

下面由合议庭组成人员宣读原审调解书。

代理审判员杨××：

北京市平谷区人民法院民事调解书（2011）平民初字第××号

原告王某，女，1963 年 9 月 24 日出生，汉族，平谷区大兴庄镇×××村农民，住该村。

被告李某，男，1960 年 5 月 19 日出生，汉族，平谷区大兴庄镇×××村农民，住该村。

案由，离婚。

原、被告于 1985 年 12 月登记结婚。婚后夫妻感情一般，生有一女一子（均已成年）。2002 年以来双方因家庭生活琐事经常发生吵打，以致夫妻分居生活。2011 年原告以夫妻感情破裂为由，诉至本院要求与被告离婚。被告同意离婚。

本案在审理过程中经本院主持调解，双方自愿达成协议如下：

一、王某、李某离婚。

二、共同财产，坐落在大兴庄镇×××村北街房屋三间半归王某所有；坐落在大兴庄镇×××村中路房屋三间归李某所有。

双方共同承包的鱼池由王某继续承包管理。

共同债务 98 534 元由王某负责偿还。

案件受理费五十元及其他诉讼费用十六元，由原告王某负担（已交纳）。

上述协议，符合法律有关规定，本院予以确认。

本调解书经双方当事人签收后，即具有法律效力。

审判员徐××
书记员祈××
二〇一一年二月二十三日

审判长：下面由合议庭组成人员宣读案外人申请书。

代理审判员刘东伟：

申请书

申请人，曹某，男，1947年4月15日出生，汉族，北京市平谷区大兴庄镇×××村村民，住该村。

被申请人，李某，男，汉族，1960年5月19日出生，北京市平谷区大兴庄镇×××村村民，住该村。

被申请人，王某，女，汉族，1963年9月24日出生，北京市平谷区大兴庄镇×××村村民，住该村。

请求事项：

一、请求人民法院对王某诉李某离婚一案依法再审，撤销北京市平谷区人民法院就该案作出的（2011）平民初字第××号民事调解书中之第二项协议内容，即共同财产：坐落在大兴庄镇×××村中路房屋三间归李某所有。

二、依法确认上述三间房屋归申请人所有。

事实及理由：

申请人与二被申请人为同村人，二被申请人原系夫妻关系（2011年2月23日经平谷区人民法院调解离婚）。申请人为解决家庭住房问题，于2001年11月以3.5万元价款购置二被申请人坐落于×××村中路三间北房。此后，申请人多次对该房屋进行修缮。2018年2月23日申请人为进一步改善居住环境，决定翻建上述房屋，至3月2日新房东西两山及后墙连磉基已建两米多高。此时二被申请人到施工现场阻拦施工，称该三间房屋是归他们所有，致使申请人无法施工。

2018年3月21日申请人之女婿臧某被李某诉至平谷区人民法院要求财产损失赔偿，开庭时被申请人出示平谷区人民法院（2011）平民初字第××号民事调解书，作为财产损害赔偿的证据，该民事调解书协议第二项确认，坐落于大兴庄镇×××村中路三间北房归李某所有。至此申请人才知道，二被申请人于2001年离婚时欺骗法院将本已不属于自己所有的上述房屋，作为夫妻共同财产予以分割导致平谷区人民法院将该房屋错误地确认给被申请人李某。二被申请人此种行为侵害了申请人的财产所有权，故此特向人民法院申请再审，请依诉讼请求予以裁决。

此致

平谷区人民法院
申请人　曹某
2018年5月5日

审判长：由于案外人对原审原被告离婚时财产的处分提出异议，本院认为符合再审条件，提起再审。再审将主要针对共同财产及涉及案外人财产部分进行，双方离婚已经发生法律效力，再审不予涉及。

审判长：下面由原审原、被告就案件事实陈述意见，对案外人的陈述进行答辩。

原审原告王某：今天如果是正式开庭，我的人怎么没来啊，我想找律师，我的律师怎么不来啊。

审判长：聘请律师的问题你应在庭前解决好。我们将你的子女及你的证人全部通知到了。你对案外人的申请书有异议吗?

原审原告王某：我离婚前，我们给他房子住，是曹某找的我，说其继子要结婚了，没地方住，要求借我的房子住。(争议焦点：房子是卖是借）我们和曹某有亲属关系，我就答应了。从那时就住下去了。我说让他们先住，我什么也没说。他要求借住时距离现在大约有10多年。我想养鸡，想让他们走。他不搬，曹某说去找其他的房子，但没有找到。我们夫妻打架时，我要求他们搬走，但他们还没有搬。

审判长：他说你房子卖给他了，根据你讲的是借给他住，在借给他住过程中，几次曾要求他们搬走，但他们没搬是吗?

原审原告王某：对。

审判长：下面你将离婚时财产分割的情况说一下。

原审原告王某：财产是经法院调解分割的。我们有两处房子，南边的是李某老家的房子归他了，北边的房子归我。债务我还。

审判长：曹某的申请书中说于2001年11月以3.5万元价款购置二被申请人坐落于×××村中路3间北房。此后，申请人多次对该房屋进行修缮。这个情况你清楚吗?

原审原告王某：他说的不是事实，不存在。我没卖房子。我没有补充的了。

审判长：下面传唤证人王某出庭作证。

证人王某：我叫王某，女，45岁，汉族，我现在在家养鱼，住北京市平谷区大兴庄镇×××村。我与本案当事人没有特殊关系。

审判长：按照相关法律规定，证人不得作虚假陈述，否则要负法律责任。你听清楚了吗?

证人王某：听清楚了。

审判长：请说明一下你要证明的事实。

证人王某：李珍是曹某的继女。一天我到李珍家玩时，王某也去了李珍家，她跟她们要买房的证明，说自己的丢了。李珍就给了王某买房的协议，王某拿到手里就撕了买房的协议，就走了。我没看到这个协议的内容，王某撕完后，李珍就坐在地上气哭了。

审判长：原审原告对证人的证言有什么意见?

原审原告王某：没有这个事实，她说的是捏造的。(对证人证言的质证)

审判长：证人有补充的意见吗?

证人王某：王某说得不对，就是她撕的房屋买卖协议。王某人品在村里不好，你们可以去我们村问问。

审判长：原审原告有问题询问证人吗?

原审原告王某：她就是说得不对。

审判长：证人在庭审结束后核对笔录，现在退庭。下面传证人孙某。

证人孙某：我叫孙某，男，54岁，我现在在家开小店，住北京市平谷区大兴庄镇×××村。

审判长：按照相关法律规定，证人不得作虚假陈述，否则要负法律责任。你听清楚了吗?

证人孙某：听清楚了。

审判长：证人陈述所要证明的事实。

证人孙某：1998 年到 2000 年我是在村里任村主任兼大队长，2001 年任副主任兼大队长。曹某是残疾人，李某的房子在新批了宅基地后，将旧的房子就卖给曹某了，我得知李某房子卖给曹某的情况是听曹某说的，这个事情谁也瞒不了谁，我们村谁都知道。大队知道这个情况，也没有异议。这类情况很多，大队不干涉。

审判长：原审原告对证人的证言有异议吗?

原审原告王某：孙某说得不对，我的房子是不会卖的，我想离婚不是一天两天的了，所以我的房子是不会卖的。孙某当干部，我们什么事情都没有找过他。对孙某证实的情况我不承认，孙某跟曹某是干哥们，他们走得近，村里人都知道。

证人孙某：我从 1989 年在生产队任队长，2002 年才不干的。1998 年我就是村主任兼大队长了。我跟曹某任何事情都没有，我是跟曹某的爸爸关系很好，跟曹某没有任何关系。今年 5 月 30 日下午四五点王某被拘走时，王某家人在大街上说，“这个房子 4 万元王某都没卖我，竟然 3 万元卖别人了。”

审判长：原审原告有什么意见?

原审原告王某：他们说得不对，我没有卖房子。我家里人 4 万元都不卖，不能卖外人 3 万元，没有这回事。

审判长：证人在庭审结束后核对笔录签字，现在退庭。下面宣读北京市平谷区大兴庄镇×××村村民王某红的证言及调查内容。

代理审判员刘东伟：李某文的母亲是内蒙人，改嫁曹某。曹某无儿无女，让李某文和她弟弟过来给曹某养老。李某文过来时已结婚，有四个孩子，没地方住，就在李某文那三间旧房住了一年多。后王某找到我，让我问问李某文买不买这三间房，如果不买就不让他们住了。我一问李某文，她说买我也没有钱呢，再和我后爹商量商量吧。后来她后爹曹某说，你为我养老来的，我借钱也给你买。

开始房价是 4 万元，最后说到 3.5 万元买了这三间房。签买卖协议时我在场，我老伴（已故）、孙某（现意识不清）、赵某（已故）做中间人，当时李某文两口子，曹某还有李珍夫妇在场。我后来听人说买房的协议让王某撕了。

审判长：原审原告王某对证人王某红的证言有什么意见?

原审原告王某：她说得不对，我跟她平时都没有接触。她做的是伪证。我们以前吵过架。就因为王某红跟她兄弟媳妇打架时，我批评过她几句，我们当时也吵起来了。我们没有别的关系了，就因为这个把她得罪了。我绝对不会卖房子的。

审判长：下面宣读 2018 年 5 月 27 日、5 月 31 日对大兴庄镇×××村原治保主任王某娟的调查材料。

代理审判员刘东伟：李某、王某夫妇过去与曹某两家关系不错。曹某过去是光棍，家穷娶不上媳妇，就从外地找一媳妇。这个媳妇带来一女一子，没地方住。曹某就找到村委会说想买房。村委会说让他自己去买，买谁家的都行。后他买了李某、王某的旧房。村委会知道这事，但没给做手续。李某、王某的旧房不足二分六，按当时的政策，不足二分六就另批宅基地，这样村委会就批给李某夫妇一处宅基地。他们把旧房卖给了曹某。卖完房之后没多长时间，就听说王某到曹某家把买卖契约撕了。

审判长：原审原告有什么意见?

原审原告王某：我盖房子批宅基地没有王某娟什么事，跟她没有关系。我跟王某娟有隔阂，她作的证不属实。

审判长：下面出示2018年4月2日×××村委会的证据及对该村现治保任高某的调查材料。

代理审判员刘东伟：大概今年三月份李珍盖房时，派出所找到村委会。我去曹某家，看见李某媳妇王某正在阻拦。派出所人说这事得找法院解决，这样曹家就没施工。后来我找以前的村干部王某林、孙某证实当时房卖给曹某了。我把卖房的事了解清楚了，虽然当时大队没做手续，但大队也知道，于是村委会出具证明，证明房屋已卖给曹某。

审判长：原审原告对刚才出示的证据有什么意见?

原审原告王某：我有意见，我因为房子的事情找过高某，他说的与事实不符。我不认可这些材料。

审判长：下面宣读2018年5月27日对×××村王某军的调查材料。

代理审判员刘东伟：我们两家关系不错，曹某跟我念叨想给闺女买房，当时我自己过，积攒了点钱，就借他1.5万元，5年后还的我。是曹某跟我借的，当时是曹某给他女儿买房，没说买谁的房子，房款3万多元。

审判长：原审原告对刚才出示的证据有什么意见?

原审原告王某：我不认识王某军，对他的证言我不认可。

审判长：刚才法庭宣读的证人证言及调查笔录，待合议庭评议后决定是否确认。下面原审原告王某向法庭举证。

原审原告王某：我没有出售房子。我的证人今天没有到场。我可以提供证人曹俊某，30多岁，开出租车的，证人曹某金，30多岁，做瓦工活的，还有王某丽，40多岁，他们都给我做过工作，让我卖房子给曹某闺女。

审判长：他们能证明给你做过工作，能证明你没卖房吗?

原审原告王某：不能。

审判长：还有吗?

原审原告王某：另外还有今年50多岁的曹某强和赵某军，他们能证明这个房子没卖。

审判长：本院于5月16日、5月27日两次要求你举证，你为什么不找他们，为什么不做材料?

原审原告王某：我没听明白，我以为法律是公正的，法律就会评断，就没让他们做材料。

审判长：本院就本案做了详细的相关工作，并且对你释明了相关事宜，要求你按时举证，不要与证人发生争执，但你不听劝阻，到大队部吵闹。因你违反民事诉讼法的规定，本院对你进行了拘留。针对你做的这些事情本院再次对你进行批评。今天，你的证人没有到庭，我们希望本次庭审结束后三日内（本月16日之前），你再去找相关证人取证，形成书面材料，提交法庭。你听清楚了吗?

原审原告王某：我听清楚了。我以为要卖房子就要有字据，不能只凭证人认定。

审判长：下面我问你几个问题。你们北街的三间半房屋是哪年建的?

原审原告王某：有十七八年了，不记得具体是哪年建设的。李某的房子是离婚后建的，是由我建的。

审判长：上次我们到村找你谈话时，你讲这个房子是租给案外人的，是哪年出租的，租金多少，你收租金有人证明吗？

原审原告王某：离婚前两年出租的，每年租金300元，收了多少年租金我不记得了。不是3 000元就是3 500元。我收这个租金没有人证明，离婚前租金是我收的，离婚后租金是李某收的。

审判长：法庭调查结束，下面原审原告王某进行最后陈述。

原审原告王某：对证人的证言我不服，他们做的是伪证，我没卖过房子。

审判长：现在休庭，合议庭需要对本案进行评议，下次开庭另行通知。

3. 房地产案件庭审笔录要点小结

房地产案件复杂的特点，给书记员的记录工作提出了较高要求。书记员应提前阅卷，同承办人交流审判思路，熟悉掌握双方当事人情况，争议的标的，法院需要着重调查的问题以及相关的证据等内容，为记录工作做好准备。针对房地产案件的审理特点，书记员应重点记录好以下几个问题：

(1) 双方当事人争议的焦点，即双方当事人争议的主要的权利义务内容。这是法院立案依据和开展一系列审判活动的中心。

(2) 对于双方当事人订立的合同，应紧紧围绕合同效力的审查记好以下内容：订立合同的双方当事人情况，订立合同的时间，合同的主要内容等；合同签订后必要的法律手续的办理情况，合同的履行、不履行或迟延履行的事实及原因；双方当事人请求变更或解除合同的事实理由；合同的主体资格、内容、必备手段、形式要件的审查情况以及法院对合同效力的认定。

(3) 房地产案件中的权利凭证是定案的重要书证，要求书记员记录好以下内容：土地使用权证、建设许可证、房屋所有权证载明的权属内容以及其他权利凭证的申请、核发登记情况；权利凭证载明的权利人是否具备主体资格、凭证的取得是否合法、申办程序和手续是否合法完备的审查情况；法院查证的权利归属的事实以及法院关于凭证所载权利人取得产权或使用权凭证的行为是否有效的认定。

(六) 劳动争议案件笔录实例及制作要点

1. 劳动争议的含义

劳动争议，是指劳动关系的当事人之间因执行劳动法律、法规和履行劳动合同而发生的纠纷，即劳动者与所在单位之间因劳动关系中的权利义务而发生的纠纷。它主要包括因职工录用、调动、辞退而引起的争议；因履行劳动而发生的争议；因劳动安全和卫生、工作时间和休息时间、保险福利而发生的争议；因职工的奖励和处分而发生的争议等。

2. 典型案例及庭审笔录示例

(1) 案情简介。

原告北京某饭店有限公司诉称：被告杨某某、杨某为我饭店的厨师，二人在2013年到我公司面试时，厨师长即向二人讲明在我公司工作期间每周休息一天，约定的工资内包含加班费。二被告表示同意后双方签订了书面劳动合同。二被告在工作5年之后要求我公司支付加班费，违背了自己的承诺。仲裁裁决认定我公司的工资构成中不包含加班费，而裁决我公司支付两名被告工作期间的加班费没有依据。现起诉请求法院判决我公司无须向二被告支付2013年8月19日至2017年8月12日期间的双休日加班工资。

被告杨某、杨某某辩称：我们在原告处工作期间，每周仅能休息一天，原告从未安排补休，也未支付我们加班费。在原告与我们签订的劳动合同中，约定的工资构成为基本工资、岗位津贴、福利津贴及固定奖金，并不包含加班费。故我们同意仲裁裁决内容，不同意原告的诉讼请求，原告应依照法律规定支付我们工作期间的双休日加班费。

（2）本案庭审笔录见示例6-21。

示例 6-21

法庭审理笔录

（省略宣布法庭纪律、核对当事人、告知当事人诉讼权利义务部分。）

审判长：下面进行法庭调查，首先由原告宣读起诉书。

原告：被告杨某某、杨某为我饭店的厨师，二人在2013年到我公司面试时，厨师长即向二人讲明在我公司工作期间每周休息一天，约定的工资内包含加班费。二被告表示同意后双方签订了书面劳动合同。二被告在工作5年之后要求我公司支付加班费，违背了自己的承诺。仲裁裁决认定我公司的工资构成中不包含加班费，而裁决我公司支付两名被告工作期间的加班费没有依据。现起诉请求法院判决我公司无须向二被告支付2013年8月19日至2017年8月12日期间的双休日加班工资。

审判长：原告，对起诉书内容有无补充？

原告：没有。

审判长：被告杨某对原告起诉的事实、理由以及具体的诉讼请求进行答辩。

被告：2013年7月，我和其他3名厨师应聘时，原告与我们约定了工资数额，特别约定了加班费给付办法，以解决我们工资数额偏低的情况。签合同时，只约定了3项，固定工资中不包括加班工资，而是有特殊的约定。宣读合同书（略）。我和饭店合同的终止日期是在2019年，请求法院判令饭店在规定时间内支付我加班工资及经济补偿金。

审判长：被告对答辩状有无补充？

被告：要求饭店赔偿我加班工资的银行存款利息5 685.17元。要求法院追究原告的伪证责任。(被告提出反诉)

审判长：原告就被告在答辩中增加的请求发表意见。

原告：我们不予认可。因为在原、被告签订合同前，我们双方对工资、加班费等都做了明确的说明和约定。违约抵押金的提法完全是被告编造出来的。我公司实行电脑考勤，二被告存在多次漏刷卡、迟到、早退的情况。

审判长：杨某在公司任什么职务？

原告：热菜主管，七级工资。

审判长：请被告于三日内就你提出的反诉请求提交反诉状并交纳反诉费。听清了吗？

被告：听清了。

审判长：双方对仲裁委员会查明事项有无异议？

原告：对于裁决查明事项无异议，杨某主张的请求已超过期限，另外，工资中已包括加班工资，所以我们不服裁决。

被告：对于裁决查明事项无异议。

审判长：杨某、杨某某的合同继续履行还是已经终止了？

双方：继续履行。

审判长：被告工资的计算公式？

被告：二被告的工资标准自入职以来就未改变。

审判长：2017 年 8 月 14 日以后，二被告不存在每周多工作一天。

双方：对。

原告：因为我们公司任某那个案子以后，我就不再安排一周上六天班了。

审判长：二被告为什么要向仲裁委申请要求支付加班费？

被告：因为原告在员工中收取的抵押金（加班费）扣留的时间很长。

审判长：下面进行举证、质证。首先由原告举证。

原告：第一份证据提交杨某自己书写的证据、顺义区人民政府网站工作文件，证明杨某之所以写了“共计”两个字，说明其已经认可月工资 3 000 元的情况。第二份证据工资表，证明杨某、杨某某的工资收入。第三份证据，范某的证言，证明所谈工资的包干内容。对违约抵押金的提法是伪证，我们向员工收取工服抵押金是合理的，在员工离岗后，我们会退还给他们。押金单上注明的时间是收取的时间。第四份证据，劳动合同书，证明我们和被告存在劳动合同关系，我们当初就是相信在面试时向被告说明了工资中包含加班费，就没有再明细的说明，这就是我们不懂这些东西，而且我们相信大家都是诚信的。第五份证据，调查笔录，证明除了涉案四个人调整一栏是加班费外，其他员工的加班费都是不固定的。

审判长：被告发表质证意见。

被告：原告未向法庭提交新合同，因为新合同中对工资的约定更加明确。对于退回押金的说明，作为英文的版本，应该有译文，对证据本身无异议，他们的押金是 2017 年 8、9 月份退的，二被告是用加班费折抵的抵押金，没有收据，所以退不了押金。工资表的级别对，对工资表真实性存在异议，原告对于厨师主管的工资标准定的较低。杨某书写的材料不能证明 3 000 元钱包含了加班费，这份证明是在任某向原告讨要加班费时，原告让二被告为其书写的证言。对调查笔录的真实性无异议。

审判长：传证人范某到庭。

证人：范某，男，北京某饭店有限公司厨师长，住北京市朝阳区。

审判长：你出庭作证要如实陈述。

证人：知道。

审判长：什么时间到原告处工作的？

证人：2000 年。2013 年 4 月起做厨师长。

审判长：厨师部有多少人？

证人：目前 21 人。

审判长：你出庭要证实什么？

证人：2013 年 7 月，饭店中厨房需要 4 名厨师，工资待遇是 4 个人工资大包干，1 万

元，每周休一天，有年假，我找了几个同行，根据这个待遇去找人，其中一个人叫石某，他介绍了2批人，杨某等4人是一批，我对他们进行了初步面试，交代了工资待遇及简单的情况，约定10天进行技术考试，最后，从几批人中选定了这4个人。

审判长：工资是怎么约定的？

证人：酒店定的4个人工资共1万元，什么都包括。（证人所证明事项）

审判长：7级厨师、8级厨师的工资标准？

证人：1 000多元。

审判长：饭店内还有其他人是大包干吗？

证人：没有了。

审判长：你的月工资？

证人：4 000元。不包括加班工资，加班工资另报。

审判长：双方有无向证人提问的？

被告：证人，2017年8月份以后就停止了对二被告的加班安排？

证人：对。

被告：2017年8月份以后二被告的工资较从前改变了吗？

证人：没有。

审判长：双方当事人对证人证言有无异议？

原告：没有异议。2017年7月以后改为每周休2天工资没有变化，是因为任某已经钻了空子，我就不可能再让别人这样做了，所以，我硬性向证人规定，工资不减，每周五天的工作日。

审判长：下面由被告举证。

被告：提交劳动合同书，合同书中约定了加班工资，杨某和杨某某的月工资中不包括加班费。提交工资条，证明二被告的工资总额中不包含加班工资。考勤记录，证明二被告自2013年8月至2017年8月，每周加班一天。证人证言，证明签订合同时人事部对工资的具体解释。

审判长：原告发表质证意见。

原告：对合同没有异议。对证人证言部分有异议，对其他证据无异议。对于原告厨师级别工资标准，这个工资标准是原告自己定的。

审判长：双方对本案事实部分还有何补充？

双方：没有。

审判长：法庭调查结束，现在进行法庭辩论。双方围绕二被告的工资中是否包括加班工资这个焦点进行辩论。

原告：实际上，二被告已经承认我公司工资大包干的情况，另外，导致今天这种状况，我公司也有责任，因为我们实在是疏忽了。

被告：原告违反了相关规定，无故拖欠二被告的加班工资，不仅要给付加班费还要加发补偿金。

审判长：法庭辩论结束。双方是否同意调解。

原告：同意调解。

被告：不同意调解。

审判长：鉴于被告不同意调解，法庭不再主持双方调解。

审判长：双方作最后陈述。

原告：坚持诉讼请求。

被告：坚持答辩意见。

审判长：现在休庭，双方阅笔录签字。

3. 劳动争议案件庭审笔录要点小结

（1）劳动争议案件当事人争议的焦点是书记员在记录中需要首先明确的问题。争议的焦点反映了劳动争议案件的性质，在一定程度上体现了案件的具体内容，书记员的记录工作将以此为中心而展开，因此，书记员在记录时必须根据双方当事人的诉辩，把握案件争议的焦点。

（2）在劳动争议案件审理中，人民法院对于用人单位作出的处理决定在程序上和实体上是否合法的审查是书记员记录的重要内容。对于用人单位根据它所认定的事实，适用相应的法律法规或内部规章而作出处理决定的具体内容要记录清楚。在处理程序上，为依法保护劳动者利益，防止用人单位滥用职权，劳动法对用人单位处理劳动者的程序作出严格规定。用人单位对劳动者作出处理决定时是否遵守了劳动法规规定的程序是法院审查其行为是否合法的重要依据，也是书记员记录的重点内容，如作出处理决定时是否通知了工会，是否征求了工会意见，是否经过职工代表大会或职工大会讨论决定，是否允许劳动者申辩等。在实体上，用人单位作出的处理决定所根据的事实是否充分，所适用的法律法规或内部规章是否正确是法院审查的重点，书记员在实体审查时应注意记录以下问题：

第一，用人单位的处理决定是否超越权限，用人单位的负责人在作出处理决定时是否有不法行为和不当动机，以合法的形式掩盖其非法的个人目的；

第二，适用的法律法规是否正确，按照用人单位制定的内部规章制度处理的，该规章制度是否同国家的法律法规相抵触以及法院对其效力的认定；

第三，用人单位与劳动者签订的劳动合同是否同国家的法律法规相抵触以及法院对于劳动合同效力的审查认定。

三、常见行政案件笔录的制作

行政案件是指行政相对人对行政机关或者法律、法规授权的组织对其所作出的具体行政行为不服而引发争议的案件。

从一般意义上而言，书记员在制作各类行政案件庭审笔录的过程中，需要从两个方向理清思路。一是行政案件司法审查的标准。行政案件的司法审查标准是审查被诉具体行政行为的合法性，具体包括：行政主体资格审查、行政职权审查、行政程序审查、作出行政行为所依据的事实和证据的审查。二是原告、被告双方质证的基本思路，即在针锋相对的庭审过程中，原、被告双方所进行的质证活动主要是围绕各方所持证据的合法性、客观性和关联性而展开。下面以常见的两类行政案件为例介绍行政案件笔录制作。

（一）行政处罚案件

1. 行政处罚的含义

行政处罚是指具有行政处罚权的行政主体为维护公共利益和社会秩序，保护公民、法人或者其他组织的合法权益，依法对行政相对人违反行政法律规范而尚未构成犯罪的行为所实施的法律制裁。行政处罚案件是常见行政案件之一，其数量居于人民法院行政庭受理案件之首。

2. 行政处罚典型案例及庭审记录要点

（1）行政处罚案例案情简介。

某日，上诉人范某开车到邮局领取邮件，车停在邮局附近。10分钟后，范某回到车上发现了某市公安局交通警察支队一张违章停车罚款单。范某心中纳闷，这附近既没有隔离设施，也没有禁停标志，怎么就违章呢？范某对处罚不服而向某区人民法院提起诉讼，一审判决结果维持了某市公安局交通警察支队的处罚行为。于是，范某向某市中级人民法院提出了上诉。

（2）本案庭审笔录见示例6-22。

示例 6-22

法庭审理笔录（第一次）

时间：

地点：某市中级人民法院某号法庭

是否公开审理：公开旁听人数：________人

审判长：李××

审判员：王×、李×

书记员：苗××

书记员：宣布法庭纪律

根据《中华人民共和国人民法院法庭规则》规定，旁听人员必须遵守下列纪律：（略）

审判长宣布开庭：

某省某市中级人民法院行政审判庭，依照《中华人民共和国行政诉讼法》第五十四条的规定，今天在这里公开审理上诉人范某诉被上诉人某市公安局交通警察支队公安交通管理行政处罚上诉一案。现在开庭。

审判长：下面核对当事人情况。上诉人，请报上你的姓名、性别、出生年月日、工作单位、职务、现在住所地。

上诉人（原审原告）范某，男，1967年9月5日出生，汉族，无职业，住某市某区某路某号。

审判长：有无委托代理人进行诉讼？

上诉人：有。

审判长：请说明委托代理人姓名、工作单位、职务和委托权限。

上诉人：委托代理人邱千，某律师事务所律师。委托权限：代为承认、放弃、变更诉讼请求，代收法律文书。

审判长：被上诉人（原审被告），请报上你的机关名称、机关所在地、法定代表人姓名、职务。

被上诉人（原审被告）：某市公安局交通警察支队。机关所在地：某市某区某路72号。法定代表人赵×，男，系支队长。（未到庭）

审判长：有无委托代理人进行诉讼？

被上诉人（原审原告）：有。

审判长：请说明委托代理人姓名、工作单位、职务和委托权限。

被上诉人：委托代理人李强、齐来，某律师事务所律师。委托权限：代为承认、放弃、变更诉讼请求，代收法律文书。

审判长：各方当事人，对本案的对方当事人出庭人员有无异议？

均答：没有。

审判长：经核对，各方当事人及委托代理人符合法律规定，可以参加本案诉讼。

审判长：本庭由本院审判员李××担任审判长，与审判员王×、李×共同组成合议庭，书记员鲁×担任本庭记录。

审判长：宣读行政诉讼当事人享有的诉讼权利和义务：有委托代理人进行诉讼的权利；有使用本民族语言、文字进行诉讼的权利；有申请审判人员、书记员、翻译人和鉴定人回避的权利；经法庭许可，可以向证人、鉴定人、勘验人发问；被上诉人有举证的义务，对方有质证的权利；有辩论的权利；有发表最后意见的权利；在宣判前，上诉人有申请撤回上诉的权利；有权阅读法庭笔录。认为确有错误，可以申请补正。经法院许可，可以查阅本案庭审材料，请求复制该材料或者法律文书，但涉及国家机密、商业秘密或个人隐私的除外；有遵守法庭纪律的义务；有执行法院生效裁判的义务。

审判长：各方当事人是否听清了？

均答：听清了。

审判长：各方当事人，是否对合议庭组成人员及书记员申请回避？

均答：不申请。

审判长：各方当事人，是否有证人出庭作证？

均答：没有。

审判长：本庭采取质辩合一的审理方式，不单独设立辩论阶段，请各方当事人和代理人在庭审审查时充分发表意见。各方当事人是否听清了？

均答：听清了。

审判长：上诉人范某诉被上诉人某市公安局交通警察支队公安交通管理行政处罚上诉一案，现在开始审理。

审判长：由交警支队宣读被诉具体行政行为内容。

被上诉人：（略）。

审判长：范某，交警支队刚才宣读的具体行政行为与你向原审法院起诉的是否一致？（被诉行政行为的审查，行政案件庭审笔录记录要点）

上诉人：一致。

审判长：各方当事人，对原审判决书内容是否清楚？

均答：清楚。

审判长：鉴于各方当事人对原审判决书内容清楚，本庭不再宣读。

（陈述行政争议阶段）

审判长：范某，请向法庭简要陈述你的上诉请求及理由。

上诉人：（详见上诉状）。

审判长：交警支队，是否收到了范某的上诉状？

被上诉人：收到了。

审判长：是否递交了书面答辩状？

被上诉人：没有。

审判长：请简要陈述答辩意见。

被上诉人：范某所述没有任何事实依据及法律依据，原审判决认定事实清楚、证据确凿、适用法律正确，请求二审法院维持原判，驳回范某的上诉。

审判长：经过听取各方当事人对行政争议的陈述，法庭认为本案的审查客体是：(1) 被诉具体行政行为是否合法；(2) 原审判决是否正确。各方当事人有无意见？(法庭归纳庭审要点)

均答：没有。

(审查辩论阶段)

审判长：交警支队，请向法庭说明作出被诉具体行政行为的职权依据。

被上诉人：根据《道路交通安全法》第八十七条之规定。

审判长：范某，对交警支队的职权依据有无异议？

上诉人：没有。

审判长：经合议庭评议，交警支队具有作出本案被诉具体行政行为的法定职权，本庭予以确认。

审判长：交警支队，法律、法规规定作出具体行政行为应具备哪些事实条件？

被上诉人：根据《道路交通安全法》第九十三条的规定。

审判长：请向法庭陈述作出被诉具体行政行为的事实根据是什么？

被上诉人：范某违法停放车辆并影响其他行人及车辆通行。

审判长：范某，对交警支队陈述的事实根据有无异议？

上诉人：我停车的地方二百米内没有任何禁行标志，而且我停车的时间很短。

审判长：交警支队，有无答辩意见？

被上诉人：没有。

审判长：范某，有无答辩意见？

上诉人：我当时停的地方现在就是一个自行车停车的地方，并没有任何标志。

审判长：交警支队，证明上述事实根据的证据是什么？

被上诉人：与原审判决所列一致。

审判长：范某，对交警支队提供的证据有无质疑？

上诉人：交警支队提供的证据根本证明不了被处罚的地方有隔离带，也没有禁行标志。

审判长：交警支队，进行答辩。

被上诉人：照片上可以看出来车辆的右侧有隔离设施。

审判长：交警支队，法律、法规对你作出的具体行政行为程序上有什么要求？有几个步骤？(程序审查，行政处罚案件庭审记录要点)

被上诉人：根据《道路交通安全法》第一百零七条，《道路交通安全违法行为处理程序规定》第八条、第二十五条、第二十六条之规定。

审判长：你们的执法程序是否符合法律规范的要求？

被上诉人：符合。

审判长：范某，对交警支队的执法程序有无异议？

上诉人：交警支队是以一般程序开始，以简易程序结尾；在送达通知书的时候，通知书应当交到范某的手里。

审判长：交警支队，进行答辩。

被上诉人：范某所述的是两回事。

审判长：简易程序属于什么程序？

被上诉人：不属于处罚程序。

审判长：范某，有无异议？

上诉人：交警支队所说的道路交通违法行为处理通知书与《交通警察道路执勤执法工作规范》是同一法律文书是没有法律依据的；《道路交通安全违法行为处理程序规定》第八条，所规定的是违法行为的现场；交警支队所述适用《道路交通安全违法行为处理程序规定》第二十五条、第二十六条是矛盾的，交警支队在执法程序上混淆了一些规定，该条规定的是机器监控。

审判长：交警支队，有无答辩意见？

被上诉人：监控可分为两种，一种是机器的监控，另一种就是人进行拍摄监控。

审判长：有没有相关解释？

被上诉人：没有。

审判长：范某，有无答辩意见？

上诉人：我现在就想知道交警支队到底是在什么地方处罚的？

（终结审查辩论阶段）

审判长：对法庭调查的上述问题，各方当事人还有没有新的问题向法庭陈述？

均答：没有。

（综合陈述阶段）

审判长：下面法庭进行综合陈述，请各方当事人针对被诉具体行政行为综合发表意见，法庭审查阶段已经审查的问题，不要重复陈述，如果没有综合意见可以不发言。

审判长：请范某发言。

上诉人：撤销原判。

审判长：请交警支队发言。

被上诉人：维持原判。

审判长：经法庭调查，本法庭已听取了各方当事人的陈述，在本庭评议时会充分考虑各方当事人的意见，现在宣布休庭，各方当事人看笔录无误后签字。

均答：好。

上诉人：
被上诉人：
合议庭成员：

3. 本案庭审笔录分析

庭审中，本案的争议焦点是：(1) 被诉的某市公安局交通警察支队作出的行政处罚行为是否合法；（2）原审判决是否正确。根据这两个焦点，双方当事人围绕着行政处罚行为的依据、行政处罚的事实依据以及行政处罚程序是否正确、合法进行了举证和质证。书记员应全面、准确记录上述要点，切不可遗漏，以保证案件审结后，庭审笔录能够真实、可靠地反映案件的审理情况，为法官的判决提供可靠的依据。

（二）行政许可案件

1. 行政许可的含义

行政许可是指行政主体根据行政相对人的申请，经依法审查，通过颁布许可证、执照等形式，赋予或确认行政相对人从事某种活动的法律资格或法律权利的一种具体行政行为。

2. 行政许可典型案例及庭审记录要点

（1）行政许可案例案情简介。

2013 年 7 月 8 日，××市××区××街道办事处获得××市规划和国土资源局的批准在百源大厦（即××区××街六十甲）处建设房屋。××区××街六十甲业主委员会认为该许可行为侵犯了其所代表所有业主的合法土地使用权，于是，一纸诉状将××市规划和国土资源局告上法庭，要求确认××市规划和国土资源局为街道办事处发放的××规建证字×号《建设工程许可证》的行为违法并予以撤销，但一审法院认为××市规划局和市国土资源局的许可行为合法，维持了该许可行为。××区××街六十甲业主委员会不服，向上一级人民法院提出了上诉。

（2）庭审笔录见示例 6－23。

示例 6－23

法庭审理笔录（第一次）

时间：××××年×月×日上午×时×分至×时×分

地点：××市中级人民法院×号法庭

是否公开审理：公开

旁听人数：______人

审判长：于××

审判员：袁×、李×

书记员：朴×

书记员：宣布法庭纪律（略）

审判长宣布开庭：

××省××市中级人民法院行政审判庭，依照《中华人民共和国行政诉讼法》第四十五条的规定，今天在这里公开审理上诉人××区××街六十甲业主委员会诉被上诉人××市规划和国土资源局××分局要求撤销建设工程规划许可证上诉一案。现在开庭。

审判长：下面核对当事人情况。上诉人，请报上你的单位名称、单位所在地、法定代表人姓名、职务。

上诉人（原审原告）：××区××街六十甲业主委员会，住××市××区××街六十甲。负责人孟××，女，系主任。

审判长：有无委托代理人进行诉讼？

上诉人：有。

审判长：请说明委托代理人姓名、工作单位、职务和委托权限。

上诉人：委托代理人蓝×、田×，××律师事务所律师。委托权限：特别代理，代收法律文书。

审判长：被上诉人（原审被告），请报上你的机关名称、机关所在地、法定代表人姓名及职务。

被上诉人××：市规划和国土资源局××分局。机关所在地：××市××区××街××号。法定代表人吕浩，男，系局长。（未到庭）

审判长：有无委托代理人进行诉讼？

被上诉人：有。

审判长：请说明委托代理人姓名、工作单位、职务和委托权限。

被上诉人：委托代理人陈秉杰，系该局规划科科长。委托权限：代为承认、放弃、变更诉讼请求，代收法律文书。

审判长：原审第三人，请报上你的单位名称、单位所在地、法定代表人姓名及职务。

原审第三人：××市××区××街道办事处，住所地××市××区××街8－1号。法定代表人李×，男，系主任。

审判长：有无委托代理人进行诉讼？

第三人：有。

审判长：请说明委托代理人姓名、工作单位、职务和委托权限。

第三人：委托代理人曾×祥，系副主任。委托权限：代为承认、放弃、变更诉讼请求，代收法律文书。

审判长：各方当事人，对本案的对方当事人出庭人员有无异议？

均答：没有。

审判长：经核对，各方当事人及委托代理人符合法律规定，可以参加本案诉讼。

审判长：本庭由本院副庭长于××担任审判长，与审判员袁×、李×共同组成合议庭，书记员朴××担任本庭记录。

审判长：宣读行政诉讼当事人享有的诉讼权利和义务：（略）

审判长：各方当事人是否听清了？

均答：听清了。

审判长：各方当事人，是否对合议庭组成人员及书记员申请回避？

均答：不申请。

审判长：各方当事人，是否有证人出庭作证？

均答：没有。

审判长：本庭采取质辩合一的审理方式，不单独设立辩论阶段，请各方当事人和代理人在庭审审查时充分发表意见。各方当事人是否听清了？

均答：听清了。

审判长：上诉人××区××街六十甲业主委员会诉被上诉人××市规划和国土资源局××分局要求撤销建设工程规划许可证上诉一案，现在开始审理。

审判长：业主委员会，你向原审法院提起诉讼的诉讼请求是什么？

上诉人：要求原审法院对××市规划和国土资源局为街道办事处颁发的×规建证字×号《建设工程规划许可证》确认违法并予以撤销，由××市规划和国土资源局承担本案的诉讼费用。

审判长：你要求法院确认××市规划和国土资源局为街道办事处颁发的×规建证字×号《建设工程规划许可证》行为违法还是予以撤销？

（在行政二审案例中，上诉人的诉讼请求是行政许可的庭审记录要点）

上诉人：先确认违法再撤销。

审判长：由××市规划和国土资源局宣读被诉具体行政行为内容。

被上诉人：（略）。

审判长：业主委员会，××市规划和国土资源局刚才宣读的具体行政行为与你向原审法院起诉的是否一致？（被诉行政行为的审查，行政许可的庭审记录要点）

上诉人：一致。

审判长：各方当事人，对原审判决书内容是否清楚？

均答：清楚。

审判长：鉴于各方当事人对原审判决书内容清楚，本庭不再宣读。

（陈述行政争议阶段）

审判长：业主委员会，请向法庭简要陈述你的上诉请求及理由。

上诉人：（详见上诉状）。

审判长：各方当事人，是否收到了业主委员会的上诉状？

均答：收到了。

审判长：××市规划和国土资源局，是否递交了书面答辩状？

被上诉人：没有。

审判长：请简要陈述答辩意见。

被上诉人：我局依照××市相关的法律法规，并对现场进行了勘察，给街道办事处颁发了《建设工程规划许可证》，我们也是为了××街道的居民享受住房，所以我们的行政行为是合法；请求二审法院维持一审判决。

（被上诉人实施行政许可行为的依据，行政许可案件庭审记录的要点）

审判长：街道办事处，是否递交了书面答辩状？

第三人：没有。

审判长：请简要陈述答辩意见。

第三人：我们已经听取了百源大厦居民的意见。

审判长：业主委员会，你有没有以业主委员会的名义提起诉讼的法律依据？

上诉人：业主委员会是代表全体业主的组织。

审判长：你提起诉讼的事实根据是什么？

上诉人：诉争房屋建在社区内，建房的地方是所有业主的共有部分，也没有经过所有业主的同意，规划局在审批的时候也没有认真审查，××市规划和国土资源局的行为是侵犯了所有业主的土地使用权。

审判长：为什么本案没以业主的名义提起诉讼？

上诉人：业主委员会都是由业主组成的。

审判长：业主委员会本身对土地有没有土地使用权？

上诉人：没有，全是业主的。

审判长：业主委员会是何时成立的？

上诉人：××××年××月××日。

审判长：是否经有权机关登记的？

上诉人：××市××区小区管理办公室备案登记。

审判长：该登记是否符合《物业管理条例》第十六条的规定？

上诉人：符合。

审判长：××区房地产行政主管部门是哪？

上诉人：××市××区小区管理办公室。

审判长：业主委员会有没有独立的经济来源？

上诉人：没有。

审判长：业主委员会都有谁？

上诉人：都是业主。

审判长：诉讼费由谁来出？

上诉人：业主集资出的。

审判长：业主委员会所述其最初在原审法院立案的时候是以业主的名义立案，原审法院没有给予立案，现在才以业主委员会的名义提起的诉讼对不对？

上诉人：对。

审判长：业主委员会在庭审中已经明确阐明××规划局的发证行为侵犯了全体业主的土地使用权，原审法院对业主委员会的诉讼指导，对于业主委员会的起诉是否符合法定起诉条件待合议庭评议后待定，现在宣布休庭，各方当事人看笔录无误请签字。

均答：好。

上诉人：

被上诉人：

合议庭成员：

3. 本案庭审笔录分析

本庭审仅是本案审理的第一次庭审，本次庭审中，该庭审的争议焦点是：(1) ××市规划和国土资源局授予该街道办事处建设许可证的行为是否合法；(2) 原审判决是否正确；(3) 该业主委员会是否具备诉讼主体资格。根据这些焦点，三方当事人围绕着行政许可行为的依据、行政许可的事实依据是否正确、合法，业主委员会是否具备诉讼主体资格进行了举证和质证。书记员应全面准确记录要点，不可遗漏，以保证案件审结后，庭审笔录能够真实、可靠地反映案件的审理情况，为法官的判决提供可靠的依据。

经验提示 6-26

我国最高人民法院主办的中国庭审公开网，汇集来自全国各级人民法院大量案件庭审直播与庭审录像，为学员熟悉庭审、提升庭审笔录制作能力提供真实素材，推荐广大师生学习应用。

【引例解答】

引例中，小孟记错当事人性别、记错开庭情况，这些错误显而易见，也是我们在工作中多加用心即可避免的尴尬。提前阅读卷宗，套用模板时认真按照新案件信息更新模板内容，并在制作好新案件笔录后进行检查即可有效避免这样的工作差错。

【本章小结】

书记员作为人民法院笔录制作的主体，需要能够依法完成人民法院刑事审判、民事审判以及行政审判活动中所涉及的讯问笔录、庭审笔录、合议庭评议笔录、审判委员会笔录、宣判笔录等的制作任务。书记员的上述工作任务，不仅仅是人民法院行使审判权的表现形式之一，它更从某种意义上直接影响着人民法院审判职责的完成质量、效果和社会评价，因此，书记员有责任、有义务高质量地完成该项工作任务，保证笔录制作的准确、全面、高效、整洁。

【课后思考题】

1. 简述人民法院笔录类文书的特征。
2. 简述刑事案件审理笔录的制作规范、具体要求。
3. 简述民事案件宣判笔录的制作规范、具体要求。
4. 简述盗窃案件的庭审笔录的记录要点。
5. 简述离婚案件的庭审笔录的记录要点。
6. 简述行政处罚案件的庭审笔录的记录要点。

第七章　庭审事务

☆应当懂得，一次不公正的裁判，其恶果甚至超过十次犯罪。因为犯罪虽是无视法律——好比污染了水流，而不公正的审判则毁坏法律——好比污染了水源。

——（英）培根大法官

【本章提要】

本章主要以《民事诉讼法》《刑事诉讼法》《行政诉讼法》等相关程序法律规定为基础，阐述人民法院书记员从立案庭将案件移交到各业务庭开始到案件审理终结这一过程中，在法官的指导下，协助法官完成诉讼行为所需要履行的工作任务及工作流程，即针对不同性质的案件在不同审级的庭审事务，包括庭前事务、庭中事务和庭后事务。

【能力目标】

1. 熟练掌握并操作书记员在各审判庭庭审事务中（包括庭前、庭中和庭后）的工作任务、工作流程以及工作要求。

2. 协助法官完成各种诉讼行为，学习如何让人民法院的审判工作顺利进行。

【学习建议】

1. 复习民法、刑法、行政法等实体法，以便掌握各类案件的法律关系、案件争议事实等相关内容，为做好笔录以及其他事务性工作奠定基础。

2. 着重复习《民事诉讼法》《刑事诉讼法》《行政诉讼法》等程序法中涉及期间、证据、庭审程序等方面的相关法律知识以及法律条文，以便优质高效地辅助法官完成庭审事务工作。

3. 明确各审级不同审判庭的工作任务，掌握工作流程。

【引例】

小陆是某县人民法院刑事审判庭书记员，2018 年 9 月 1 日小陆打电话通知人民陪审员李老师第二天一早 9 点到法院参加庭审工作。下班前，小陆将第二天的开庭信息进行了公告。9 月 2 日 8 点 30 分，小陆将审判席上的身份牌摆放为审判长、审判员和审判员。9 点庭审开始，小陆才发现自己的速录机出了故障，急急忙忙找其他同事借设备，20 分钟之后才做好记录准备。庭审结束后，小陆对合议庭评议进行记录，但没有记录人民陪审员李老师的有关事实认定的评议意见。

第一节　第一审案件庭审事务

一、民事审判庭第一审案件庭审事务

民事诉讼的第一审程序有两种，一种是普通程序，另一种是简易程序。本部分着重讲解书记员在民事审判庭第一审普通程序中的庭审事务，然后再通过比较的方式，指出书记员在简易程序中的庭审事务与第一审普通程序庭审事务的不同之处。

（一）民事审判庭第一审普通程序庭前事务

民事审判庭庭前事务是指人民法院民事审判庭书记员从立案庭将案件移交到各业务庭开始至合议庭准备庭结束这一过程中，为保证诉讼的顺利进行所作的送达相关诉讼文书、了解案件争议焦点、通知诉讼当事人及参加人等协助法官办案等一系列准备活动。

书记员协助法官顺利完成庭前事务，可以保障诉讼快捷、顺利地进行，避免因准备不足造成的重复或多次开庭，避免诉讼拖延。

根据《民事诉讼法》及其司法解释和《最高人民法院关于民事诉讼证据的若干规定》（法释〔2019〕19 号）等相关规定，书记员应当在民事审判庭第一审案件审理前协助法官做的几项工作见表 7-1。

表 7-1　庭前事务

庭前事务	案件的接收与审查
	提前阅卷
	送达相关法律文书
	协助法官完成证据的收集、调查和交换
	协助法官完成诉讼保全和先予执行
	庭前各种笔录的制作
	合议庭准备庭开庭记录
	发布开庭公告
	制作庭审笔录的笔录头

1. 案件的接收与审查

（1）立案庭书记员将案件卷宗移交给审判庭书记员。

（2）在移交的同时，审判庭书记员对卷宗材料进行初步审查，审查内容包括：对是否

属于本庭受理范围进行初审；清点卷宗册数；逐卷按目录核对卷内材料份数、页数，包括：核对证据，证据的种类和件数是否与诉状所载相符；检查有无委托事项及委托书，有无诉讼保全事项及申请书；检查当事人是否已按规定交纳了案件受理费及其他诉讼费用，并将收据附卷保存（缓交、免交诉讼费的案件要有领导批示记录在卷）等。

如果发现下列情形之一，应当及时向庭长报告：属本院但不属本庭案件受理范围；案卷材料与目录不符；缺少案件受理的必要材料；需自行回避；案件重大及其他需报告的事项。由庭长对上述问题作出相应处理。

经验提示7－1

立案庭书记员与审判庭书记员移交案件卷宗是经常性的工作。正是由于该工作的经常性，久之易使审判庭书记员忽视该工作的重要性，从而产生麻痹大意的情况。因此，审判庭书记员应该在每次移交卷宗材料的时候都认认真真地审查卷宗材料，以免在发现漏掉一些重要的卷宗材料的时候，发生互相推诿、责任不明的情况，更为重要的是可能会影响案件的正常审理，有时甚至会影响案件的公正审判。

（3）卷宗材料确认无误后，双方办理案卷交接手续并做好登记。

（4）审判庭书记员将卷宗材料交给法官。

2. 提前阅卷

书记员在接到案件卷宗后，应提前认真阅卷，熟悉案情、案由，了解案件适用的法律、法规、部门规章以及司法解释，初步掌握案件争议焦点，熟悉相关的专业术语，对案件做到心中有数（如果法官在开庭审理前制作庭审提纲，书记员也应当认真阅读，掌握法官审理案件的重点及焦点等）。

3. 送达相关法律文书

开庭审理前，为了让当事人更好地行使诉讼权利，如期履行诉讼义务，保证庭审程序在法律规定的期间内顺利完成，书记员作为送达的主体之一，需要送达以下法律文书：起诉状副本、答辩状副本、各种通知书（应诉通知书、举证通知书、举证期限、组织交换证据、调查收集证据等通知书）。关于送达的具体问题已在第四章详细讲述。

经验提示7－2

书记员在向当事人送达各种法律文书时，均应填写送达回证。送达回证上应详细、明确载明所送达文书的具体名称，根据相关法律规定应当附存根的，将存根附卷。

4. 协助法官完成证据的收集、调查和交换

证据对于法官的审判以及裁判具有极其重要的意义。法官需要在审判的过程中收集、调查和组织交换证据，书记员毫无疑问地需要辅助法官完成上述关于证据的各项工作。除此之外，书记员在此过程中也需要明确各个具体案件当事人所提供的证据是什么、对应的是哪些事实部分、证明的效力如何等相关知识，以便在庭审记录的过程中记录顺畅。

（1）协助法官收集证据。在举证期限内，书记员对当事人提交的证据应当编号分类装订，简要记明证据的来源、证据的内容和证据对象，并要求当事人签名或盖章，载明提交证据的日期，同时按对方当事人的人数提供副本。

收取当事人提交的证据及相关诉讼材料时，书记员应向当事人开具接收诉讼材料收据

（内容包括材料名称、印件形式、接收时间、接收份数、页数、交件人签名、收件时间）。收据清单应一式三份，由当事人及法官（或书记员）签字后，一份交当事人，一份入正卷，另一份为存根。

（2）协助法官调查证据。对于当事人申请法院调查取证的，当事人需要向法院提交申请，然后人民法院对申请进行审查，对于申请不予准许的，书记员向当事人送达通知书，当事人可以在收到通知书的次日起三日内向法院提出书面申请复议一次，法院应当在收到复议申请之日起五日内作出答复。

对于当事人申请法院调查取证或法院依职权调查取证的，书记员应配合审判员进行调查并制作笔录。

在调查阶段，因为对于不同的证据种类，收集的方式是不同的，所以书记员应当了解各类证据收集应当注意的问题。例如：调查人员调查收集的书证，可以是原件，也可以是经核对无误的副本或者复制件，是副本或者复制件的，书记员应当在调查笔录中说明来源和取证情况。再如：调查人员调查收集的物证应当是原物，被调查人提供原物确有困难的，可以提供复制品或者照片，提供复制品或者照片的，书记员应当在调查笔录中说明取证情况。

在调查过程中是要制作调查、勘验等各种笔录的。例如：人民法院勘验物证或者现场，应当制作勘验笔录，笔录中要记录勘验的时间、地点，勘验人，在场人，勘验的经过、结果，由勘验人、在场人签名或者盖章。对于绘制的现场图应当注明绘制的时间和方位，测绘人姓名、身份等内容。同时，书记员需向被调查人宣读笔录或由其校阅，调查人和在场人签名盖章。对于未能调查收集到的，应当及时告知当事人。此处，涉及调查笔录、勘验笔录的制作，参见第六章。

（3）协助法官进行证据交换。证据交换应当在审判人员的主持下进行。在证据交换的过程中，审判人员对当事人无异议的事实、证据应当记录在卷；对有异议的证据，按照需要证明的事实分类记录在卷，并记载异议的理由。通过证据交换，确定双方当事人争议的主要问题。

经验提示 7－3

对当事人提供或法院调查收集的证据均应逐一加盖证据材料核对章。复印件的核对章应包括：证据材料、提供人、提供时间和“此件与原件核对无异议”字样和核对人。原件核对章应包括：提供人、提供日期和接收人。具体包括：对当事人核对无异议的，书记员加盖证据核对章；对当事人无异议的事实、证据应当记录在卷；对有异议的证据按照需要证明的事实分类记录在卷，并记载异议的理由。未经庭前证据交换的证据，需经当事人在庭审中质证，对与原本无异议的复印件和原件，均应加盖证据核对章，并将各方质证意见详细记入笔录。

经验提示 7－4

在证据的收集与交换的过程中涉及当事人、其他人员及组织签名或盖章的，书记员需要区别以下情形处理：公民进行诉讼活动，应亲笔签署与本人身份证相符的姓名并以其右手食指按印清晰指纹，不会书写的，由其代理人或法庭书记员代签姓名并本人按印。法人进行诉讼活动，应加盖公章，必要时法定代表人或主要负责人、经办人签署与本人身份证相符的姓名。

经验提示7-5

在此过程中涉及诉讼活动中需向当事人书面或口头告知的事项，凡书面告知的应有送达回证，口头告知的书记员必须制作笔录，由当事人签名或盖章。

5. 协助法官完成诉讼保全和先予执行

（1）诉讼保全。诉讼中的保全包括财产保全和证据保全。这里我们详细讲解书记员辅助法官完成诉讼中财产保全的工作环节。

诉讼中的财产保全流程：法院依职权（涉及国家利益和社会公共利益）、依当事人申请进行合议庭评议→作出裁定→送达执行。

在当事人申请财产保全的过程中，需要注意以下几个问题：第一，人民法院接受申请后，必须在四十八小时内作出裁定；裁定采取财产保全措施的，应当立即开始执行。申请人在人民法院采取保全措施后三十日内不依法提起诉讼或者申请仲裁的，人民法院应当解除财产保全。书记员在此工作过程中要制作裁定书，裁定书一般需要写明申请人提供担保情况，包括担保人的名称、所提供的担保财产价值及数量等，同时应当将诉讼时限记清楚，以便在时限内完成工作。第二，当事人对财产保全的裁定不服，可以申请复议一次。经合议庭审查，裁定正确的，通知驳回当事人的申请；裁定不当的，作出裁定变更或撤销原裁定。复议期间不停止裁定的执行。对于裁定正确的，书记员需要通知当事人法院已驳回其申请；对于不当的，书记员需要制作裁定变更或撤销原裁定。第三，采取保全措施时，被申请人是自然人的，应当通知被申请人或其成年家属到场；被申请人是法人或其他组织的，应当通知其法定代表人或主要负责人到场。通知后即使拒不到场，也不影响执行。在此过程中，书记员应当制作笔录，载明下列内容：保全措施开始及完成的时间、经过；财产所在地、种类、数量；财产的保管人；其他应当记明的事项。法官、书记员及保管员应当在笔录上签名或盖章，被申请人到场的，也应当在笔录上签名或盖章，拒绝签名或盖章，书记员应当在笔录中记明拒签的情况后入卷。第四，保全措施包括查封、扣押、冻结等不同方式，同时还会涉及有些财产可能减损的情况。因此，必须掌握每种保全措施应当注意的问题。例如：对于季节性商品、鲜活、易腐烂变质以及其他不宜长期保存的物品采取保全措施时，可以责令当事人及时处理，由法院保存价款；必要时，法院可予以变卖，保存价款。再如：对被查封、扣押的财产，书记员必须造具清单，在场人签名或盖章后，交被申请人一份。对于当事人依据《民事诉讼法》第81条的规定申请保全证据的，申请日期不得迟于举证期限届满前七日。

（2）先予执行。对于当事人申请先予执行的，经合议庭评议作出裁定后，送达执行。当事人不服先予执行裁定提出的复议申请，合议庭应当记事审查。裁定正确的，书记员可以口头或书面方式通知驳回当事人的申请；裁定不当的，应制作新的裁定变更或撤销原裁定。复议期间不停止裁定的执行。

（3）法条链接：《民事诉讼法》第100条至第108条。

6. 庭前各种笔录的制作

案件在开庭审理前，人民法院可以组织证据交换、召集庭前会议等方式，做好审理准备。根据案件具体情况，庭前会议可以包括下列内容：（1）明确原告的诉讼请求和被告的答辩意见；（2）审查处理当事人增加、变更诉讼请求的申请和提出的反诉，以及第三人提出的与本案有关的诉讼请求；(3) 根据当事人的申请决定调查收集证据，委托鉴定，要求当事人提供证据，进行勘验，进行证据保全；(4) 组织交换证据；(5) 归纳争议焦点；(6) 进行调解。书记员应根据具体情况制作庭前会议笔录、调解笔录。

7. 合议庭准备庭开庭记录

在开庭审理前，合议庭成员将召开准备庭，书记员主要承担准备庭笔录的制作工作。准备庭笔录，主要从几个方面记录：(1) 常规的记录部分，包括开庭的时间和地点；是否公开审理；应当传唤、通知的当事人和其他诉讼参与人以及何时发布开庭公告等。(2) 根据案情的具体情况，讨论开庭审理时应当注意的重点问题或主要问题、庭审技巧、应急处理方案以及合议庭成员在开庭审理过程中的分工等。例如：涉及婚姻、继承等案件，双方当事人都蛮不讲理，而且在庭前询问过程中情绪过于激动，法官商讨是否申请警力调动，派执行法警出庭。书记员应当将准备庭会议的内容记入笔录。

8. 发布开庭公告

(1) 制作开庭公告。合议庭决定公开审理的案件，书记员应当及时制作开庭公告，公告的内容包括：当事人的姓名、案由、开庭时间、开庭地点、旁听席位数量等信息。

(2) 发布开庭公告。依据《人民法院法庭规则》相关规定，人民法院应当通过官方网站、电子显示屏、公告栏等向公众发布开庭信息。具体做法各地法院会有所差异，有些法院由书记员负责；有些法院则是由书记员将公告内容交给秘书科人员，由秘书科人员在规定的时间发布公告，以便公民旁听。

经验提示7-6

若是粘贴开庭公告，必须加盖院印。

经验提示7-7

《民事诉讼法》第134条规定，人民法院审理民事案件，除涉及国家秘密、个人隐私或者法律另有规定的以外，应当公开进行。离婚案件，涉及商业秘密的案件，当事人申请不公开审理的，可以不公开审理。

注：不公开审理的案件，不发布开庭公告。

9. 制作庭审笔录的笔录头

书记员在开庭审理前，应当提前制作好庭审笔录头，包括庭审笔录的首部（详见第六章）、法官告知当事人诉讼权利和诉讼义务等内容。这样做的目的是因为法官在宣布开庭后至法庭调查前这一阶段，由于材料都是已有的，语速可能较快，如果书记员不在庭前制作好程序化、格式化的笔录头，很可能记录得不完整或影响案件审理的进程。

当然，在这一阶段，书记员也不能因为事先做好笔录头而无所事事，同样要认真听，思维跟上法官的节奏，如果出现实际情况与准备的笔录头有出入，应及时改正。

(二) 民事审判庭第一审普通程序庭中事务

开庭审理又称法庭审理，是指人民法院在当事人和其他诉讼参与人的参加下，法院依照诉讼程序，审查当事人之间讼争的事实，分清权利义务关系，在法庭上对案件进行审理的全部诉讼活动。开庭审理是普通程序中最基本、最重要的阶段，也是整个民事审判活动的基本形式。

庭中事务是指书记员在开庭审理阶段，协助法官所完成的辅助性工作。对于书记员来讲，庭中事务可分为庭审准备、庭审记录的制作、休庭及其他问题的处理等几部分，如图7－1所示。

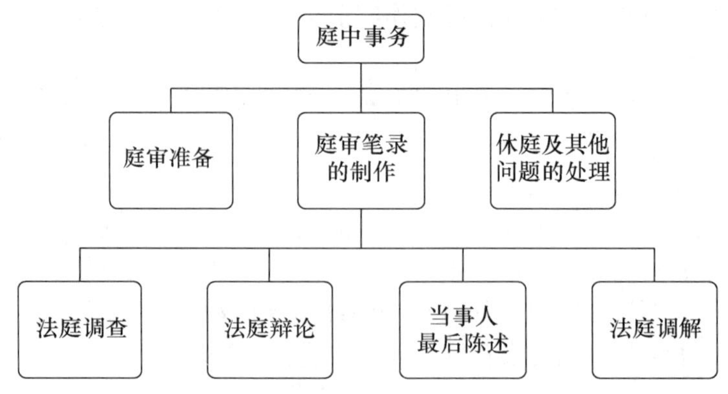

图7－1 民事案件登记立案流程图

1. 庭审准备

庭审准备是审理前准备程序的延续，但又与审理前的准备程序的具体任务不同。作为书记员，庭审准备需要完成以下几项工作：

(1) 规范着装，举止文明。书记员应当着法官制服，佩戴法徽，女书记员应将长发束起。男书记员不得留胡须和过长头发。书记员遵循司法礼仪、坐姿端正、言辞文雅、举止规范，使用法言法语。开庭期间应当关闭通信工具。

(2) 清扫法庭，确保法庭整洁。

(3) 相关设备检查。书记员应当正式开庭前布置法庭，检查开庭需要的法槌、电脑及有关设备；打开“庭审指示灯”，将审判员、人民陪审员、书记员以及当事人及其代理人的身份牌放置正位。

(4) 书记员应当查明当事人和其他诉讼参与人是否到庭，向各方当事人询问有无证人到庭作证。

(5) 书记员宣布法庭纪律。

(6) 书记员宣布全体起立，请审判长、审判员入庭就座→审判长（对全体人员）：“请坐”→书记员向审判长报告当事人及其诉讼代理人的出庭情况，请示开庭→开庭审理时，由审判长核对当事人，宣布案由，宣布审判人员、书记员名单，告知当事人有关的诉讼权利义务，询问当事人是否提出回避申请。之后，书记员从事的主要工作就是制作庭审笔录。

2. 庭审笔录的制作

在庭审记录阶段，书记员应当保持缄默，主要承担的是庭审笔录的记录工作。关于庭审笔录的制作特点、制作规范以及制作要求等，本书在第六章笔录制作中有详细讲解。本部分只是侧重讲解书记员记录庭审笔录正文需要了解的有关记录的程序性知识。

(1) 法庭调查。法庭调查的主要任务是听取当事人的陈述，由当事人举证并相互质证，由法官认证，以查清案件事实。

书记员要在法庭调查阶段做好记录，首先应当明确法庭调查的顺序：第一，当事人分别陈述诉讼请求及其理由。第二，审判长根据当事人分别陈述的诉讼请求及其理由，归纳案件争议焦点或者法庭调查重点，并征求当事人的意见。第三，当事人各自举证并相互质证。第四，法院出示其依职权调查收集的证据及当事人质证。第五，审判人员认证并就法庭调查认定的事实和当事人争议的问题归纳总结。法庭调查结束前，审判长就当庭认定的事实和当事人争议的问题予以归纳总结。如果审判长决定案件再次开庭，审判长对本次开庭情况进行小结，指出庭审已经确认的证据，并指出下次开庭调查的焦点。

书记员应当将上述法庭调查阶段的全部活动记入笔录。

经验提示7-8

在记录法庭调查阶段的笔录时，需要特殊强调的几点是：第一，对审判人员认证的事实以及对当事人争议焦点的归纳必须记录得准确无误；第二，如果需要二次开庭的，涉及审判长对本次开庭已经确认的证据以及下次开庭调查的焦点的内容，书记员也要如实、完整地记录。

（2）法庭辩论。法庭辩论是指诉讼当事人在审判人员的主持下，就案件争议焦点，根据已经质证的证据及法律规定，陈述各自观点并予以论证，以及相互辩驳的诉讼活动。

书记员应当明确法庭辩论的顺序：依次由原告及其诉讼代理人、被告及其诉讼代理人、第三人及其诉讼代理人先后发言，阐述自己的观点和意见，然后进行互相辩论。合议庭在法庭辩论时发现有尚未查清的事实可以中止法庭辩论，恢复法庭调查。法庭重新调查结束，应继续法庭辩论。辩论终结，由审判长按照原告、被告、第三人的先后顺序征询各方最后意见。

法庭辩论围绕争议的焦点进行，对双方当事人意见一致的问题不再辩论；辩论的内容主要是针对争议问题如何分清是非责任，对正确适用法律发表各自的意见，已经发表过的意见不应重复。

经验提示7-9

在记录法庭辩论阶段的笔录时，书记员应当将法庭辩论阶段的全部活动记入笔录，同时还要注意：第一，无须记录重复的部分；第二，应当将双方围绕争议焦点展开辩论的部分记录得准确无误。

（3）当事人最后陈述。法庭辩论终结后，审判长会按照原告、被告、第三人的先后顺序征询各方最后意见，即进入当事人最后陈述阶段。这是法律赋予当事人的权利。一般来说，当事人最后陈述不会很长，大多都是“坚持诉讼请求”“请求法院依法判决”之类的话语。

（4）法庭调解。当事人最后陈述结束后，通过法庭调查、辩论阶段以及当事人最后陈述的态度，对于有可能通过调解解决的民事案件，应当在审判长主持下进行调解（除《民事诉讼法》规定的不予调解的案件外）。调解达成协议的，书记员应当制作调解书，人民法院应裁定诉讼程序终结；对于调解和好的离婚案件、调解维持收养关系的案件、能够即时履行的案件、其他不需要制作调解书的案件，人民法院可以不制作调解书。对不需要制作调解书的协议，应当记入笔录，由双方当事人、审判人员、书记员签名或者盖章后，即具有法律效力。调解未达成协议的，则应及时判决。

3. 休庭及其他问题的处理

审判长宣布休庭，敲击法槌。书记员宣布全体起立，合议庭成员退庭。

书记员应当将法庭审理的全部活动记入笔录。法庭笔录应当当庭宣读，也可以告知当事人和其他诉讼参与人当庭或者在五日内阅读。当事人和其他诉讼参与人认为对自己的陈述记录有遗漏或者差错的，有权申请补正。如果不予补正，应当将申请记录在案。

经验提示 7-10

庭审笔录应经合议庭成员审阅无误后，由书记员交当事人及其他诉讼参与人阅后逐页签名或盖章，再由合议庭成员和书记员签名。当事人和其他诉讼参与人拒绝签名或盖章的，记明情况附卷。

对于涉及原告未到庭的案件，书记员也应制作法庭审理笔录。笔录中应载明通知开庭的时间，审判长宣布庭审进行的时间，并由到庭的当事人及其他诉讼参与人签名或盖章。

经验提示 7-11

当事人提出对笔录文字表述补正的，必须说明理由并经合议庭成员同意，且需要在修改处签名或按印。涉及事实补充和可能影响对方当事人诉讼权利的，或法官不同意补正仍坚持补正的，告知其另写书面材料进行表达，书记员在收到其送交的书面材料时应为其出具收据。

经验提示 7-12

如果出现《民事诉讼法》第 146 条规定的情形，导致诉讼无法正常进行，人民法院有必要推迟日期或另定日期继续审理。此时，书记员应当将延期审理的决定及时通知当事人和其他诉讼参与人。

经验提示 7-13

书记员注意参看《民事诉讼法》第 143 条至第 145 条、第 150 条、第 151 条以及相关司法解释，掌握撤诉、缺席判决、诉讼中止以及诉讼终结的法定条件。

（三）民事审判庭第一审普通程序庭后事务

民事审判庭庭后事务是指庭审结束后至案件终结前，书记员需要辅助法官完成制作合议庭笔录、校对裁判文书等事务，以确保法官承办的案件优质、高效、合法地完成。

1. 制作合议庭评议笔录

庭审结束，合议庭在法庭审理的基础上进行评议，就案件的性质、认定的事实、适用的法律、是非责任和处理结果做出评议。

在评议的过程中书记员要认真做好评议笔录，逐项记录合议庭成员的评议意见，准确、完整地反映评议的全过程和裁判结果形成的理由，做到详略得当、不失原意、文字清楚。合议庭全体成员和书记员应当在笔录上签字，附副卷。评议完毕，应进行判决。

经验提示 7-14

评议不公开进行，合议庭成员及书记员对评议内容不得对外披露。评议笔录属审判秘密，不允许当事人、诉讼代理人以及非经批准的其他人员查阅、复印。

2. 校对裁判文书

裁判文书，主要包括针对民事案件实体问题、程序问题而制作的裁判书、裁定书和调解书。裁判文书的制作主体是法官，书记员在此过程中的主要工作是校对。

为了更好地校对裁判文书，书记员也应当了解裁判文书的制作规范，即除了要严格按照有关裁判文书制作的规定外，总体上要做到结构完整、层次分明、条理清楚、语言凝练、用词和标点符号准确、说理充分透彻、叙事客观完整、适用法律准确、判决著文明确具体。涉及科学技术等专业术语的应用词规范，不为公众所知的，必要时加以简要说明，充分体现裁判的公平、公正、公开，具有针对性、逻辑性和规范性。

经验提示 7-15

对裁判文书中出现的错误，一律不得使用校对章进行更正。裁判文书尚未送达的，应重新制作；裁判文书已经送达的，包括仅送达给一方当事人的，均应依法以裁定书形式予以补正。笔误仅包括错别字、数字计算错误等书写性错误。对其他在一审裁判文书送达后发现的涉及实体和程序方面的错误，如果当事人上诉，应将纠正意见书面报给二审法院；一审裁判已生效、当事人申请再审并符合再审立案条件的，应通过再审程序解决。

3. 辅助宣判、送达

宣判是指法院就所做出的民事判决、裁定，向当事人、其他诉讼参与人以及旁听人员进行宣告的诉讼活动。无论是否公开审理的案件，宣判一律要公开。根据《民事诉讼法》的规定，宣判分为当庭宣判和定期宣判。

在宣判阶段，书记员的主要工作如下：

（1）裁判书定稿后，注明份数，及时交付印刷。

（2）印刷完毕，经审判员校对无误后加盖本法院公章等有关印章。书记员在发送前应再次认真查对，发现差错，应立即改正。同时，书记员还应注意查看判决书中是否载明当事人上诉权利、上诉期限和上诉的法院。对于宣告离婚的判决，查看是否载明告知当事人在判决发生法律效力前不得另行结婚。

（3）除当庭宣判以外，书记员应预先通知当事人及其他诉讼参与人。

（4）当庭宣判的，书记员应当在十日内发送判决书；定期宣判的，宣判后立即发给判决书。

关于裁判文书的送达，除了要遵循第四章讲到有关送达的程序以外，书记员还应当注意以下几点：

（1）填写送达回证，将法律文书及时送达双方当事人、监护人、代理人、第三人及有关人员或单位，送达回证附卷。

（2）除公告送达外，应认真检查被送达人是否签名或盖章，送达手续不完备的要及时补正。

（3）调解书应直接送达双方当事人，当事人反悔的，制作笔录附卷并报告审判长。

4. 卷宗装订与归档

关于民事案件的卷宗装订、归档（包括电子归档）等工作要求、工作程序等相关知识，本书将在第八章文书档案管理中详细讲解。

5. 上诉移送

依据《民事诉讼法》第 164 条至第 167 条相关规定，对于当事人不服判决、裁定提出上诉的，书记员应当明确当事人上诉期限：对判决不服提出上诉的期限为十五日，对裁定不服提出上诉的期限为十日。上诉期限自各方当事人判决书、裁定书送达之次日起计算。

需要说明的一点是：不是所有的案件都要经过上诉这一程序的，是否上诉由当事人双方自愿决定。此外，对于适用民事小额诉讼程序的案件，实行一审终审。

对于当事人的上诉，书记员主要做以下工作：

（1）接到上诉状后，审查上诉期限、字迹及副本份数是否符合要求，检查有关上诉费交纳凭证，五日内将上诉状副本送达被上诉人，并告之按期提出答辩状。

（2）书记员在传唤双方当事人时，要将审判员告知双方当事人在上诉期内应注意的事项记录在卷，由双方当事人签名或盖章。书面通知的应有送达回证。

（3）上诉状送达被上诉人十五日后，填写上诉移送函，办理手续，将上诉（答辩）状连同加贴密封条的全部案卷和有关物品尽快移交二审人民法院。

（4）被上诉人不答辩不影响上诉，应在上诉书送达证上注明，以便二审人民法院审理。

（5）对当事人直接向二审人民法院提出上诉的民事案件，不应直接受理，二审法院书记员应在收到上诉状五日内将上诉状转原审人民法院，由原审法院书记员办理上诉移送手续。

经验提示 7-16

对于第一审民事案件，书记员在经过了庭前事务、庭中事务以及庭后事务的工作后，案件审结完毕。书记员在案件审理过程中，应当严格遵守审限。

（四）简易程序与第一审普通程序庭审事务之比较

简易程序是简化了的第一审程序，其与普通程序共同构成第一审程序。它是指基层人民法院及其派出法庭审理简单的民事案件所适用的民事诉讼程序。根据《民事诉讼法》的规定，对于事实清楚、权利义务关系明确、争议不大的简单民事案件，可以适用简易程序。

对于适用简易程序的民事案件与适用第一审普通程序的民事案件庭审事务相比较，书记员工作内容有以下几项不同：

（1）适用简易程序的民事案件，在起诉和应诉方面，对于当事人而言，原告可以口头起诉，当事人双方也可以同时到基层人民法院及其派出的法庭，请求解决纠纷。因此，书记员原告起诉后可以采取捎口信、电话、传真、电子邮件等简便方式随时传唤双方当事人、证人。以上述方式发送的开庭通知，未经当事人确认或者没有其他证据足以证明当事人已经收到的，不得将其作为按撤诉处理和缺席判决的根据。

（2）在法庭审理方式上，法院可以在立案时当即审理，也可以另定日期审理。法院不组成合议庭，审理人员包括一名审判员和一名书记员。审理程序简单，不受普通程序有关规定的限制。因此，书记员在制作庭审笔录正文部分的时候与普通程序的正文部分会有所不同，即不受法庭调查、法庭辩论程序的严格限制。

（3）适用简易程序审理的案件，书记员应当将下列事项记入笔录：审判人员关于当事人诉讼权利义务的告知、争议焦点的概括、证据的认定和裁判的宣告等重大事项；当事人申请回避、自认、撤诉、和解等重大事项；当事人当庭陈述的与其诉讼权利直接相关的其他事项。

（4）在审理期限上，应当在立案之日起三个月内审结，审理期限不得延长。但适用简易程序的案件在审理过程中又发现案情复杂的，可以转为普通程序审理。此时，审判员需要在简易程序审限届满前及时提出书面申请，报院长批示并作出决定。书记员应当将该书面申请以及院长的决定入副卷并书面通知当事人（通常向当事人送达程序转换通知书）。

以上是民事审判庭的基本工作内容，由于各地的实际情况有差异，在实际工作中也可能出现差别。书记员在《民事诉讼法》等法律规定的前提下，按各地法院及具体办案法官的要求工作即可。

二、刑事审判庭第一审案件庭审事务

刑事审判庭第一审程序是指人民法院对人民检察院提起公诉、自诉人提起自诉的案件进行审判时所适用的程序。第一审刑事案件有公诉案件和自诉案件，这两种案件是依据不同控诉主体来划分的。因此第一审程序又可以分为公诉案件的第一审程序、自诉案件的第一审程序、简易程序和速裁程序。

（一）刑事审判庭公诉案件第一审庭前事务

刑事审判庭庭前事务是指人民法院刑事审判庭书记员从立案庭将案件移交到各业务庭开始至合议庭准备庭结束这一过程中，为保证诉讼的顺利进行所作的送达相关诉讼文书、了解案件争议焦点、通知诉讼当事人及参加人等协助法官办案的一系列准备活动。

书记员应当依据《刑事诉讼法》第 187 条之规定，辅助法官做好以下庭前事务工作。

1. 案件的接收与审查

刑事案件的接收与审查，可参见民事一审案件的接收与审查的相关内容。

2. 提前阅卷

认真阅卷，熟悉案情、案由以及庭审提纲，了解具体刑事案件适用的法律、法规、部门规章以及司法解释，掌握起诉书指控的犯罪事实部分的重点、认定性质方面的要点以及具体犯罪的犯罪构成，熟悉与案件有关的法律、医学等专业术语，对案件做到心中有数。

3. 送达相关法律文书

在开庭审理前，书记员需要向被告人、被害人以及其他诉讼参与人送达相关法律文书。此处仅以送达的两个法律文书为例：

（1）送达起诉书副本。书记员应将人民检察院的起诉书副本在开庭十日以前送达被告人和被害人。对于被告人未委托辩护人的，告知被告人可以委托辩护人，或者在必要的时候通知法律援助机构指派律师为其提供辩护。

（2）送达传票和通知书。传唤当事人，通知辩护人、诉讼代理人、证人、鉴定人和翻译人员，需要将传票和通知书在开庭三日以前送达；在通知公诉机关提供的证人时，如果该证人当场表示拒绝出庭作证或者按照所提供的证人通信地址未能通知到证人的，应当及时告知申请通知该证人的公诉机关。

经验提示 7-17

向被告人送达起诉书副本以及传票等法律文书时，可采用法警或书记员到看守所将相关法律文书送达给被告人的方式；也可采用法警将被告人提押至法院，再由书记员将相关法律文书送达给被告人的方式。

采用提押的方式送达法律文书，其基本流程是：书记员将提押票移交给法警，由法警用提押票将被告人从看守所提押到法院（提押票押在看守所），待送达之后，法警再将被告人带回看守所，同时，法警将提押票带回法院，并移交给书记员。

4. 庭前各种笔录的制作

在开庭审理前，法官需要通过提审被告人、询问被害人等方式了解案情，而法官的这些诉讼活动需要用笔录的形式展现出来。因此，在此过程中，书记员需要制作提审笔录、询问笔录等。

5. 合议庭准备庭开庭记录

与民事一审案件相同，刑事一审案件在开庭审理前，合议庭成员也需要召开准备庭，书记员主要从事的同样是准备庭笔录的制作工作。在开庭审理前，合议庭成员将召开准备庭，书记员主要从事准备庭笔录的制作工作。做好准备庭笔录，主要从几个方面记录：(1) 常规的记录部分，包括开庭的时间和地点，是否公开审理，应当传唤、通知的当事人和其他诉讼参与人以及何时发布开庭公告等。(2) 根据案情的具体情况，准备庭将研究开庭审理时应当注意的重点问题或主要问题、庭审技巧、应急处理方案以及合议庭成员在开庭审理过程中的分工等。书记员应当将准备庭会议的内容记入笔录。

书记员在记录合议庭准备庭笔录的过程中，能够提前了解具体的刑事案件的案情，同时也能很好地掌握庭审记录的要点。

6. 先期公告、通知开庭

(1) 先期公告。公开审判的案件，要在开庭三日以前先期公布案由、被告人姓名、开庭时间和地点。书记员发布先期公告的工作流程可参见一审民事案件的发布开庭公告的相关流程。

上述活动情形应当写入笔录，由审判人员和书记员签名。

(2) 通知开庭。书记员应当将开庭的时间、地点在开庭三日以前通知人民检察院。

7. 通知提供相关证明

书记员应当通知被告人、辩护人于开庭五日前提供申请出庭作证证人、鉴定人名单，相关人员身份、住址、通信方式，以及提供不出庭作证的证人、鉴定人名单、理由和拟当庭宣读、出示的证据复印件照片。

8. 制作庭审笔录的笔录头

同一审民事案件相同，书记员在刑事案件开庭审理前，同样应当提前制作好庭审笔录头，包括庭审笔录的首部（详见庭审笔录的制作）、核对被告人等身份、告知合议庭组成以及当事人诉讼权利和诉讼义务等内容。

(二) 刑事审判庭公诉案件第一审庭中事务

法庭审判是指审判人员通过开庭的方式，在公诉人、当事人以及其他诉讼参与人的参与下，调查核实证据，弄清案件事实，全面听取各方对案件事实和定罪量刑的意见，依法确定被告人是否有罪，应否受刑事惩罚的诉讼活动。刑事审判庭第一审公诉案件庭中事务是指书记员在开庭审理阶段，协助法官所完成的辅助性工作。对于书记员来讲，庭中事务可分为庭审准备、庭审笔录的制作、休庭及其他问题的处理等几部分。

1. 庭审准备

庭审准备是为顺利进行审判做好准备。根据《刑事诉讼法》第190条的规定，庭审准备过程中，书记员主要的工作内容如下：

（1）清扫法庭，确保法庭整洁。

（2）相关设备检查。书记员应当在正式开庭前布置法庭，检查开庭需要的法槌、电脑及有关设备；打开“庭审指示灯”，将审判员、公诉人、书记员以及被告人及其辩护人的身份牌放置正位。

（3）查明公诉人、当事人、证人及其他诉讼参与人是否已经到庭。

（4）宣读法庭规则。

（5）请公诉人、辩护人入庭。

（6）请审判长、审判员（人民陪审员）入庭。审判人员入庭时，请全体人员起立。

（7）审判人员、全体人员就座后，书记员面向审判长报告开庭准备情况，请示开庭：“报告审判长，开庭的准备工作已经就绪，可以开庭。”

审判长宣布开庭之后，包括后面的法庭调查、法庭辩论、被告人最后陈述等庭审阶段，书记员主要承担的就是庭审记录工作。对于被告人基本情况的询问、宣布案件的来源、起诉的案由，合议庭组成人员、是否申请回避、告知诉讼权利义务等文字的录入，书记员可在开庭前做好笔录的模板，以免出现漏记、记错的现象，同时还可以节省时间。

开庭审理时，由审判长核对当事人，宣布案由，宣布审判人员、书记员名单，告知当事人有关的诉讼权利义务，询问当事人是否提出回避申请。对当事人口头申请回避，书记员应当制作笔录。

另外，对于被告人认罪认罚的，审判长应当告知被告人享有的诉讼权利和认罪认罚的法律规定，审查认罪认罚的自愿性和认罪认罚具结书内容的真实性、合法性，书记员应准确记入笔录。

庭前事务对于保证审判的顺利进行和保障当事人及其他诉讼参与人的诉讼权利是十分必要的，在此过程中，书记员必须严格执行，不得省略简化。

2. 庭审笔录的制作

（1）法庭调查。

法庭调查是指在公诉人、当事人和其他诉讼参与人的参加下，当庭对案件事实和证据进行调查核实。法庭调查是法庭审判的中心环节。案件事实能否确认，被告人是否承担刑事责任，关键在于法庭调查的结论如何。

书记员在法庭调查阶段的工作任务是庭审记录，为了更好地进行庭审记录，书记员需要掌握刑事案件法庭调查阶段的程序以及具体刑事案件庭审记录的记录要点。

（2）法庭辩论。

法庭辩论是在法庭调查的基础上，控诉方与辩护方就被告人的行为是否构成犯罪、犯罪的性质、罪责轻重、证据是否确实充分以及如何适用刑罚等问题进行相互争论的一种诉讼活动。它是刑事审判程序的一个重要环节。

书记员在法庭辩论阶段的工作任务仍是庭审记录，为了更好地进行庭审记录，书记员除了通过提前阅卷掌握辩论焦点外，还必须明确法庭辩论阶段的诉讼程序。

第一轮发言后，分别询问公诉人、被告人、被害人、附带民事诉讼原告人、辩护人、诉讼代理人有无新的意见。在法庭辩论过程中发现新的事实，有必要重新调查时，审判长会宣布：“暂停辩论，恢复法庭调查。”待事实查清后，继续辩论。审判长认为经过反复辩论案情已经查明，罪责已经分清，应及时宣告法庭辩论终结。

（3）被告人最后陈述。

被告人作最后的陈述是被告人的一项重要诉讼权利，同时也是庭审笔录的组成部分。因此书记员对于这部分的陈述也应当如实记录。

庭审笔录的制作规范、技巧以及刑事案件庭审笔录记录要点，本书已在第六章书记员笔录的制作中详细讲解。

在被告人最后陈述后，审判长宣布："现在宣布休庭××分钟，合议庭进行评议。"不当庭宣判的，宣布："现在休庭，下次开庭的时间、地点另行公告。"随后审判长宣布："把被告人带出法庭。"敲击法槌后书记员宣布："全体起立，审判长、审判员（陪审员）退庭。"

3. 休庭及其他问题的处理

（1）庭审笔录的阅签。开庭审理的全部活动由书记员制作成庭审笔录。法庭笔录应当在庭审后交给当事人阅读或者向其宣读，当事人认为记录有遗漏或者差错的，可以请求补充或者改正。当事人确认无误后，应当逐页签名或者盖章（或按印）。经审判长审阅后，分别由审判长和书记员签名。

法庭笔录中的证人证言部分，应当在庭审后交给证人阅读或者向其宣读。证人确认无误后，应当签名或者盖章。

（2）证据的交接。休庭后，对于当庭出示的证据，书记员应当协助合议庭与提供证据的公诉人、辩护人办理交接手续。法官对于扣押、冻结犯罪嫌疑人、被告人的财务及孳息，应当送交管理赃物的部门和财务部门，妥善保管，不得挪用或者自行处理。

（3）相关财物的处理。法院作出的判决生效一个月内，对被扣押、冻结的赃款赃物及其孳息，除依法返还被害人外，一律上缴国库。

（三）刑事审判庭公诉案件第一审庭后事务

庭后事务包括以下内容。

1. 制作合议庭评议笔录

合议庭评议的任务是根据法庭审理查明的事实、证据，依照刑事法律的规定，确定被告人有罪或无罪，犯的什么罪，应否处以处罚，判处何种刑罚，采取何种刑罚执行方法，有无从重或从轻以及免除刑罚的情节，附带民事诉讼如何解决，赃款赃物如何处理等，并作出处理决定。

在整个评议过程中，书记员担当的是评议笔录的记录工作。需要书记员注意的是：合议庭评议案件一律秘密进行，合议庭成员对评议结果的表决，以口头表决的形式进行。进行评议时，合议庭组成人员有同等的权利。合议庭进行评议的时候，如果意见分歧，应当按多数人的意见作出决定，但是少数人的意见应当记入笔录。评议笔录由合议庭的组成人员签名。书记员要养成职业习惯，对于任何一个案件的合议庭评议都应该守口如瓶，要注意保密。

2. 校对裁判文书

（1）书记员应当掌握最高法院关于《刑事案件裁判文书样式》的制作规范。在校对的过程中，应当使判决书、裁定书、调解书格式正确，用语准确，论理透彻，引用法律文书准确无误。

对于附带民事诉讼部分审理过程中达成调解协议的，既可以制作刑事附带民事调解书，也可以记入庭审笔录，不制作调解书。但对达成调解协议这一法律事实（不包括调解协议内容），可在判决书中表述。

（2）对于裁判文书出现笔误的处理。对裁判文书中出现的笔误，一般不得使用校对章进行更正。裁判文书尚未送达即当庭重新制作；裁判文书已经送达给当事人，均应以裁定书予以补正。

3. 辅助宣判、送达

依据《刑事诉讼法》第202条的规定，宣判包括当庭宣判和定期宣判两种方式。

当庭宣判当庭宣布判决结果，并在五日以内将判决书送达当事人、提起公诉的人民检察院、辩护人、诉讼代理人。

定期宣告判决的，书记员应当在宣判前，先期公告宣判的具体时间和地点，传唤当事人并通知公诉人、辩护人、被害人、自诉人、附带民事诉讼的原告人和被告人到庭。判决宣告后应当立即将判决书送达当事人、法定代理人、提起公诉的人民检察院、辩护人和被告人的近亲属，判决生效后还应当送达被告人所在单位或者其原户籍所在地的公安派出所。被告人是单位的，应当送达被告人注册登记的市场监督管理机关。

同时还应当注意，宣判时，一般应当通知公诉人、辩护人、被害人、自诉人、附带民事诉讼的原告人和被告人到庭。在宣告判决时，书记员还有一些程序性的工作，如开庭之前，书记员负责宣布："请公诉人、诉讼参与人到庭。""请审判长、审判员（人民陪审员）入庭。"在审判长宣判时，书记员应宣布："全体起立。"

4. 执行阶段的工作

（1）第一审人民法院判决被告人无罪、免除刑事处罚的，如果被告人在押，在宣判后应当立即释放，并通知公安机关。

（2）对于判处拘役、有期徒刑、无期徒刑、死刑缓期执行应当交付执行的罪犯，书记员应当在判决书、裁定书生效后，将判决书、裁定书、人民检察院的起诉书副本、人民法院的执行通知书、结案登记表等法律文书亲自或交由法警送达看守所，由公安机关将罪犯交付监狱或拘役场所执行。

经验提示 7-18

在送达上述法律文书时，尤其要注意执行通知书的填写、送达与入卷。例如，某市中院在签发的无期徒刑适用的执行通知书时，一式四份：一份加盖院印交罪犯羁押单位；一份存根需要加盖院印入卷；一份回执由羁押单位填写并加盖公章后退回法院入卷；一份发给罪犯本人执收。对于此项工作，书记员必须准确填写执行通知书后将上述文书及时送达，同时要明确执行通知书的哪部分是需要加盖院印、哪部分是需要加盖羁押单位公章以及哪部分是需要入卷等。

（3）对于判处死刑立即执行的案件，工作程序是：报请最高法院死刑核准→执行死刑→执行之后的各项工作。

死刑核准是指由各中级人民法院宣判死刑后，犯人没上诉或犯人上诉后各省高级人民法院驳回后，提交最高人民法院审核，最高人民法院组成合议庭对其审核，若通过后对犯人执行死刑，若未通过发回重审（最高人民法院宣判死刑的除外）。

报请最高人民法院死刑核准，书记员应当将报请核准死刑的报告连同卷宗移送至省高级人民法院→省高级人民法院将材料移送至最高人民法院→最高人民法院核准、院长签字→下发刑事裁定书和执行死刑命令至省高级人民法院→省高级人民法院将刑事裁定书和执行死刑命令移送至中级人民法院→书记员到看守所将刑事裁定书和执行死刑命令送达被告人，同时要求被告人在送达回证上签字→书记员制作宣判笔录和询问笔录→下级人民法院接到最高人民法院执行死刑的命令后，应当在七日以内交付执行。

人民法院在交付执行死刑前，书记员应当通知同级人民检察院派人临场监督。

在执行阶段，书记员需要做的工作如下：一是对将要执行死刑的罪犯验明正身、照相，同时制作死刑罪犯验明正身笔录。二是罪犯执行死刑结束，照相。三是制作执行死刑笔录，该笔录包括：罪犯姓名、执行时间、执行地点、执行人、执行情况、法医验明罪犯情况、法医和书记员签字等相关事项；同时需要照相附罪犯执行前后的照片。

执行死刑后，书记员应当协助法官办理下列事项：一是将执行死刑通知书送达看守所。二是通知罪犯家属在限期内领取罪犯尸体，有火化条件的，通知领取骨灰。过期不领，由人民法院通知有关单位处理。对于死刑罪犯的尸体或者骨灰的处理情况，应当记录在卷。对于死刑罪犯的遗书、遗言，应当及时进行审查，涉及财产继承、债务清偿、家事嘱托等内容的，将遗书、遗言笔录交给家属，同时复制存卷备查；涉及案件线索等问题的，应当抄送有关机关。三是将上述提到的送达回证、验明正身笔录以及执行死刑笔录报送至最高人民法院。

5. 结案与归档

这部分内容本书将在第八章详细讲解，故此处不再阐述。

经验提示 7-19

书记员应当掌握公诉案件第一审的审限，以便在审限内完成辅助性工作。《刑事诉讼法》第202条、第208条规定，人民法院审理公诉案件，应当在受理后二个月以内宣判，至迟不得超过三个月。对于可能判处死刑的案件或者附带民事诉讼的案件，以及有本法第158条规定情形之一的，经上一级人民法院批准，可以延长三个月；因特殊情况还需要延长的，报请最高人民法院批准。人民法院改变管辖的案件，从改变后的人民法院收到案件之日起计算审理期限。人民检察院补充侦查的案件，补充侦查完毕移送人民法院后，人民法院重新计算审理期限。

6. 上诉、抗诉的移送

（1）被告人、自诉人和他们的法定代理人，不服地方各级人民法院第一审的判决、裁定，有权用书状或者口头向上一级人民法院上诉。被告人的辩护人和近亲属，经被告人同意，可以提出上诉。

附带民事诉讼的当事人和他们的法定代理人，可以对地方各级人民法院第一审的判决、裁定中的附带民事诉讼部分，提出上诉。

对被告人的上诉权，不得以任何借口加以剥夺。

（2）不服判决的上诉和抗诉的期限为十日，不服裁定的上诉和抗诉的期限为五日，从接到判决书、裁定书的第二日起算。书记员应当将上诉的期限记清楚。

（3）被告人、自诉人、附带民事诉讼的原告人和被告人通过原审人民法院提出上诉的，原审人民法院应当在三日以内将上诉状连同案卷、证据移送上一级人民法院，同时将上诉状副本送交同级人民检察院和对方当事人。

被告人、自诉人、附带民事诉讼的原告人和被告人直接向第二审人民法院提出上诉的，第二审人民法院应当在三日以内将上诉状交原审人民法院送交同级人民检察院和对方当事人。

（4）地方各级人民检察院对同级人民法院第一审判决、裁定的抗诉，应当通过原审人民法院提出抗诉书，并且将抗诉书抄送上一级人民检察院。原审人民法院应当将抗诉书连同案卷、证据移送上一级人民法院，并且将抗诉书副本送交当事人。

上级人民检察院如果认为抗诉不当，可以向同级人民法院撤回抗诉，并且通知下级人民检察院。

（5）法条链接：《刑事诉讼法》第 227 条至第 232 条。

7. 完成法官交办的其他辅助性工作

除规定的一审庭后事务外，书记员还应完成法官交办的其他工作。

（四）自诉案件第一审与公诉案件第一审庭审事务的不同

自诉案件的第一审程序，是指人民法院在自诉人、被告人及其他诉讼参与人的参加下，依法审理自诉案件的方式、方法和步骤。其与公诉案件第一审庭审事务有不同的地方。

1. 协助法官审查相关材料是否齐备

法官受理自诉案件后，应审查是否符合下列条件：（1）告诉才处理的案件；（2）被害人有证据证明的轻微刑事案件；（3）被害人有证据证明对被告人侵犯自己人身、财产权利的行为应当依法追究刑事责任；（4）属于本院管辖；（5）有明确的被告人、具体的诉讼请求和能证明被告人犯罪事实的证据。

2. 和解笔录

自诉人在判决宣告以前，可以同被告人自行和解，撤回起诉。书记员对于已经审理的自诉案件，当事人自行和解的，应当记录在卷。

3. 调解笔录的制作及送达

调解应当在自愿、合法，不损害国家、集体和其他公民利益的前提下进行。调解达成协议的，应当制作刑事自诉案件调解书，由审判人员和书记员署名，加盖法院印章。调解书经双方当事人签收后即发生法律效力。调解没有达成协议或者调解书签收前当事人反悔的，应当进行判决。

对于被害人有证据证明被告人侵犯自己的人身、财产权利的行为，而公安机关或检察机关未予追究被告人刑事责任的自诉案件，不适用调解。

4. 对于附带民事诉讼的处理

审理自诉案件，对于依法宣告无罪的案件，其附带民事诉讼部分应当依法进行调解或者一并作出判决。

5. 自诉案件中的反诉

告诉才处理和被害人有证据证明的轻微刑事案件的被告人或者其法定代理人在诉讼过程中，可以对自诉人提起反诉。反诉必须符合下列条件：

（1）反诉的对象必须是本案自诉人；

（2）反诉的内容必须是与本案有关的行为；

（3）反诉的案件必须是告诉才处理的案件和检察院没有提起公诉、被害人有证据证明的轻微刑事案件。

合议庭或法官对反诉案件应当与自诉案件一并审理。原自诉人撤诉的，不影响反诉案件的继续审理。

6. 几种特殊情况的处理

自诉人经两次依法传唤，无正当理由拒不到庭的，或者未经法庭准许中途退庭的，应当决定按自诉人撤诉处理。

自诉人是 2 人以上，其中部分人撤诉的，不影响案件的继续审理。

7. 对于强制措施的实施

合议庭对裁定准许自诉人撤诉或者当事人自行和解的案件，被告人被采取强制措施的，应当报请院长审批，立即予以解除。

在自诉案件审理过程中，被告人下落不明的，应当中止审理。被告人归案后，应当恢复审理，必要时，应当对被告人依法采取强制措施。

8. 法条链接

《刑事诉讼法》第 210 条至第 213 条。

（五）简易程序与公诉案件第一审庭审事务的不同

简易程序是指基层人民法院审理某些事实清楚、情节简单、犯罪轻微的刑事案件适用的比普通程序相对简化的第一审程序。其与公诉案件第一审庭审事务有不同的地方。

1. 书记员应当掌握适用简易程序的条件

下列案件可以适用简易程序，由审判员独任审判，对可能判处有期徒刑三年以上刑罚的，应当组成合议庭进行审判：

（1）案件事实清楚、证据充分的；

（2）被告人承认自己所犯罪行，对指控的犯罪事实没有异议的；

（3）被告人对适用简易程序没有异议的。

人民检察院在提起公诉的时候，可以建议人民法院适用简易程序。

此外，具有下列情形之一的，不适用简易程序，包括：（1）被告人是盲、聋、哑人，或者是尚未完全丧失辨认或者控制自己行为能力的精神病人的；（2）有重大社会影响的；（3）共同犯罪案件中部分被告人不认罪或者对适用简易程序有异议的；（4）其他不宜适用简易程序审理的。

2. 书记员与检察院的工作衔接

法官对检察院起诉时书面建议适用简易程序的，应当认真审查，认为符合适用简易程序的，可以适用简易程序。认为不应当适用简易程序的，应当书面通知人民检察院，并将全部卷宗和证据材料退回人民检察院。其中制作书面建议以及退回卷宗等工作由书记员来完成。

对人民检察院没有建议适用简易程序，但人民法院经审查认为可以适用简易程序审理的，应当书面征求人民检察院、被告人、辩护人的意见。人民检察院同意并移送全部卷宗和证据材料后，可以适用简易程序。

3．送达

适用简易程序审理的公诉案件，书记员在向被告人送达起诉书副本的同时，应当制作《适用简易程序决定书》，在开庭前送达人民检察院、被告人和辩护人。

书记员应当在开庭前将开庭时间、地点分别通知人民检察院、被告人、辩护人及其他诉讼参与人。通知可以采取简便方式，但应当记录在卷。

4．简易程序笔录的制作

书记员制作的简易程序庭审笔录，与公诉案件第一审庭审笔录相比有所不同。根据《刑事诉讼法》第218条、第219条之规定，适用简易程序审理案件，不受本章第一节关于讯问被告人、询问证人、鉴定人、出示证据、法庭辩论程序规定的限制，但在判决宣告前应当听取被告人的最后陈述意见。即庭审过程不需严格按照法庭调查、法庭辩论等程序进行；在宣读起诉书后，经审判人员许可，被告人及其辩护人可以同自诉人及其诉讼代理人互相辩论。对适用简易程序的案件，一般应当庭宣判。

5．简易程序的审限

依据《刑事诉讼法》第220条的规定，适用简易程序审理案件，人民法院应当在受理后二十日以内审结；对可能判处的有期徒刑超过三年的，可以延长至一个半月。

6．简易程序转为普通程序的过程中书记员的工作

依据《刑事诉讼法》第221条、最高人民法院关于适用《中华人民共和国刑事诉讼法》的解释第298条的规定，转为普通程序审理的公诉案件，书记员应当在三日内将全部卷宗和证据材料退回检察院，要求检察院在收到上述材料后，按照普通程序审理公诉案件的法定要求，向法院移送有关材料。转为普通程序的案件，审理期限应当从决定转为普通程序之日起计算。

（六）速裁程序与公诉案件第一审庭审事务的不同

速裁程序是指基层人民法院为深入贯彻落实宽严相济刑事政策，进一步提高刑事诉讼质量和效率，切实保障当事人合法权益的审理程序。其与公诉案件第一审庭审事务有不同的地方。

1．书记员应当掌握适用速裁程序的条件

基层人民法院管辖的可能判处三年有期徒刑以下刑罚的案件，案件事实清楚，证据确实、充分，被告人认罪认罚并同意适用速裁程序的，可以适用速裁程序，由审判员一人独任审判。人民检察院在提起公诉的时候，可以建议人民法院适用速裁程序。但存在下列情形之一的不适用，包括：（1）被告人是盲、聋、哑人，或者是尚未完全丧失辨认或者控制自己行为能力的精神病人的；（2）被告人是未成年人的；（3）案件有重大社会影响的；（4）共同犯罪案件中部分被告人对指控的犯罪事实、罪名、量刑建议或者适用速裁程序有异议的；（5）被告人与被害人或者其法定代理人没有就附带民事诉讼赔偿等事项达成调解或者和解协议的；（6）其他不宜适用速裁程序审理的。

2．速裁笔录的制作

速裁程序笔录的制作与简易程序笔录的制作相似，一般不进行法庭调查、法庭辩论，但在判决宣告前应当听取辩护人的意见和被告人的最后陈述意见。但需要注意的是，适用速裁程序审理案件，应当当庭宣判。

3. 速裁程序的审限

适用速裁程序审理案件，人民法院应当在受理后十日以内审结；对可能判处的有期徒刑超过一年的，可以延长至十五日。

三、行政审判庭第一审案件庭审事务

（一）行政审判庭第一审案件庭前事务

行政审判庭第一审案件庭前事务是指书记员在案件受理后至合议庭准备庭会议结束必经的诉讼阶段内，协助法官完成的一系列辅助性工作。

行政审判庭庭审事务中没有详细讲解的内容可以参考民事审判庭庭审事务的相关内容。

1. 接收并审查案件材料

（1）立案庭书记员（内勤）将案件卷宗移交给审判庭书记员（内勤）。

（2）在移交的同时，审判庭书记员（内勤）对卷宗材料进行初步审查，审查内容包括：第一，对是否属于本庭受理范围进行初审。第二，清点卷宗册数。第三，逐卷按目录核对卷内材料份数、页数，包括：核对有无证据，证据的种类和件数是否与诉状所载相符；检查有无委托事项及委托书；检查当事人是否已按规定交纳了案件受理费及其他诉讼费用，并将收据附卷保存等。

审判庭书记员（内勤）应该在每次移交卷宗材料的时候认认真真地审查卷宗材料，以免在发现漏掉一些重要的卷宗材料的时候，发生互相推诿、责任不明的情况，更为重要的是可能会影响案件的正常审理，有些甚至会影响案件的公正审判。

（3）卷宗材料确认无误后，双方办理案卷交接手续并做好登记。

（4）审判庭书记员将卷宗材料交给法官。

经验提示 7-20

从起诉书送达起，一切关于本案的司法文书、公文、报告、信函均使用同一案号。

2. 提前阅卷

具体参见民事审判庭庭审事务的相关内容。

3. 送达相关法律文书

送达的相关法律文书包括起诉状副本、答辩状副本、应诉通知书、举证通知书、开庭传票即通知书等。

（1）审判庭书记员应当在立案登记表注明受案日期的五日内，将原告的起诉状副本送达给被告。在向被告送达起诉状的同时，应当送达下列文书：应诉通知书、举证通知书、证据清单以及诉讼须知。通常诉讼须知的内容包括：一是被告应当在收到起诉状副本之日起十五日内提交答辩状，并提供作出具体行政行为时的证据、依据；无正当理由逾期提供的，认定没有证据、依据。二是当事人提出管辖异议，应当在接到人民法院应诉通知之日起十日内以书面形式提出。三是原告承担部分举证责任：起诉被告不作为的案件中，证明提出申请的事实；赔偿诉讼中，证明因为受被诉行政行为侵害而造成损害的事实。

（2）在收到被告的答辩状后，应当在收到之日起五日内将答辩状送达给原告。

（3）书记员在开庭审理的三日前，用传票通知当事人，用出庭通知书通知其他诉讼参与人。传票或通知书须写明案由、开庭日期、时间、地点等。

（4）送达上述文书，应当有送达回证记载，送达回证应当加盖公章，记明案号，由送达人签字。

送达的具体方式请参考立案中关于送达的讲解。

4. 协助法官完成证据的收集、调查和交换

具体参见民事审判庭庭审事务的相关内容。

经验提示 7-21

接收证据应当注明接收日期、接收人姓名，对于证据的复印件，应当由接收人与原件核对，经核对无异议的，注明“本件与原件核对无异”并由核对人签名。

5. 协助法官完成诉讼保全和先予执行

人民法院审理起诉行政机关没有依法发给抚恤金、工伤和医疗社会保险金、最低社会保障金等案件，可以根据原告的申请，依法书面裁定先予执行。

当事人对财产保全和先予执行的裁定不服的，可以申请复议。复议期间不停止裁定的执行。

6. 庭前询问笔录的制作

开庭审理前，法官为了更好地了解案情、掌握案件争议焦点，会传唤原告或被告到庭询问，此时书记员需要制作询问笔录。

7. 合议庭准备庭开庭记录

在开庭审理前，合议庭成员将召开准备庭会议，此时书记员要承担准备庭笔录的制作工作。准备庭笔录主要包括两方面：（1）常规的记录部分，包括开庭的时间和地点；是否公开审理；应当传唤、通知的当事人和其他诉讼参与人以及何时发布开庭公告等。（2）根据案情的具体情况，将研究开庭审理时应当注意的重点问题或主要问题、庭审技巧、应急处理方案以及合议庭成员在开庭审理过程中的分工等，书记员应当将这些内容记入笔录。

8. 发布公告

公开审理的案件，书记员应当在开庭前三日，发布公告，公告的内容包括：当事人的姓名、单位，案由，开庭日期、时间、地点等。

9. 制作庭审笔录的笔录头

详细内容可参见民事审判庭第一审普通程序庭前事务中的相关内容。

（二）行政审判庭第一审案件庭中事务

1. 庭审准备

在审判长宣布开庭前，书记员应当进行下列工作：

（1）按书记员着装要求着装。

（2）清扫法庭，确保法庭整洁。

（3）检查相关设备：书记员应当在正式开庭前布置法庭，检查开庭需要的法槌、电脑及有关设备；打开“庭审指示灯”，将审判员、人民陪审员、书记员以及当事人及其代理人的身份牌放置正位。

（4）查明当事人和其他诉讼参与人是否到庭，向各方当事人询问有无证人到庭作证。

（5）宣布法庭纪律。

（6）宣布全体起立，请审判长、审判员入庭就座→审判长（对全体人员）宣布“请坐”→书记员向审判长报告当事人及其诉讼代理人的出庭情况，请示开庭。

开庭审理时，由审判长核对当事人，宣布案由，宣布审判人员、书记员名单，告知当事人有关的诉讼权利义务，询问当事人是否提出回避申请，从这一时刻开始，书记员从事的主要工作就是制作庭审笔录。

2. 庭审笔录的制作

在制作笔录阶段，书记员要养成保持缄默的职业习惯。要制作优质、高效、合法、准确的行政案件庭审笔录，一方面要对庭审阶段的程序了如指掌，另一方面还应该掌握常见行政案件的庭审笔录制作要点。对于行政案件庭审笔录的制作要点，本书已在法院笔录一章详细讲解，此处，只是讲解庭审阶段的程序。

（1）法庭调查。法庭调查的内容包括：1）原告宣读起诉状，被告宣读答辩状；2）当事人陈述和询问当事人；3）询问证人，审查证人证言材料；4）询问鉴定人、勘验人，审查鉴定结论、勘验笔录；5）审查书证、物证及视听资料。

如果合议庭认为案件事实已经查清，审判长即可宣布法庭调查结束，进入辩论阶段。

（2）法庭辩论。法庭辩论的顺序是：先由原告及其诉讼代理人发言，再由被告人及其诉讼代理人答辩，然后双方相互辩论。第三人参加诉讼的，应在原告和被告发言后再发言。辩论时，当事人重复陈述或陈述与案件无关的内容，可以不予记录。辩论中提出与案件有关的新的事实、证据的，由合议庭决定停止辩论，恢复法庭调查。

当审判长认为应该查明的事实已辩论清楚，即可宣布结束辩论，进入当事人最后陈述阶段。

（3）当事人最后陈述。由审判长宣布法庭进行综合陈述，请原告、被告、第三人依次针对被诉具体行政行为是否合法发表综合意见，如果当事人陈述的是法庭辩论审查阶段已经陈述的问题，可以制止当事人，不要重复陈述，没有综合意见可以不发言。

休庭阶段，审判长宣布：“本庭听取了各方当事人的意见，在合议时将给予充分的考虑，现在宣布休庭。何时再开庭或宣判，另行通知，请各方当事人看笔录无误后签字。”随后审判长敲法槌。

书记员宣布：“请全体起立，审判长、审判员（陪审员）退庭。”

3. 休庭及其他问题处理

书记员应当将法庭审理的全部活动记入笔录。法庭笔录应当庭宣读，也可以告知当事人和其他诉讼参与人当庭或者在五日内阅读。当事人和其他诉讼参与人认为对自己的陈述记录有遗漏或者差错的，有权申请补正。如果不予补正，应当将申请记录在案。

庭审笔录应经合议庭成员审阅无误后，由书记员交当事人及其他诉讼参与人阅后逐页签名或盖章，再由合议庭成员和书记员签名。当事人和其他诉讼参与人拒绝签名或盖章的，应记明情况附卷。

（三）行政审判庭第一审案件庭后事务

庭后事务包括以下内容。

1. 制作合议庭评议笔录

合议庭评议案件时，由主审人对案件事实、证据、适用法律等问题发表意见，审判长可以就上述问题发表个人意见，但是不得首先作表态发言，审判长应当根据评议情况总结合议庭评议的结论性意见。

合议庭评议案件，如意见分歧，应当按照少数服从多数的原则，按照多数人意见作出决定，但是少数人意见应当记入笔录。评议笔录由书记员制作，合议庭组成人员确认无误后签名。

2. 校对裁判文书

具体内容略，读者可参看有关资料。

3. 辅助宣判、送达

（1）辅助宣判。宣告审判、裁定，一律公开进行。能够当庭宣判的，由审判长在休庭结束后、恢复开庭后当庭宣判，并在一定期日内向当事人发送判决书。当庭宣判的基本步骤为：书记员宣布“请审判长、审判员（陪审员）入庭”→审判长（敲法槌）宣布“本案通过审理，合议庭在充分听取各方当事人意见基础上进行了认真的评议（或经本院审判委员会研究），现在宣判”→书记员宣布“全体起立”→审判长宣判，交代文书送达的期间、当事人的诉权。不能当庭宣判的，应当定期宣判。审判长可以当庭告知当事人定期宣判的时间和地点，也可以另行通知。定期宣判的，宣判后立即发给当事人判决书。

（2）送达。送达裁判文书，应当填写送达回证，送达回证载明下列内容：案由、案号、送达文书名称、份数；加盖公章；被送达人及签名；送达时间、地点；送达人。

4. 卷宗装订与归档

具体内容略，读者可参看有关资料。

5. 上诉移送

一审宣判后，对于上诉案件，书记员应当填写上诉案件移送函，同时附下列材料：（1）上诉状；（2）答辩状；（3）上诉费收据，减、免、缓诉讼费的审批手续；（4）上诉状、答辩状的送达回证；（5）当事人基本情况证明；（6）一审全部卷宗。

上诉状应当向一审法院递交，一审案件书记员应当协助法官审查上诉人是否在法定期限内提起上诉，是否交纳上诉费。如符合上诉案件的受理条件，应当在受到上诉状的次日起五日内向被上诉人及其他当事人送达上诉状副本，被上诉人及其他当事人在十日内提交答辩状的，一审法官应当将答辩状的副本在五日内送达给上诉人，被上诉人及其他当事人不答辩的，不影响案件移送。

第二节 第二审案件庭审事务

一、民事审判庭第二审案件庭审事务

第二审程序，又称上诉审程序，是指当事人不服第一审人民法院的判决、裁定，在法定的期限内提起上诉，由上一级人民法院进行审理的程序。我国实行两审终审的审级制度，一审判决和裁定作出之后，并不立即生效，当事人可以在法定期间内提起上诉，请求上级人民法院进行审理，由二审法院作出最终裁判。

按照第二审程序审理的案件，对于《民事诉讼法》“第二审程序”中没有规定的事项，应当适用“第一审普通程序”的有关规定，如开庭审理程序等。因此，本部分只针对书记员在二审中与一审中不同的工作内容及程序进行讲述。

（一）民事审判庭第二审案件庭前事务

1. 将当事人直接向二审法院提交的上诉状移交原一审法院

依据《民事诉讼法》第166条的规定，当事人原则上应当将上诉状通过原审人民法院提交，并按照对方当事人或者代表人的人数提交副本。如果当事人直接向二审法院提交上诉状，第二审人民法院立案庭书记员应当在五日内将上诉状移交原审人民法院。

2. 协助法官审查受理案件的卷宗材料

审判庭书记员在与立案庭书记员交接上诉案件的卷宗材料时，应当对以下内容进行初步审查：

（1）多方当事人上诉的，核对各方上诉人是否均已交纳上诉费。

（2）核对上诉状副本的送达回证是否齐备。

（3）阅读一审裁判文书、当事人的上诉状和答辩状，了解上诉的主要理由、答辩意见和主要的争议焦点。

（4）审查卷内有无申请财产保全或证据保全的相关材料。

（5）对一审已保全的不宜长期保存的物品，应提醒承办案件的法官。

（6）当事人申请证据保全，应在举证期限届满前提出。

（7）核查各方当事人的法定代表人身份证明书、授权委托书和诉讼代理律师的委托书、律师事务所函是否已提交。如缺少相关手续，应当通知当事人及其委托代理人办理相关手续并在开庭前或开庭当日提交。

3. 掌握合议庭的组成

依据《民事诉讼法》第40条的规定，第二审人民法院审理上诉案件的审判组织与第一审不同。根据规定，二审法院审理民事案件既不能由审判员一人独任审判，也不能由审判员和陪审员共同组成合议庭审判，而只能由审判员组成合议庭审判。

4. 提前阅卷

第二审人民法院审理民事上诉案件，在第一审人民法院对案件已经进行审理并作出裁判的基础上进行，当事人的上诉既针对对方当事人，又针对原审人民法院。因此，虽然书记员在第一审民事案件开庭前也需要提前阅卷，但正是因为二审与一审有上述的不同，所以提前阅卷的内容或侧重点也有所不同。书记员既要认真阅读全部上诉材料、熟悉整个案情、掌握原审人民法院作出裁判的事实依据和法律依据，同时还要阅读当事人上诉的主要理由和具体要求、被告的答辩和双方争执的焦点等，从而为接下来的证据收集与交换乃至庭审记录等工作环节做好准备。

5. 证据收集与交换

（1）当事人在举证期限届满前书面申请二审法院调取证据的，合议庭评议认为符合条件的，书记员应当协助法官在法院规定的时间内予以调取；不符合的，书记员应当于法院规定的时间内向当事人或其诉讼代理人送达不予调取通知书。

（2）对于当事人在一审程序中申请重新鉴定、评估、审计未被准予，在二审举证期限届满前提出，经合议庭审查不符合重新鉴定条件的，应当告知申请方不予重新鉴定决定和理由，书记员应当制作笔录。

6. 径行裁判、庭前和解

根据《民事诉讼法》第169条的相关规定，第二审人民法院审理民事上诉案件，原则上应当开庭审判。径行裁判，是我国民事第二审程序区别于第一审程序的一个重要特点。对于径行裁判的案件，书记员在径行裁判阶段，主要从事裁判文书的校对工作。

对于庭前和解，法官在对双方当事人进行询问、核对案件事实时，或在一方或双方当事人申请法院进行庭前调解的，应当组织进行调解，促成当事人庭前调解。在此过程中，书记员主要担任制作询问笔录、调解笔录等工作。

对于书记员在第二审人民法院民事审判庭的庭前事务，除做好上述几项准备工作外，其他准备工作与第一审程序大致相同。

（二）民事审判庭第二审案件庭中事务

因二审的审理范围不同，在不同的庭审阶段，书记员的庭审记录仍存在一些与一审不同的地方：

（1）法官会围绕上诉人的上诉请求进行审理，对涉及有争议的事实的证据进行举证和质证，对有关当事人无争议的事实的证据不再组织举证和质证。一审时已经质证的证据，可以不再组织质证，但一审对证据的证明力未予确认或质证笔录记载不清的，仍应组织质证。

（2）开庭审理中，上诉人明确表示对一审认定的事实没有异议，只对适用法律有意见的，合议庭可对一审认定的事实予以确认后，直接进入法庭辩论。

（三）民事审判庭第二审案件庭后事务

1. 校对裁判文书

书记员需要掌握二审裁判文书的制作规范，这样才能更好地校对裁判文书。

第一，事实部分，一般先写一审认定的事实，裁判理由及结果，然后写明上诉人的上诉理由，被上诉人答辩及第三人的意见，最后写二审认定的事实所依据的相关证据。如二审认定的事实与一审认定的事实一致，可表述为："本院经审理查明的事实与一审认定的事实一致"；如二审查明的事实有增加，可表述为："本院经审理查明的事实与一审认定的事实一致，另查明……"；如有少许不同，可表述为："本院经审理查明的事实，除……与原审认定不同外，其他事实一致"；如二审认定的事实与一审认定的事实不一致，则要全面写明二审查明的事实情况。

在证据效力的认定部分，当事人没有异议部分，可表述为"……证据，当事人无异议，本院对其效力予以确认"；重点对当事人有异议的证据效力，根据证据的真实性、合法性及关联性，阐述本院认证与否的理由。

对当事人逾期提交证据材料及举证期限届满后提供的证据不是新证据的，应写明二审法院不组织质证的理由及不予认证的理由。

第二，裁判理由部分，除对一审裁判结果是否正确进行确认之外，重点应围绕上诉人的上诉请求是否正确，应否予以支持进行论述，最后阐明维持原审判决或改判的理由和依据。

第三，在援引法律条文方面，二审维持原裁判结果或发回重审的案件，只引程序法，不引实体法。但如维持原裁判结果，理由不同的，应引用相关的实体法。

二审改判的案件应先引程序法，再引实体法，不得只引程序法，不引实体法。

当事人的称谓，在涉及原审判决主文时，一律使用原审判决称谓中的诉讼地位确定称谓，或直接列明当事人的姓名或名称。撤销一审判决，发回重审的案件，裁定书应写明以下内容：

（1）简要写明原审当事人的诉讼请求、法院认定的事实、裁判理由、判决主文；

（2）简要概括上诉人的上诉请求与理由，被上诉人的答辩内容；

（3）详细说明发回重审的理由，逐一指出原判在适用程序法和实体法方面存在的具体问题，但不得直接表述结论性意见。

2. 卷宗整理与归档

裁判文书宣判、送达后五日内，法官应将一、二审卷宗移交书记员，并办理交接登记，由书记员于五日内将一审卷宗移送本院立案庭。

书记员收到卷宗材料后，即应开始归卷工作，并在归档材料齐全后的次月完成归档。归档前，法官应对卷宗材料核对后签名。

二审案件卷宗应独立成卷，即二审据以维持、改判、发回重审的主要证据材料，必须装入卷宗。原件在一审卷宗或当事人不愿意交付原件的，应装入与原件核对无异的复印件。

3. 结案后

二审结案后，应及时填写退卷函，与一审案卷、二审判决（裁定、调解）书一起送原审人民法院。

4. 掌握二审案件的审理期限及延长审限的审批

依据《民事诉讼法》第 176 条的规定，人民法院审理对判决的上诉案件，应当在第二审立案之日起三个月内审结，有特殊情况需要延长的，由本院院长批准；对裁定的上诉案件，应当在第二审立案之日起三十日内终审裁定。

5. 掌握第二审法院对上诉案件的处理

第二审人民法院对上诉案件，经过审理，按照下列情形，分别处理：

（1）原判决、裁定认定事实清楚，适用法律正确的，以判决、裁定方式驳回上诉，维持原判决、裁定；

（2）原判决、裁定认定事实错误或者适用法律错误的，以判决、裁定方式依法改判、撤销或者变更；

（3）原判决认定基本事实不清的，裁定撤销原判决，发回原审人民法院重审，或者查清事实后改判；

（4）原判决遗漏当事人或者违法缺席判决等严重违反法定程序的，裁定撤销原判决，发回原审人民法院重审。原审人民法院对发回重审的案件作出判决后，当事人提起上诉的，第二审人民法院不得再次发回重审。

二、刑事审判庭第二审案件庭审事务

第二审程序又称上诉审程序，是指第二审人民法院根据上诉人的上诉或人民检察院的抗诉，就第一审人民法院尚未发生法律效力的判决或裁定认定的事实和适用的法律进行审理时所应当遵循的步骤和方式。

此处讲到的只是第二审庭审事务与第一审不同之处，对于开庭审判上诉或者抗诉案件的程序，参见刑事审判庭第一审案件庭审事务进行。

（一）刑事审判庭第二审案件庭前事务

1. 将当事人直接向二审法院提交的上诉状移交原一审法院

原则上，被告人、自诉人、附带民事诉讼的原告人和被告人通过原审法院提出上诉的，或者检察院抗诉的，一审审判庭书记员应当在三日以内，将移送上诉、抗诉案件函、上诉状或者抗诉书连同案卷、证据送交立案庭。一审书记员同时应将上诉状副本送交同级检察院和对方当事人，将抗诉状副本送交当事人。

对于被告人、自诉人、附带民事诉讼的原告人和被告人直接向二审法院提出上诉的，二审法院立案庭书记员应当在三日以内将上诉状交原审人民法院，同时送交同级人民检察院和对方当事人。

2. 对上诉材料的初步审查

审判庭书记员与立案庭书记员在上诉案件卷宗材料交接的过程中，应当初步审查上诉材料是否齐备，包括：（1）移送上（抗）诉案件函；（2）上诉状或抗诉状；（3）第一审判决书或裁定书八份（每增加一名被告人增加一份）及其电子文本；（4）全部案卷材料和证据，包括案件审结报告和其他应当移送的材料。

3. 通知检察院查阅案件、出庭

人民检察院提出抗诉的案件或者第二审人民法院开庭审理的公诉案件，同级人民检察院都应当派员出席法庭。第二审人民法院应当在决定开庭审理后及时通知人民检察院查阅案卷。人民检察院应当在一个月以内查阅完毕。人民检察院查阅案卷的时间不计入审理期限。

（二）刑事审判庭第二审案件庭中事务

根据《刑事诉讼法》第 234 条的规定，第二审程序对上诉案件的审理方式作了不同的规定。即对于上诉案件，二审的审理方式以开庭审理为原则、以调查讯问式审理为补充。

1. 开庭审理的方式

第二审人民法院开庭审理的程序在一审程序的基础上进行，具体可以参见一审程序的相关内容。

2. 调查讯问的审理方式

调查讯问的审理方式，是指第二审人民法院的合议庭对上诉案件，经过阅卷和讯问被告人，在听取其他当事人、辩护人、诉讼代理人的意见后，认为案件事实清楚，可以不开庭审理即作出判决或裁定的审理方式。

采用调查讯问的方式审理案件，通常的程序是：由三到五名法官组成合议庭→合议庭成员共同阅卷→讯问被告人→听取诉讼参与人的意见→经合议庭评议，作出相应处理。对于采用调查讯问方式审理的案件，书记员在此过程中的主要工作是制作讯问笔录、调查笔录以及合议庭评议笔录等。

（三）刑事审判庭第二审案件庭后事务

1. 上诉案件的审理期限

依据《刑事诉讼法》第 243 条的规定，第二审人民法院受理上诉、抗诉案件，应当在二个月以内审结。对于可能判处死刑的案件或者附带民事诉讼的案件，以及有《刑事诉讼法》第 158 条规定情形之一的，经省、自治区、直辖市高级人民法院批准或者决定，可以延长二个月；因特殊情况还需要延长的，报请最高人民法院批准。最高人民法院受理上诉、抗诉案件的审理期限，由最高人民法院决定。

2. 二审法院对上诉案件的处理方式

（1）第二审人民法院对不服第一审判决的上诉、抗诉案件，经过审理后，应当按照下列情形分别处理：

1）原判决认定事实和适用法律正确、量刑适当的，应当裁定驳回上诉或者抗诉，维持原判；

2）原判决认定事实没有错误，但适用法律有错误，或者量刑不当的，应当改判；

3）原判决事实不清楚或者证据不足的，可以在查清事实后改判，也可以裁定撤销原判，发回原审人民法院重新审判。

（2）第二审人民法院发现第一审人民法院的审理有下列违反法律规定的诉讼程序的情形之一的，应当裁定撤销原判，发回原审人民法院重新审判：

1）违反本法有关公开审判的规定的；

2）违反回避制度的；

3）剥夺或者限制了当事人的法定诉讼权利，可能影响公正审判的；

4）审判组织的组成不合法的；

5）其他违反法律规定的诉讼程序，可能影响公正审判的。

（3）原审人民法院对于发回重新审判的案件，应当另行组成合议庭，依照第一审程序进行审判。对于重新审判后的判决，依照《刑事诉讼法》第 227 条、第 228 条、第 229 条的规定可以上诉、抗诉。

（4）第二审人民法院对不服第一审裁定的上诉或者抗诉，经过审查后，应当参照《刑事诉讼法》第 236 条、第 238 条和第 239 条的规定，分别情形用裁定驳回上诉、抗诉，或者撤销、变更原裁定。

三、行政审判庭第二审案件庭审事务

第二审程序是指上一级人民法院依照法律规定，根据当事人在法定期限内提起的上诉，对下一级人民法院作出的尚未生效的行政判决或裁定进行重新审理的程序。

这里讲到的只是第二审庭审事务与第一审不同之处，其他事项可参见行政审判庭第一审案件庭审事务进行。

（一）行政审判庭第二审案件庭前事务

1. 将当事人直接向二审法院提交的上诉状移交原一审法院

当事人原则上应当将上诉状通过原审人民法院提出，并按照对方当事人或者代表人的人数提出副本。

对于当事人直接向二审法院提交的上诉状的，第二审人民法院立案庭书记员应当在五日内将上诉状移交原审人民法院。

2. 对一审上诉材料是否齐备的审查

审判庭书记员在与立案庭书记员交接上诉案件卷宗材料时，应当初步审查以下材料是否齐备：（1）上诉案件移送函；（2）上诉状；（3）答辩状；（4）上诉费收据，减、免、缓诉讼费的审批手续；（5）上诉状、答辩状的送达回证；（6）当事人基本情况证明；（7）一审全部卷宗。

（二）行政审判庭第二审案件庭中事务

行政审判第二审案件的审理程序，分为开庭审理和书面审理两种方式。

对于开庭审理的程序，可参见一审法院审理行政案件的程序。

二审案件对于上诉案件，认为事实清楚的，可以实行书面审理。书面审理是指人民法院只对当事人所提出的上诉状、答辩状及其他书面材料和证据进行审查，不需要开庭而作出裁判的审判方式。

（三）行政审判庭第二审案件庭后事务

书记员应当掌握二审行政案件的审理期限和对上诉案件的处理方式。

1. 审理期限

依据《行政诉讼法》第88条的规定，人民法院审理上诉案件，应当在收到上诉状之日起三个月内作出终审判决。有特殊情况需要延长的，由高级人民法院批准，高级人民法院审理上诉案件需要延长的，由最高人民法院批准。

2. 上诉案件的处理方式

人民法院审理上诉案件，按照下列情形，分别处理：（1）原判决、裁定认定事实清楚，适用法律、法规正确的，判决或者裁定驳回上诉，维持原判决、裁定；（2）原判决、裁定认定事实错误或者适用法律、法规错误的，依法改判、撤销或者变更；（3）原判决认定基本事实不清、证据不足的，发回原审人民法院重审，或者查清事实后改判；（4）原判决遗漏当事人或者违法缺席判决等严重违反法定程序的，裁定撤销原判决，发回原审人民法院重审。

原审人民法院对发回重审的案件作出判决后，当事人提起上诉的，第二审人民法院不得再次发回重审。人民法院审理上诉案件，需要改变原审判决的，应当同时对被诉行政行为作出判决。

第三节　再审案件庭审事务

审判监督程序又称再审程序，是指人民法院发现已经发生法律效力的判决、裁定、调解书确有错误，对案件进行再次审理的程序。审判监督程序不是诉讼的必经阶段，而是特殊的纠错程序，目的在于保证人民法院正确行使审判权，保护当事人的合法权益，体现我国审判工作实事求是、有错必纠的原则。

再审程序不是一个独立的审级。依审判监督程序提起的诉讼，既可能按第一审程序进行审理，也可能按第二审程序进行审理。故在民事审判庭、刑事审判庭以及行政审判庭再审案件的庭审事务中，不再重复讲述第一审程序以及第二审程序的庭审事务，而只就再审程序中庭审事务的特殊工作任务进行讲解。

一、民事审判庭再审案件庭审事务

民事审判监督程序又称民事再审程序，是指人民法院依照职权或者依当事人再审之诉，以及人民检察院的抗诉，对已经发生法律效力而又确有错误的判决、裁定或调解书再次进行审理并作出裁判的程序。

（一）协助法官调阅卷宗

协助法官调阅本案一、二审案卷，将有关材料装订成临时卷宗。

（二）人民法院依职权提起再审的案件

各级人民法院院长对本院已经发生法律效力的判决、裁定，发现确有错误，认为需要再审的，应当提交审判委员会讨论决定。书记员对于审判委员会的讨论应当制作成笔录，由参加审委会的成员签字，入副卷。书记员对审委会讨论的内容有义务保密。

最高人民法院对地方各级人民法院已经发生法律效力的判决、裁定，上级人民法院对下级人民法院已经发生法律效力的判决、裁定，发现确有错误的，有权提审或者指令下级人民法院再审。

（三）当事人申请再审的案件

申请再审的程序：当事人提交再审申请书→法院审查→法院裁判。

（1）当事人申请再审的，应当提交再审申请书等材料。

（2）人民法院应当自收到再审申请书之日起五日内将再审申请书副本发送对方当事人。对方当事人应当自收到再审申请书副本之日起十五日内提交书面意见；不提交书面意见的，不影响人民法院审查。人民法院可以要求申请人和对方当事人补充有关材料，询问有关事项。

《民事诉讼法》第204条规定：人民法院应当自收到再审申请书之日起三个月内审查，符合本法规定的，裁定再审；不符合本法规定的，裁定驳回申请。有特殊情况需要延长的，由本院院长批准。因当事人申请裁定再审的案件由中级人民法院以上的人民法院审理，但当事人依照本法第199条的规定选择向基层人民法院申请再审的除外。最高人民法院、高级人民法院裁定再审的案件，由本院再审或者交其他人民法院再审，也可以交原审人民法院再审。

（3）对当事人提出的再审申请，法院审查后以裁定的形式驳回申请，或者裁定再审。按照审判监督程序决定再审的案件，裁定中止原判决的执行。裁定由院长署名，加盖人民法院印章。

同时，书记员需要掌握当事人申请再审的时限：当事人申请再审，应当在判决、裁定发生法律效力后六个月内提出；有《民事诉讼法》第200条第1项、第3项、第12项、第13项规定情形的，自知道或者应当知道之日起六个月内提出。

（4）法条链接：《民事诉讼法》第205条、第206条、第208条至第213条。

（四）人民检察院抗诉引起再审的案件

人民检察院抗诉的程序：人民检察院提出抗诉→法院裁定。

人民检察院决定对人民法院的判决、裁定提出抗诉的，应当制作抗诉书并及时将抗诉（裁定）书送原审被告人及原审法院。人民法院再审时，书记员应当通知人民检察院派员出席法庭。

人民检察院提出抗诉的案件，接受抗诉的人民法院应当自收到抗诉书之日起三十日内作出再审的裁定；有《民事诉讼法》第200条第1项至第5项规定情形之一的，可以交下一级人民法院再审，但经该下一级人民法院再审的除外。

（五）制作各项笔录

审理中参照本章讲到的民事审判庭的一、二审程序的有关规定做好各项笔录。

（六）结案后的工作

结案后书记员应退还所有调阅的诉讼卷宗，并填写结案卡（表）报庭。

二、刑事审判庭再审案件庭审事务

刑事案件审判监督程序，又称刑事再审程序，是指人民法院、人民检察院发现已发生法律效力的刑事判决、裁定在认定事实或适用法律上确有错误时，采取的交由原审法院再审或上级法院提审，使案件得以重新审理，纠正错误判决、裁定的一种诉讼程序。

（一）协助法官调阅卷宗

协助法官调阅本案一、二审案卷，将有关材料装订成临时卷宗。

（二）人民法院依职权提起再审的案件

各级人民法院院长对本院已经发生法律效力的判决和裁定，如果发现在认定事实上或者在适用法律上确有错误，必须提交审判委员会处理。

最高人民法院对各级人民法院已经发生法律效力的判决和裁定，上级人民法院对下级人民法院已经发生法律效力的判决和裁定，如果发现确有错误，有权提审或者指令下级人民法院再审。

（三）当事人及其法定代理人、近亲属提出申诉的案件

对已经发生法律效力的判决、裁定，可以向人民法院或者人民检察院提出申诉，但是不能停止判决、裁定的执行。

对于刑事申诉案件，书记员应将申诉状、裁定书送达同级人民检察院，对在押的人犯办理换押手续。

人民法院受理申诉后，应当在三个月内作出决定，至迟不得超过六个月。经审查，认为有《刑事诉讼法》第 253 条规定的情形之一的，由院长提请审判委员会决定重新审判；对不符合《刑事诉讼法》第 253 条规定的申诉，应当说服申诉人撤回申诉；对仍然坚持申诉的，应当书面通知驳回。

（四）人民检察院提起抗诉的案件

依据《刑事诉讼法》第 254 条，最高人民检察院对各级人民法院已经发生法律效力的判决和裁定，上级人民检察院对下级人民法院已经发生法律效力的判决和裁定，如果发现确有错误，有权按照审判监督程序向同级人民法院提出抗诉。

人民检察院抗诉的案件，接受抗诉的人民法院应当组成合议庭重新审理，对于原判决事实不清楚或者证据不足的，可以指令下级人民法院再审。

书记员及时将抗诉（裁定）书送原审被告人及原审法院，审理时应通知人民检察院出席法庭。

接受抗诉的人民法院按照审判监督程序审判抗诉的案件，审理期限适用第 258 条第 1 款规定；对需要指令下级人民法院再审的，应当自接受抗诉之日起一个月以内作出决定，下级人民法院审理案件的期限适用第 258 条第 1 款规定。

（五）书记员需要掌握的再审程序知识点

1. 重新审判的方式

根据司法实践经验，我国法院依法审判监督程序案件的方式主要有以下三种：

（1）开庭审理。开庭审理是指采用直接开庭的方法，由审判人员直接调查核实案件事实和证据，传唤当事人，通知证人、鉴定人、辩护人、公诉人到庭，进行法庭调查和辩论后进行评议和宣判。这种方式审理再审案件，可参见第一审、第二审刑事案件庭审事务的相关内容。

（2）书面审理。书面审理是指再审法院不传唤当事人，不通知原案证人等诉讼参与人到庭，不进行法庭调查和辩论，只根据原案卷材料及申诉材料和意见，由合议庭直接评议后作出裁判的审理方式。采用这种方式审理，书记员主要的工作就是制作合议庭评议笔录。

（3）书面审理和调查讯问相结合的方式。采用这种方式，首先，应对原审案卷材料、申诉材料进行全面审查；其次，应当讯问被裁判人，听取他们提出的申辩意见，同时将讯问被裁判人与调查新事实，收集新证据，审查原判决、裁定，询问有关诉讼参与人等方法有机结合起来。再次，听取人民检察院对原判决、裁定的看法以及如何纠正错误裁判的意见，必要时应当通知检察院派员旁听合议庭对案件的评议。最后，听取辩护人的意见。这种方式审理再审案件，书记员主要的工作是制作询问笔录、讯问笔录等。

2．重新审判案件时的审查重点

人民法院对重新审判的案件进行审查时，主要就原判决或裁定决定的事实、适用法律、诉讼程序三方面问题进行审查。在审查案件事实时，应注意记录：案件事实是否清楚，证据是否经查证属实、充分、足以证明案件事实等。在审查适用法律时，应注意记录：案件定性是否准确、援引法律条文是否正确以及量刑是否适当等。在审查诉讼程序时，应注意记录：合议庭组成是否合法、是否符合回避要求，审判人员在审理案件时是否有贪污受贿、徇私舞弊等情况。掌握上述审查重点，为书记员做好庭审笔录、讯问笔录、合议庭评议笔录等记录工作奠定基础。

（六）制作各种笔录

审理中参照本章讲到的刑事审判庭的一、二审程序的有关规定做好各项笔录。

（七）结案后的工作

结案后书记员应退还所有调阅的诉讼卷宗，并填写结案卡（表）报庭。

三、行政审判庭再审案件庭审事务

行政案件审判监督程序是指人民法院发现已经发生法律效力的判决、裁定违反法律、法规规定，依法对案件再次进行审理的程序。

人民法院按照审判监督程序重新审判的案件，应当另行组成合议庭进行。如果原来是第一审案件，应当依照第一审程序进行审判，此时所作的判决、裁定可以上诉、抗诉；如果原来是第二审案件，或者是上级人民法院提审的案件，应当依照第二审程序进行审判，此时所作的判决、裁定是终审的判决、裁定。

（一）协助法官调阅卷宗

协助法官调阅本案一、二审案卷，将有关材料装订成临时卷宗。

（二）人民法院依职权提起再审的案件

《行政诉讼法》第 92 条规定：各级人民法院院长对本院已经发生法律效力的判决、裁定，发现有本法第 91 条规定情形之一，或者发现调解违反自愿原则或者调解书内容违法，认为需要再审的，应当提交审判委员会讨论决定。

最高人民法院对地方各级人民法院已经发生法律效力的判决、裁定，上级人民法院对下级人民法院已经发生法律效力的判决、裁定，发现有《行政诉讼法》第 91 条规定情形之一，或者发现调解违反自愿原则或者调解书内容违法的，有权提审或者指令下级人民法院再审。

（三）当事人提出申诉的案件

依据《行政诉讼法》第 90 条相关规定，当事人对已经发生法律效力的判决、裁定，认为确有错误的，可以向上一级人民法院申请再审，但判决、裁定不停止执行。

（四）人民检察院抗诉引起再审的案件

《行政诉讼法》第 93 条规定：最高人民检察院对各级人民法院已经发生法律效力的判决、裁定，上级人民检察院对下级人民法院已经发生法律效力的判决、裁定，发现有本法第 91 条规定情形之一，或者发现调解书损害国家利益、社会公共利益的，应当提出抗诉。

地方各级人民检察院对同级人民法院已经发生法律效力的判决、裁定，发现有《行政诉讼法》第 91 条规定情形之一，或者发现调解书损害国家利益、社会公共利益的，可以向同级人民法院提出检察建议，并报上级人民检察院备案；也可以提请上级人民检察院向同级人民法院提出抗诉。

各级人民检察院对审判监督程序以外的其他审判程序中审判人员的违法行为，有权向同级人民法院提出检察建议。

需要说明的一点是，对于（二）、（三）、（四）项的具体内容可参见本节民事再审案件庭审事务的相关内容。

（五）制作各项笔录

审理中书记员应制作各项笔录，具体内容可参照本章讲到的行政审判庭的一、二审程序的有关规定。

（六）结案后的工作

结案后书记员应退还所有调阅的诉讼卷宗，并填写结案卡（表）报庭。

【引例解答】

根据相关法律的规定，引例中出现的程序错误如下：

1. 小陆对待人民陪审员李老师的工作存在错误。第一，通知人民陪审员参与审判的时间不恰当，没有给予李老师适当的安排和准备时间。第二，小陆没有记录李老师的评议意见属于错误。根据《中华人民共和国人民陪审员法》相关规定，人民陪审员参加三人合议庭审判案件，对事实认定、法律适用，独立发表意见，行使表决权。人民陪审员参加七人合议庭审判案件，对事实认定，独立发表意见，并与法官共同表决；对法律适用，可以发表意见，但不参加表决。合议庭评议案件，实行少数服从多数的原则。人民陪审员同合议庭其他组成人员意见分歧的，应当将其意见写入笔录。第三，小陆在准备开庭的身份牌上存在错误，应为李老师摆放人民陪审员身份牌。

2. 小陆发布公告的时间不符合规定。根据《刑事诉讼法》第 187 条的规定，公开审判的案件，应当在开庭三日以前先期公布案由、被告人姓名、开庭时间和地点。先期公告是公开审判必经的环节，这样做的目的是方便群众到庭旁听、新闻记者到庭采访，以便保障公开审判制度落到实处。本案中，小陆的做法只是走了个形式，无法有效发挥先期公告保障审判公开的作用。

【本章小结】

本章主要以三大诉讼法为基础，以人民法院书记员庭审事务工作流程及工作任务为内容，分别阐述书记员在各审级的民事审判庭、刑事审判庭以及行政审判庭的庭审事务（包括庭前、庭中和庭后事务），为书记员更好地完成庭审事务奠定坚实的基础。

【课后思考题】

1. 试比较第一审民事案件、刑事案件与行政案件庭审事务（包括庭前、庭中和庭后事务）的共同点与不同点。

2. 试比较第二审民事案件、刑事案件与行政案件庭审事务（包括庭前、庭中和庭后事务）的共同点与不同点。

3. 整理民事审判庭、刑事审判庭以及行政审判庭在各审级中的各项工作的期限。

第八章　人民法院书记员诉讼文书档案的管理

☆不矜细行，终累大德。

——《尚书》

☆经验得以总结，规律得以认识，历史得以延续，各项事业的发展，都离不开档案。

——习近平

【本章提要】

人民法院的诉讼档案是国家重要的专业档案之一，是人民法院审判活动的真实记录，是做好审判工作、实行审判监督的重要依据和必要条件。书记员诉讼档案管理工作是审判工作不可分割的重要组成部分。书记员作为承担人民法院诉讼档案管理工作的一员，其在诉讼文书档案管理中的工作任务具体包括：(1) 人民法院诉讼文书的立卷；(2) 人民法院诉讼文书的接收、整理、归档；(3) 办理相关档案流转、应用手续；(4) 档案的鉴定和移交；(5) 档案的保管和防护。

【能力目标】

1. 了解诉讼档案的管理机构及其职责。
2. 掌握书记员诉讼文书档案管理的工作任务。
3. 了解电子卷宗随案同步生成和深度应用相关信息。

【学习建议】

1. 认真学习《人民法院诉讼文书立卷归档办法》《人民法院档案管理办法》《人民法院声像档案管理办法》《人民法院诉讼档案管理办法》《人民法院档案工作规定》《关于全面推进人民法院电子卷宗随案同步生成和深度应用的指导意见》《人民法院电子诉讼档案管理暂行办法》等与人民法院诉讼文书档案管理相关规定。

2. 通过教师的演示、同学们的反复实训，练习卷宗装订的每个步骤，从而使装订的卷宗符合人民法院要求。

【引例】

小陈是某人民法院民一庭的书记员，一起离婚案件已经审结，法官叮嘱小陈及时订卷、归档。于是，小陈就将该案的所有诉讼文书放在一起，随手拿了一个正卷的卷皮，用订书器装订之后，送到了法院的诉讼档案管理部门。结果，小陈的卷宗因为质量不合格被退回立卷单位重新整理。

第一节　人民法院诉讼文书档案概述

一、诉讼档案的内涵

人民法院的诉讼档案是国家重要的专业档案之一，是人民法院审判活动的真实记录，是做好审判工作、实行审判监督的重要依据和必要条件。诉讼档案管理工作是审判工作不可分割的重要组成部分。

（一）诉讼文书的含义

诉讼文书是指人民法院依照法律的规定进行诉讼活动，处理刑事、民事、行政等案件所制定和使用的各种具有法律效力或者法律意义的司法文书以及诉讼当事人在进行诉讼活动过程中所制作和提交的各种具有法律意义的诉讼书状的总称。

（二）诉讼档案的含义

诉讼档案是指人民法院、人民检察院和公安机关依法进行诉讼活动中直接形成的、具有查考利用价值的，并按照有关规定立卷归档、集中保管起来的诉讼文书材料和声像材料。它是审判工作面貌的客观反映和审判活动真实的历史记录。

（三）诉讼文书与诉讼档案的关系

诉讼文书与诉讼档案的关系是密不可分的。诉讼档案是有历史联系的诉讼文书材料的集中表现。没有诉讼档案，诉讼文书只是一些零散的单个材料，不能使人们了解事物发展变化的始终；没有诉讼文书也就没有诉讼档案，前者是后者的基础。诉讼文书是正在发生先行效用的文书材料，诉讼档案是执行完毕经过科学整理按照一定规律组合成案卷以备日后查考利用的文件材料。

二、诉讼档案的管理

（一）诉讼档案的管理机构

根据《人民法院档案管理办法》的规定，各级人民法院的档案机构负责集中统一管理本院的全部档案（包括各种门类和载体的档案），积极提供利用，切实为审判工作和其他工作服务。

根据《人民法院档案管理办法》第 5 条、第 6 条的规定，目前，我国各级人民法院应当设置与职能任务相适应的档案机构，配备与所承担任务相适应的专职档案干部。各级人民法院档案干部的配备，参照国家档案局等的有关规定，从法院目前的实际情况出发，以保管档案一万卷（件）设专职档案干部一人为基数，超过部分每超过一万五千卷再增配一人。

（二）诉讼档案的管理机构的职责

我国人民法院诉讼档案的管理机构的职责主要包括以下五个方面：

（1）贯彻执行档案工作的法律、法规和方针政策；

（2）统一收集、整理、保管、统计本院全部档案，并积极有效地开展利用和编研工作，为本院领导、审判工作和其他工作服务；

（3）监督和指导本院各审判庭（含人民法庭）和其他部门文书材料的立卷、归档工作；

（4）中级以上人民法院的档案机构，根据需要负责建立健全本辖区内法院档案工作的规章制度，制订档案工作计划，召开档案工作会议，组织经验交流，对档案干部进行业务培训，对下级人民法院的档案工作进行业务监督和指导；

（5）完成领导交办的其他档案工作任务。

第二节　人民法院书记员在诉讼文书档案管理中的工作任务

根据《人民法院档案管理办法》第8条的规定，各级人民法院应当选调政治可靠，责任心强，身体健康，具有高中以上文化程度的审判员、助理审判员、书记员从事档案工作。对未明确职称的档案干部应任命或评定相应职称。档案干部队伍应保持相对稳定。书记员作为承担人民法院诉讼档案管理工作的一员，其在诉讼文书档案管理中的工作任务具体包括：人民法院诉讼文书的立卷；人民法院诉讼文书的接收、整理、归档；办理相关档案利用手续；档案的鉴定和移交；档案的保管和防护。

一、人民法院诉讼文书的立卷

（一）人民法院诉讼文书的立卷原则

1. 一案一号原则

一个案件从收案到结案所形成的全部诉讼文书材料，统一使用收案时编定的案号。法律文书以及其他对外行文的文号，应与案号一致，不允许一案多号。

2. 齐全完整原则

诉讼文书材料应收集齐全完整。属于立卷范围的诉讼材料主要包括：起诉状、上诉状、答辩状、人民检察院起诉书、人民检察院或公安局预审笔录、书证、物证、调查笔录、法医鉴定书、庭审笔录、辩护人或诉讼代理人发言材料、合议庭笔录、审判委员会研究案件记录与决议、结案报告、判决书（裁定书、调解书）、通知书、宣判笔录、执行笔录、传票、押票、提票、送达回证、各种书信以及人民法院拍摄制作的照片、图片、录像带、影片录音带等。每份诉讼文书材料都应标明形成时间、有关人员签名或盖章，庭审笔录中当事人应签名、按手印。

3. 书记员立卷原则

书记员立卷原则是我国档案工作的文书处理部门立卷原则在法院诉讼档案工作中的具体运用。立卷工作是书记员工作职责的一项内容。书记员是案件承办人之一，自始至终参加一个案件审理的全过程，担任审判记录及部分诉讼文书的拟制。书记员应发挥其优越条件，保证诉讼文书材料的齐全完整和诉讼档案的质量。档案部门对书记员立卷工作应进行指导，不能包办代替。

4. 正、副卷原则

诉讼档案本身有一定的机密性。为了便于控制使用范围，做到内外有别，防止副作用，保证党和国家机密安全，确立正副卷的原则是十分必要的，除简易刑事、民事案件和一般的申诉驳回案件外，其他均应立正、副卷。凡属于人民法院内部掌握不宜公开的或涉及党和国家安全的重大机密性诉讼文书材料，如：内部请示、指示、批复、研究案件笔录、合议庭笔录、阅卷笔录、法律文书的草本、重要信件等一律单独立成副卷，其他诉讼材料均立成正卷。正卷供对外使用，副卷仅限于法院内部使用。

5. 卷内材料排列规范统一的原则

全国统一规范的诉讼文书材料排列原则和方法是诉讼档案区别于其他文书档案的重要标志之一。立卷时，卷内诉讼材料的排列顺序均按最高人民法院制定的统一规范要求。

（二）人民法院诉讼文书的立卷方法

诉讼文书材料的立卷方法分为平时立卷和正式立卷两个方面。

1. 平时立卷

平时立卷又称平时收集管理。书记员随时把案件审理过程中产生的每一份诉讼文书材料收集起来，归入卷宗，为正式立卷做好准备。

2. 正式立卷

一个案件的最后一项程序完成时，可进入正式立卷工作。正式立卷工作可按五个步骤进行，又称“诉讼文书整理五步法”。

（1）整理材料、去粗取精。

首先对一个案件全部诉讼材料进行整理，一般入卷的材料只保存一份（有领导批示的除外），重复文件一律剔除。本院法律文书保留 2～3 份以备利用。将整理好的文书材料按正、副卷规定要求分开。

（2）系统排列、固定顺序。

诉讼文书材料经系统排列后，要固定顺序，逐页编号。页号一律采用阿拉伯数字编写，编号写在有文字下面的右上角、背面的左上角，卷封面、卷内目录、备考表、证物袋、卷底不编页号。一卷内页号不得重复和遗漏。

（3）填写卷内目录。

填写卷内目录，应按卷内实有的诉讼文书材料逐件填写，各项内容填写要齐全准确无遗漏。一份材料数页时填写起页顺序号，案卷最后一份材料是两页以上时应将该起页和尾页顺序号一并填写在目录上。

（4）填写案卷封面、备考表。

案卷封面所列各项，除归档日期和档号由档案部门填写外，其他各项均由立卷人填写。

填写封面，必须用毛笔或钢笔正楷逐一填写，字迹要清晰醒目。年代、案卷号、收结案日期均采用阿拉伯数字填写；一、二审结果必须写清，不得使用“详见判决书”的字样；填写审级采用大写数字。有需要说明的问题可在卷宗备考表中注明，并在封底栏内注明立卷人、检查人姓名及立卷日期、检查日期。

（5）案卷装订（参见装订图例）。

装订前，应对卷内全部诉讼文书材料做一次全面检查，材料不完整的要补齐；剔除一切金属物，对破损和褪色、复写的材料要进行修补和复制，不便附卷的证物应拍照粘贴入卷，并在下面（旁侧）标明证物名称、数量、特征、来源；纸面过小的或装订口过窄的材料，要加贴补纸。纸面过大的材料要修剪、折叠整齐，加边加衬、折叠，均以十六开办公纸为标准；对于字迹难辨的材料要附上抄件；外文及少数民族文字材料要有汉语译文附后；信封应打开平放加纸衬，邮票不得去掉；人民法院审理过程形成的诉讼文书材料不允许与公安机关的预审卷、检察机关的起诉卷混订或合订。

卷宗装订要求结实、整齐、美观、采用三孔一线装订法，长度160毫米，结头打在背部。装订完毕，应在卷底装订线上贴密封志，并用立卷书记员名章加盖骑缝。

第一步：将所要装订的卷宗材料整理齐，如图8－1所示。

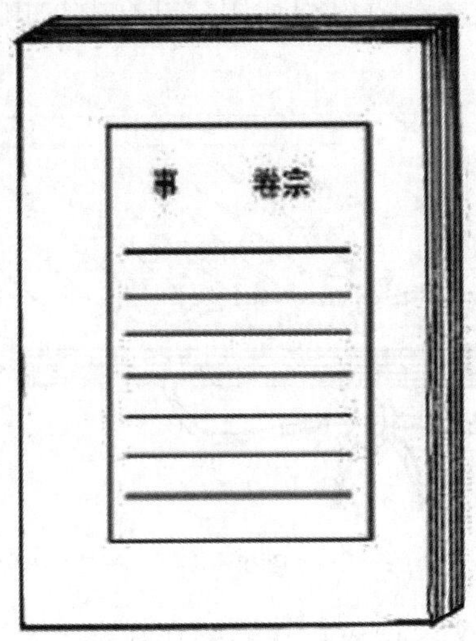

图8－1

第二步：用夹子夹住卷宗右侧（以便固定卷宗材料），用锥子在卷宗左侧的装订线上标记三个孔位钻孔，如图8－2所示。

图8－2

第三步：将装订绳对折，将两个绳头并齐后从卷宗背面穿入中间孔。注意装订绳要在卷宗背面留出一定长度，以便打结，如图 8－3 所示。

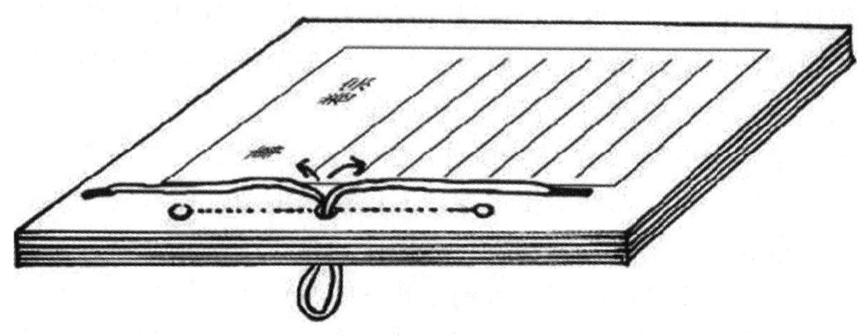

图 8－3

第四步：将两个绳头分别穿入两边的孔中，并在背面由装订绳形成的圈中交叉穿过，如图 8－4 所示。

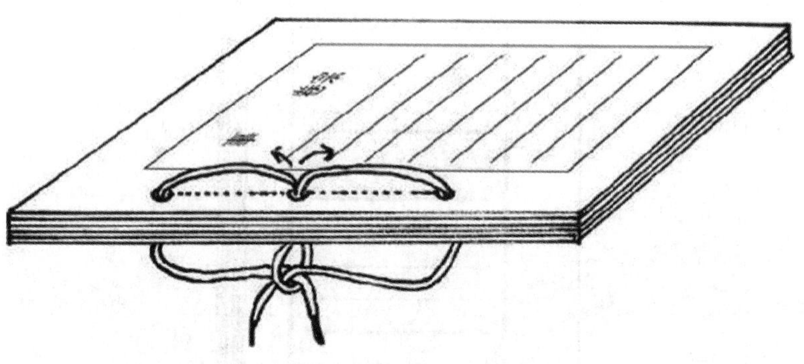

图 8－4

第五步：用力拉紧两个绳头，使装订线紧缚在卷宗之上，然后将两个绳头打结，如图 8－5 所示。

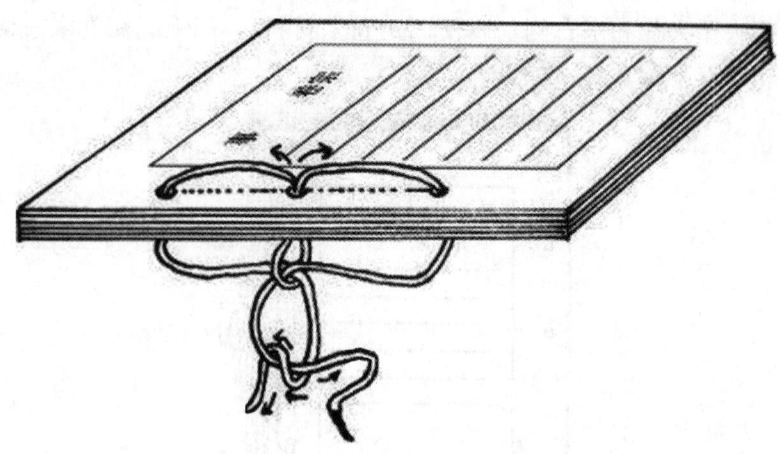

图 8－5

第六步：将卷宗正面朝上放置，取封条沿卷宗左侧装订线按如图 8－6 所示进行粘贴。

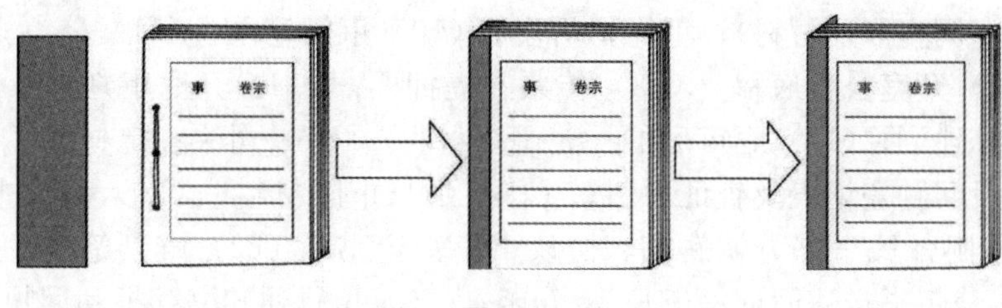

图 8-6

如前所述，装订完毕，应在卷底装订线上贴密封志，并用立卷书记员名章加盖骑缝。

（三）不属于归档范围的诉讼文书材料

（1）答复来信来访人到有关单位直诉的；（2）转交有关单位办理的；（3）没有参考价值的信封、转办单、工作材料；（4）内容相同的重份申诉材料；（5）法规、条例复制件；（6）一般的法律文书草稿（未定稿）；（7）与本案无关的材料。

（四）诉讼文书材料的排列顺序

诉讼文书材料的排列顺序，总的要求是按照诉讼程序的客观进程形成文书时间的自然顺序，兼顾文件之间的有机联系进行排列。

1. 刑事一审案件正卷诉讼文书材料的排列顺序

（1）卷宗封面；（2）卷内目录；（3）案件移送书（收案笔录）；（4）起诉书（自诉状）正本及附件；（5）送达起诉书笔录；（6）聘请、指定、委托辩护人材料；（7）自行逮捕决定、逮捕证及对家属通知书；（8）搜查证、搜查勘验笔录及扣押物品清单；（9）查封令、查封物品清单；（10）取保候审、保外就医决定及保证书；（11）退回补充侦查函及补充侦查材料；（12）撤诉书；（13）调查笔录或调查取证材料；（14）赃、证物鉴定结论；（15）审问笔录；（16）被告人坦白交代、揭发问题登记表及查证材料；（17）延长审限的决定、报告及批复；（18）开庭前的通知、传票、提押票、换押票；（19）开庭公告底稿；（20）开庭审判笔录（公诉词、辩护词、证人证词、被告人陈述词）；（21）判决书、裁定书正本（刑事附带民事部分的调解书、协议书、裁定书正本）；（22）宣判笔录（委托宣判函及宣判笔录）；（23）判决书、裁定书送达回证；（24）司法建议书；（25）提押票；（26）抗诉书；（27）上诉案件移送书存根；（28）上级人民法院退卷函；（29）上级人民法院判决书、裁定书；（30）执行通知书存根和回执（释放证回执）；（31）赃物、证物移送清单及处理手续材料；（32）备考表；（33）证物袋；（34）卷底。

刑事一审案件正卷中关于死刑、死缓诉讼文书材料的排列顺序，在上述（23）与（24）之间依次排列：（1）死刑、死缓的复核报告及上诉移送函；（2）最高人民法院或高级人民法院判决书、裁定书或批复；（3）退卷函；（4）执行死刑命令；（5）暂停执行死刑的报告及批复；（6）死刑执行前验明正身笔录；（7）执行死刑笔录；（8）执行死刑布告签发稿；（9）执行死刑报告；（10）死刑执行前后照片；（11）死刑犯家属领取骨灰或尸体通知；（12）尸体处理登记表。上列诉讼文书排列完毕，再继续排列上述（24）以后的诉讼文书。

2. 刑事二审案件正卷诉讼文书材料的排列顺序

（1）卷宗封面；（2）卷内目录；（3）上（抗）诉案件移送书；（4）原审法院判决书、裁定书；（5）上诉书（抗诉书）；（6）答辩状；（7）聘请、指定、委托辩护人材料；

（8）调查笔录（调查取证材料）；（9）撤诉书；（10）审问笔录；（11）公诉人、辩护人出庭通知书；（12）开庭公告底稿；（13）传票、提押票；（14）开庭审判笔录；（15）公诉词、辩护词、陈述词；（16）庭审后的补充调查材料；（17）司法鉴定材料；（18）被告人坦白交代、揭发问题登记表及查证材料；（19）延长审限材料；（20）判决书、裁定书正本；（21）刑事附带民事部分调解书、协议书、裁定书；（22）宣判笔录、委托宣判函；（23）判决书、裁定书送达回证；（24）退卷函；（25）执行通知书存根和回执；（26）备考表；（27）证物袋；（28）卷底。

刑事二审案件正卷中关于死刑案件材料的排列顺序，在上述（24）后依次排列：（1）执行死刑命令正本；（2）暂停执行死刑的通知、批复；（3）死刑执行报告及死刑执行前后照片；（4）执行通知书存根和回执（释放回执）；（5）备考表；（6）证物袋；（7）卷底。

3. 民事一审案件正卷诉讼文书材料的排列顺序

（1）卷宗封面；（2）卷内目录；（3）起诉书或口诉笔录；（4）立案（受理）通知书；（5）缴纳诉讼费或免费手续；（6）应诉通知书回执；（7）答辩状及附件；（8）原被告诉讼代理人、法定代表人委托授权书、鉴定委托书及法定代表人身份证明；（9）原被告举证材料；（10）询问、调查取证材料；（11）调解笔录及调解材料；（12）开庭通知、传票及开庭公告底稿；（13）开庭审判笔录；（14）判决书、调解书、裁定书正本；（15）宣判笔录；（16）判决书、调解书、裁定书、送达回证；（17）上诉案件移送函存根；（18）上级法院退卷函；（19）上级法院判决书、调解书、裁定书正本；（20）证物处理手续；（21）执行手续材料；（22）备考表；（23）证物袋；（24）卷底。

4. 民事二审案件正卷诉讼文书材料的排列顺序

（1）卷宗封面；（2）卷内目录；（3）上诉案件移送书；（4）原审法院判决书、调解书、裁定书；（5）缴纳诉讼费或免费手续；（6）上诉书正本；（7）答辩状；（8）询问、调查笔录或调查取证材料；（9）调解笔录及调解材料；（10）撤诉书；（11）开庭通知、传票；（12）辩护委托书及辩护词；（13）开庭审判笔录；（14）判决书、调解书、裁定书正本；（15）司法建议书；（16）宣判笔录委托宣判函；（17）送达回证；（18）退卷函存根；（19）备考表；（20）证物袋；（21）卷底。

5. 行政一审案件正卷诉讼文书材料的排列顺序

（1）卷宗封面；（2）卷内目录；（3）起诉书、口诉笔录及附件（行政处罚及处理材料）；（4）受理案件通知书；（5）缴纳诉讼费通知及预收收据；（6）应诉通知书回执；（7）答辩状及附件；（8）法定代表人及诉讼代理人的身份证明及授权委托书；（9）询问、调查笔录及调查取证材料；（10）开庭通知、传票、公告底稿；（11）停止行政机关具体行政行为继续执行的法律文书；（12）开庭审判笔录；（13）代理词、辩护词；（14）撤诉书；（15）判决书、裁定书正本；（16）宣判笔录；（17）送达回证；（18）诉讼费收据；（19）上诉或复核案件移送书；（20）上级法院退卷函；（21）上级法院的判决书、裁定书或批复；（22）证物处理手续；（23）备考表；（24）证物袋；（25）卷底。

6. 行政二审案件正卷诉讼文书材料的排列顺序

（1）卷宗封面；（2）卷内目录；（3）原审法院案件复核或上诉移送书；（4）原审判决书、裁定书；（5）上诉状或申请复核书；（6）缴纳诉讼费通知及预收收据；（7）上诉状副本或申请复核送达回证；（8）答辩状；（9）法定代表人、代理人身份证明及授权委托书；

（10）询问、调查笔录及取证材料；（11）鉴定委托书及鉴定报告；（12）开庭通知、传票、公告；（13）开庭审判笔录；（14）代理词、辩护词；（15）撤诉书；（16）判决书、裁定书、复核批复正本；（17）宣判笔录；（18）送达回证；（19）诉讼费收据；（20）退卷函存根；（21）司法建议书；（22）备考表；（23）证物袋；（24）卷底。

7. 再审、申诉案件正卷诉讼文书材料的排列顺序

（1）卷宗封面；（2）卷内目录；（3）立案审批表或提起再审决定书；（4）申诉书；（5）原审判决书、裁定书；（6）提审、询问当事人笔录；（7）提押票、传票；（8）调查笔录或调查取证材料；（9）判决书、裁定书、批复正本；（10）宣判笔录；（11）送达回证；（12）退卷函存根；（13）备考表；（14）证物袋；（15）卷底。

8. 各类案件副卷诉讼文书材料的排列顺序

（1）卷宗封面；（2）卷内目录；（3）阅卷笔录；（4）案件承办人的审查报告；（5）承办人与有关部门内部交换意见的材料或笔录；（6）有关本案的内部请示及批复；（7）合议庭评议案件笔录；（8）审判庭研究、汇报案件记录；（9）审判委员会讨论记录；（10）案情综合报告原、正本；（11）判决书、裁定书原本；（12）审判监督表或发回重审意见书；（13）其他不宜对外公开的材料；（14）备考表；（15）卷底。

此外，上述未尽项目，各级人民法院可以根据实际情况，按照形成文书材料的时间顺序排列。复核案件、减刑假释案件、执行案件的诉讼文书材料的排列，可参照所属该类案件一、二审材料的排列顺序办理。

二、人民法院诉讼文书的接收、归档、整理

根据《人民法院档案管理办法》的相关规定，案件结案后三个月内由审判庭内勤或承办书记员编写归档清册向档案管理部门移交归档。接收人要逐卷检查验收。卷宗质量不符合《人民法院档案管理办法》要求的，应退回立卷单位重新整理。随卷归档的录音带、录像带、照片等声像档案材料，应按《人民法院声像档案管理办法》的规定办理。凡能附卷保存的证物均应装订入卷。无法装订的可装入证物袋，并标明证物名称、数量、特征、来源。不便附卷的证物，应当另行包装，注册所属案件的年度、审级案号，当事人姓名，案由，以及证物的名称、数量、特征等，随同本卷宗归档。易腐、易爆、易燃、有毒的物证，可拍照附卷。已经归档的卷宗不得从卷内抽取材料，确需增添诉讼文书材料的，应征得档案管理人员同意后，按立卷要求办理。归档后的档案，应在卷宗封面右上角盖“归档”章。同时，根据类别、年度、审级、保管期限登记档案目录和检索卡片。

诉讼档案以案件为保管单位。同一案件由于审级改变或其他原因形成几个案号的案卷，应当合并保管。并卷要求是：再审卷并入一审或二审卷；向本院提出申诉所形成的申诉卷并入本院的审判卷，向上级法院提出申诉所形成的申诉卷由上级法院立卷归档；近年申诉卷并入早年申诉卷。卷宗合并时，要在卷宗封面、卷宗登记簿和检索卡片上注明移出、移入的相关案号。

三、办理相关档案利用手续

本院工作人员因工作需要借阅档案，须持所在庭、室领导签字的借卷单，借出的档案

应按规定期限退还。该工作人员调动工作时，应经档案管理部门办理清结手续。

党委、人大常委会和有关法院、公安机关、国家安全机关、检察院借用档案，须持正式介绍信和工作证（身份证），经有关领导批准后，办理借卷手续，并限期归还。其他单位原则上不准借用。借出时，要点交清楚，取得正式收据并限期归还。

外单位查阅档案，应持有县、团级以上（本县、区的，应持乡、街道办事处以上）介绍信，按有关外调规定办理。涉及国家机密、个人隐私和对社会有不良影响的案卷，不得查阅。案件辩护律师需要查阅已经归档的案卷，应通过该案件承办审判员办理。摘抄卷内材料，只能摘抄判决书、裁定书有关结论性文件。

档案工作人员必须严格遵守纪律，保守国家机密，不得擅自扩大利用范围，不得泄露档案内容。

四、档案的鉴定和移交

各级人民法院对保管期限届满的档案，应定期进行鉴定。鉴定工作按有关规定办理。各级人民法院由于机构撤销、合并等原因，涉及档案移交时，交接双方都应认真办理交接手续，做到有据可查，移交有序。

五、档案的保管和防护

（一）档案的保管

各级人民法院应安排可容纳全部档案的专用库房，购置必要的卷柜和其他防护设备。库房内不得存放与档案无关的其他物品。库房周围不得存放危害档案安全的物品。

诉讼档案应按刑事、民事、行政等类别分别保管。行政文书档案、声像档案等应按有关规定保管。

档案应按年度、类别、案号、档号的顺序由左到右、由上到下装柜保管，并在柜上标明档案的起止号，以便于查找利用。指定专人保管绝密档案。

档案机构每年或每半年应对档案进行认真的检查、清点，发现案卷丢失、损坏等情况要及时报告主管领导，并采取相应的抢救措施，及时解决，以确保档案的完整与安全。外借档案要及时催还，以防丢失。

人民法院档案机构要认真做好档案统计工作，数据要准确，内容要完整，上报要及时。计量单位，以卷（件）、长度分别统计，不得混淆。

（二）档案的防护

认真履行档案库房的安全保卫制度，认真落实防火、防盗、防虫、防鼠、防高温、防潮、防光、防尘等措施。每月或每季度应进行认真仔细的安全检查。

第三节 人民法院诉讼档案保管期限

一、人民法院诉讼档案保管期限概述

诉讼档案作为国家重要的专业档案之一，是人民法院审判活动的真实记录和重要依

据。应从历史的和现实的使用价值方面，准确地划定其保管期限。划定刑事诉讼档案保管期限，应根据刑期、犯罪主体身份、案件的政治和科研价值、案件的性质综合考虑，全面地、慎重地估量每个案件的作用。民事、行政诉讼档案，应根据当事人身份、案件的影响程度和审理程序、案件性质综合考虑，划定保管期限。诉讼档案的保管期限分为永久、长期、短期三种。凡属需要长远保存查考利用的档案划为永久保管；凡属在相当长的时期内需要保存查考利用的档案划为长期保管，保管期限为 60 年；凡属在相对较短的时期内需要保存查考利用的档案划为短期保管，保管期限为 30 年。

应当注意的是，诉讼档案的保管期限，从案件的判决、裁定或调解发生法律效力后的下一年起算。同一案件的不同年代，不同审级形成的案卷，其保管期限从终审结案的下一年起算。共同诉讼的案件和申诉、再审案件，均以其中最长的保管期限划定。

对保管期限届满的诉讼档案，应由有关领导和审判人员、档案管理人员组成鉴定小组，逐卷进行鉴定。对仍有保存利用价值的档案，可以适当提升档次，继续保存。经鉴定确定销毁的档案，经上级人民法院抽查同意后，应把其中的判决书、裁定书、调解书取出一份，按年度、类别、案号的顺序整理立卷，随有关年度编号，永久保存。对应当销毁的档案，由鉴定小组编造清册、提出销毁报告，经本院院长批准，并报上一级人民法院和同级档案行政管理部门备案，由档案干部和指定的监销人共同销毁，并在销毁清册上签字。销毁报告和销毁清册按文书档案的要求立卷归档。

二、人民法院各类诉讼档案保管期限

根据《人民法院诉讼档案保管期限的规定》，各类诉讼档案保管期限见表 8-1。

表 8-1 人民法院各类诉讼档案保管期限

（一）刑事诉讼档案的保管期限		
顺序号	卷宗类型	保管期限
1. 按刑期划分		
（1）	反革命案件刑期五年以上的	永久
	反革命案件刑期不满五年的	长期
（2）	普通刑事案件刑期十五年以上的	永久
	普通刑事案件刑期五年以上不满十五年的	长期
	普通刑事案件刑期不满五年的	短期
2. 按犯罪主体身份划分		
（3）	政法干部索贿、受贿、枉法裁判、滥用职权犯罪的案件	永久
（4）	省、自治区、直辖市以上人民代表、政协委员犯罪的案件	永久
	省、自治区、直辖市以下县以上人民代表、政协委员犯罪的案件	长期
（5）	党、政、军、民主党派和人民团体中职务相当于县、团级以上的干部犯罪案件	永久
（6）	工矿、企业、事业单位中高级工程师、副教授、副研究员或同等级职称以上人员的犯罪案件	永久

续表

(7)	工矿、企业、事业单位中相当于县、团级以上领导干部的犯罪案件	永久
(8)	省、自治区、直辖市范围内各族各界知名人士的犯罪案件	永久
(9)	一般神职人员的犯罪案件	长期
(10)	省、自治区、直辖市以上英雄模范人物的犯罪案件	永久
3. 按案件的政治和科研价值划分		
(11)	经省、自治区、直辖市党委审批的案件	永久
(12)	新中国成立以来历次政治运动中有重大影响的案件	永久
	新中国成立以来历次政治运动中的一般案件	长期
(13)	直接证据不足，间接证据充分，经批准判决的疑难案件	永久
(14)	最高人民法院批准类推的案件	永久
(15)	体现宽严政策的典型案件	永久
(16)	经复查甄别平反的冤假错案	永久
(17)	特赦案件	永久
(18)	经上级人民法院直接处理的刑事申诉案件	永久
(19)	上级人民法院转交的经复查予以改判或宣告无罪的案件	永久
(20)	被告人在逃处理财产的案件	长期
(21)	发回补充侦查、撤诉、终止审理的案件	短期
4. 按案件性质划分		
【反革命】		
(22)	国际间谍和侵犯领空、领海案件	永久
(23)	派遣、潜伏和历史特务的案件	永久
(24)	勾结外国危害国家主权、领土完整和安全的反革命案件	永久
(25)	阴谋颠覆政府、分裂国家的反革命案件	永久
(26)	组织、策动、勾引、收买国家工作人员	永久
	武装部队、人民警察、民兵投敌叛变或叛乱的案件	永久
(27)	投敌叛变、聚众叛乱、暴乱的案件	永久
(28)	为敌人窃取、刺探、提供情报，供给敌人物资的案件	永久
(29)	反革命集团案件	永久
(30)	组织劫狱、越狱的反革命案件	永久
(31)	组织、利用封建迷信进行反革命活动的案件	永久
(32)	反革命破坏案件	永久
(33)	反动会道门头子案件	永久
(34)	劫持船舰、飞机、火车、电车、汽车等的反革命案件	永久
(35)	汉奸、战犯、叛徒、托派的案件	永久

续表

(36)	恶霸地主、土匪案件	永久
(37)	犯反革命宣传煽动罪在国内外和所辖地区有影响的案件	永久
(38)	敌伪逆产案件	永久
(39)	其他反革命案件	永久
【危害公共安全】		
(40)	放火、爆炸、决水、投毒的案件	
	①造成严重后果的	永久
	②一般的	长期
(41)	破坏交通运输、动力、通信设备及公共设施的案件	
	①重大和后果严重的	永久
	②一般的	短期
(42)	责任、技术事故造成死亡和其他严重后果的	永久
	情节一般的	短期
(43)	非法制造、抢夺、盗窃、买卖和私藏枪支弹药的案件	
	①重大的	永久
	②一般的	长期
【破坏社会主义经济秩序】		
(44)	走私、贩私、投机倒把案件	
	①数额巨大或集团性的	永久
	②一般的	长期
(45)	重大的偷税、抗税案件	永久
	一般的偷税、抗税案件	长期
(46)	伪造、贩卖国家货币，倒卖金银、外币的案件	
	①重大的	永久
	②一般的	长期
(47)	伪造、贩卖有价证券的案件	永久
(48)	伪造或倒卖计划供应票证的案件	
	①重大的	长期
	②一般的	短期
(49)	挪用国家救灾、抢险、防汛、抗震、优抚、救济款物的案件	永久
(50)	破坏生产的案件	
	①后果严重的	永久
	②一般的	长期
(51)	哄抢、滥伐、盗伐林木的案件	
	①重大的	永久
	②一般的	长期

续表

（52）	非法捕捞、狩猎的案件	
	①后果严重的	长期
	②一般的	短期
（53）	假冒商标、违犯国家专利法的案件	长期
（54）	行贿受贿案件	
	①严重的	永久
	②一般的	短期
（55）	高利贷案件	
	①严重的	永久
	②一般的	长期
【侵犯公民人身、民主权利】		
（56）	故意杀人案件	永久
（57）	过失杀人案件	永久
（58）	伤害的案件	
	①致人死亡的	永久
	②一般的	短期
（59）	报复、诬告陷害侮辱、诽谤他人案件	
	①造成严重后果的	永久
	②一般的	长期
（60）	强奸、奸淫幼女案件	
	①情节后果严重的	永久
	②一般的	长期
（61）	拐卖妇女、儿童案件	永久
（62）	非法搜查、拘禁、管制的案件	
	①后果严重的	永久
	②一般的	长期
（63）	刑讯逼供案件	永久
（64）	“文革”期间重大的打、砸、抢案件	永久
（65）	影响较大的民族、宗教案件	永久
（66）	一般民族宗教案件	长期
（67）	涉外或涉港、澳、台刑事案件	永久
（68）	破坏选举案件	长期
（69）	破坏通信自由案件	长期
（70）	解放初期查禁妓院对老鸨虐待妓女能反映一定社会情况的典型案件	永久

续表

【侵犯财产】		
(71)	情节严重的贪污案件	永久
	一般贪污案件	长期
(72)	哄抢、侵占公私财产的案件	长期
(73)	情节严重的盗窃、惯窃案件	永久
	一般盗窃案件	长期
(74)	抢劫、抢夺案件	
	①情节严重致人重伤死亡的	永久
	②一般的	长期
(75)	敲诈、勒索公私财物案件	
	①情节严重的	永久
	②一般的	长期
(76)	政治骗子	永久
(77)	毁坏公私财物	
	①后果严重的	永久
	②一般的	长期
【妨害社会管理秩序】		
(78)	妨碍公务案件	
	①后果严重的	长期
	②一般的	短期
(79)	聚众闹事的案件	永久
(80)	一般扰乱社会秩序案件	短期
(81)	流氓集团、罪行严重的流氓案件	永久
(82)	一般流氓案件	长期
(83)	脱逃、劫狱、越狱案件	长期
(84)	包庇、窝藏罪犯案件	长期
(85)	制造、贩卖假酒、假药案件	
	①情节后果严重的	永久
	②一般的	长期
(86)	伪造、盗窃、抢劫、涂改、出卖国家公文、档案情节严重的案件	永久
(87)	一般性伪造公文、证件、私刻公章案件	短期
(88)	聚众赌博和职业赌徒案件	
	①后果严重的	永久
	②一般的	短期
(89)	强迫、教唆、容留妇女卖淫案件	永久

续表

(90)	制造、贩卖淫书、淫画、淫秽声像材料的案件	长期
(91)	重大的制造、贩卖、运输毒品案件	永久
	一般的制造、贩卖毒品案件	长期
(92)	盗运、盗卖珍贵文物或故意破坏文物、古迹的案件	
	①重大的	永久
	②一般的	长期
(93)	破坏边界界碑、界桩或永久性测绘标志的案件	永久
(94)	偷越或输送他人偷越国（边）境的案件	
	①重大的	永久
	②一般的	长期
(95)	违反国（边）境卫生检疫法规案件	长期
【妨害婚姻家庭】		
(96)	干涉婚姻自由、妨害婚姻家庭的案件，重婚案件	
	①后果严重的	长期
	②一般的	短期
(97)	破坏军婚案件	短期
(98)	遗弃案件	短期
(99)	虐待、摧残妇女、儿童、老人的案件	
	①严重的	永久
	②一般的	短期
【渎职】		
(100)	介绍贿赂、受贿案件	
	①严重的	永久
	②一般的	长期
(101)	泄露国家机密案件	永久
(102)	玩忽职守案件	永久
(103)	体罚、虐待、私放犯人案件	永久
(104)	邮电人员私拆邮件的案件	
	①情节严重的	永久
	②一般的	短期
(105)	司法人员徇私舞弊、枉法裁判案件	永久
【其他】		
(106)	其他需要永久保管的案件	永久
(107)	其他需要长期保管的案件	长期
(108)	其他需要短期保管的案件	短期

续表

(二)民事、经济、行政诉讼档案的保管期限		
顺序号	卷宗类型	保管期限
1. 按当事人身份划分		
(109)	当事人一方为高级工程师、副教授、副研究员或相当职称以上的案件	永久
(110)	当事人一方在党、政、军机关或民主党派和人民团体中职务相当于县、团级以上干部的案件	永久
(111)	省、自治区、直辖市范围内各族各界知名人士的案件	永久
(112)	省级以上人民代表、政协委员的案件	永久
2. 按案件的影响程度和审理程序划分		
(113)	涉外、涉港澳台，涉民族宗教的民族民事、经济、行政案件	永久
(114)	跨省、自治区、直辖市的经济合同纠纷案件	
	①重大的	永久
	②一般的	长期
(115)	国内外影响较大的典型的民事、经济、行政案件	永久
(116)	缺席判决的民事案件	永久
(117)	判决或调解后当事人反复申诉的案件	长期
(118)	经上级法院复查改判的民事、经济、行政诉讼案件	永久
(119)	反映贯彻民事法律中的典型案件	永久
3. 按案件性质划分		
(120)	继承、析产案件	
	①诉讼标的在人民币十万元以上的	永久
	②在人民币十万元以下的	长期
(121)	经济合同纠纷案件	
	①诉讼标的在人民币十五万元以上	永久
	②诉讼标的在人民币五万元以上十五万元以下	长期
	③诉讼标的在人民币五万元以下	短期
(122)	劳资纠纷、破产还债、铺底权、房屋、典当等纠纷反映一定的社会历史情况的代表性案件	永久
(123)	著作(版权)、专利、发现、发明等知识产权案件	永久
(124)	侵犯肖像、名誉、荣誉、姓名等人身权利的案件	长期
(125)	一般离婚案件	短期
(126)	一般赡养、扶养、抚养、离婚涉及子女财产的案件	短期
(127)	一般债务、房屋、典当回赎案件	短期
(128)	不当得利案件	短期
(129)	房屋、土地、山林、水利等不动产权益纠纷案	永久

续表

(130)	重大的私房改造、公私合营案件	永久
(131)	重大的加工订货、统购包销案件	长期
(132)	一般买卖、赔偿纠纷案件	短期
(133)	其他需要永久保管的民事、经济、行政案件	永久
(134)	其他需要长期保管的民事、经济、行政案件	长期
(135)	其他需要短期保管的民事、经济、行政案件	短期

第四节 人民法院电子卷宗制作

为深入贯彻党的十八大和十八届三中、四中、五中全会精神，切实落实 2016 年《最高人民法院工作报告》要求，进一步提升人民法院审判执行信息化水平，深化司法公开力度，促进审判流程再造，破解人民法院“案多人少”和调卷难等难题，最高人民法院颁布《关于全面推进人民法院电子卷宗随案同步生成和深度应用的指导意见》（以下简称《意见》）。《意见》提出在 2017 年底前，全国法院全面实现电子卷宗随案同步生成和深度应用。各类案件办理过程中收集和产生的诉讼文件能够随时电子化并上传到案件办理系统，经过文档化、数据化、结构化处理，实现案件办理、诉讼服务和司法管理中各类业务应用的自动化、智能化，为法官、书记员减负，为司法增效，为全业务网络办理，全流程审判执行要素公开，面向法官、诉讼参与人和政务部门提供全方位智能服务奠定坚实基础。

一、电子卷宗随案同步生成的基本要求

（一）电子卷宗内容

电子卷宗包含法院在案件受理时接收或办理过程中形成的电子文档、图像、音频、视频等电子文件，以及将纸质案卷材料依托数字影像、文字识别等技术制作而成的电子文档、数据等电子文件。

（二）电子文件制作

电子文件包含由检察院、人民法院、当事人、律师、第三方机构等通过信息化系统提供的电子文档、电子证据、电子音视频材料等。案件纸质卷宗要按照《人民法院电子诉讼档案管理暂行办法》（法〔2013〕283 号）的质量及格式要求制作电子文件。

（三）电子文件收集

各类电子文件可通过诉讼服务平台上传、扫描设备输入、业务系统流转等方式，收集到办案平台中。要保证电子卷宗收集的同步性和及时性，在接收纸质诉讼材料后尽快完成电子化，保障后续审判环节能够及时使用电子卷宗。电子卷宗管理系统应实现电子卷宗的自动排版和归类。涉及国家秘密的案件卷宗应在涉密办案系统中生成和应用。

（四）电子卷宗存储和保管

各高级人民法院可根据本院辖区应用系统、网络和硬件建设情况，自行决定本辖区电

子卷宗集中或分布存储方式。应采取及时存储、异地备份等安全保障方式，保证电子卷宗存储的安全性。

（五）电子卷宗审查和监管

要对个人和其他单位提供的电子材料进行审查，对本院电子卷宗的质量进行监管，避免出现遗漏、错误和延误，审查和监管的内容包括数据完整度、图像文件清晰度、数据挂接准确度以及生成及时性等。

二、电子卷宗深度应用的基本要求

（一）全面支持法官网上办案

要通过对电子卷宗的开发利用，为法官办理案件提供全面的支持和服务；要通过文字和语义识别技术，支持电子卷宗文档化、数据化、结构化，辅助法官复用卷宗文字，智能辅助生成法律文书，大幅度降低办案人员案头工作量。

（二）支持合议庭内部卷宗流转

办案系统应具备电子卷宗管理功能，支持电子卷宗流转、合议庭成员网上阅卷，优化电子卷宗的浏览、操作体验，实现电子卷宗的文字可复制、大小可缩放、内容可检索、卷宗可标记等。

（三）支持审委会讨论审理

审委会系统应支持使用电子卷宗进行讨论审理，实现审委会委员在讨论过程中可随时查看案件电子卷宗详情，支持每个用户在电子卷宗上进行灵活批注。

（四）支持法院内部审判管理

审判管理平台应支持使用电子卷宗进行案件网上评查，通过审判管理平台全面掌握案件材料及办理情况，提高审判管理效率，提升审判管理质量。

（五）支持法院间查阅电子卷宗

办案系统应支持或通过数据集中管理平台实现电子卷宗集中和案件上诉、移送、再审查阅，原审法院收到查阅要求后，应在3个工作日内完成电子卷宗报送工作，纸质卷宗调取仍按相关规定执行。电子卷宗加盖法院电子签章后，具有与卷宗原件同等的效力。

（六）支持诉讼参与人网上查阅电子卷宗

诉讼服务平台应按照法律规定，通过与电子卷宗系统的网间数据安全交换，及时为当事人、律师提供随案同步生成电子卷宗的在线浏览、借阅等服务。

（七）支持审判流程实体信息公开

司法公开平台应按照法律规定，通过与法院电子卷宗系统的网间安全数据交换，加大司法公开力度，及时为当事人、律师提供案件卷宗可公开信息的全面公开。

（八）支持相关部门之间业务协同

对外业务协同平台应支持将电子卷宗提供给外部相关单位共享使用，促进相关部门特别是与检察院之间的案件实体数据网上交换、共享。

（九）支持电子卷宗归档

应通过信息技术手段对电子卷宗进行检测和比对，在符合相关归档要求的前提下，将电子卷宗转化为电子档案，除了电子卷宗自动生成电子页码外，其他内容要与纸质卷宗保持一致。

【引例解答】

小陈的立卷、归档工作存在重大的失职行为。第一，小陈没有随时把案件审理过程中产生的每一份诉讼文书材料收集起来，归入卷宗，为正式立卷做好准备。第二，在正式立卷时，小陈违背了整理材料、去粗取精→系统排列、固定顺序→填写卷内目录→填写案卷封面、备考表→案卷装订的“诉讼文书整理五步法”。第三，小陈违反了立卷的正、副卷原则。

【本章小结】

书记员作为承担人民法院诉讼档案管理工作的一员，有责任完成好诉讼文书档案管理中的工作任务，具体包括：（1）人民法院诉讼文书的立卷；（2）人民法院诉讼文书的接收、整理、归档；（3）办理相关档案利用手续；（4）档案的鉴定和移交；（5）档案的保管和防护。上述工作任务细琐繁杂、关系重大，书记员切不可掉以轻心，应在熟练掌握各项工作任务的基础上，仔细认真地完成该项工作职责。

【课后思考题】

1. 简述诉讼文书整理五步法。
2. 做一做：动手装订一起离婚案件的卷宗。

参考文献

[1] 陈桂明. 民事诉讼法. 5版. 北京：中国人民大学出版社，2019.

[2] 王新清，甄贞，高通. 刑事诉讼法. 6版. 北京：中国人民大学出版社，2019.

[3] 黄明涛. 16节职业素质课. 北京：中国致公出版社，2007.

[4] 胡锦光. 行政法与行政诉讼法. 4版. 北京：中国人民大学出版社，2018.

[5] 叶必丰，徐晨. 行政法与行政诉讼法案例. 北京：中国人民大学出版社，2004.

[6] 张锋. 办案全程实录——行政诉讼. 北京：法律出版社，2004.

[7] 胡建淼，赵大光. 行政诉讼法. 北京：法律出版社，2004.

[8] 孟昭科. 怎样做好书记官工作. 北京：人民法院出版社，2001.

[9] 江伟，肖建国. 民事诉讼法. 8版. 北京：中国人民大学出版社，2018.

[10] 程荣斌，王新清. 刑事诉讼法. 7版. 北京：中国人民大学出版社，2019.

[11] 寇北辰. 职业道德修养. 北京：经济管理出版社，2015.

[12] 张正钊，胡锦光. 行政法与行政诉讼法. 6版. 北京：中国人民大学出版社，2015.

[13] 司法文书研究中心. 人民法院诉讼文书样式、制作与范例. 北京：中国法制出版社，2017.

[14] 刘志伟. 刑事诉讼法规范总整理. 4版. 北京：北京大学出版社，2019.

[15] 彭君. 法院书记员工作实务. 北京：清华大学出版社，2016.

[16] 寇昉. 书记员工作流程. 北京：人民法院出版社，2018.

[17] 黄明涛. 16节职业素质课. 北京：中国致公出版社，2007.

[18] 孟昭科. 怎样做好书记官工作. 北京：人民法院出版社，2001.

图书在版编目（CIP）数据

书记员工作实务/李晓棠，尚铮铮主编. --2版. --北京：中国人民大学出版社，2020.9
高职高专法律系列教材
ISBN 978-7-300-27664-9

Ⅰ.①书… Ⅱ.①李…②尚… Ⅲ.①法院-书记员-工作-中国-高等职业教育-教材 Ⅳ.①D926.2

中国版本图书馆CIP数据核字（2020）第150221号

辽宁省职业教育“十四五”首批规划教材
高职高专法律系列教材
书记员工作实务（第二版）
主　编　李晓棠　尚铮铮
副主编　陈　迪　曾苗苗
Shujiyuan Gongzuo Shiwu

出版发行　中国人民大学出版社
社　　址　北京中关村大街31号　　邮政编码　100080
电　　话　010－62511242（总编室）　010－62511770（质管部）
　　　　　010－82501766（邮购部）　010－62514148（门市部）
　　　　　010－62515195（发行公司）　010－62515275（盗版举报）
网　　址　http://www.crup.com.cn
经　　销　新华书店
印　　刷　运河（唐山）印务有限公司
规　　格　185 mm×260 mm　16开本　　版　　次　2010年10月第1版
　　　　　　　　　　　　　　　　　　　　　　　2020年9月第2版
印　　张　15　　印　　次　2022年7月第4次印刷
字　　数　360 000　　定　　价　39.00元